英語定型表現研究の体系化を目指して

形態論・意味論・音響音声学の視点から

Ai Inoue
井上亜依

研究社

はしがき

　本書の目的は、英語定型表現研究（English phraseology）に体系的説明を与えることである。具体的には、次の2点である。1点目は、これまで筆者が過去十数年扱ってきた個別の英語定型表現（2語以上から成り立ち繰り返し使用されるもの、英語名称は phraseological unit(s)）の実態を、形態論、意味論、音響音声学の観点から明らかにし、ある単語と単語の結合が英語定型表現になるための形成規則、形成タイプ、形成条件、形成過程と英語定型表現のストレスパタンルールを提示する。2点目は、1点目で提示した英語定型表現になるための体系的説明を可能にするために根底に働く作用がどのようなものかを提示する。換言すると、本書はこれまでの研究で述べてきた英語定型表現の意味、機能、ストレスパタンという私たちが英語定型表現を使用する際に手がかりとしていた視覚・聴覚的な外面的特徴を生じさせる「なぜ」という深層部分、つまり内面的特徴を明らかにする。そして、その内面的特徴を成立させる作用（言語経済の法則）の働きを解明することで、英語定型表現の全貌をつまびらかにし、英語定型表現研究を理論化へ導く。

　本書の研究の背景には、次の事実がある。英語定型表現研究は、あらゆる側面からの実証的研究が主に発達している（どのような研究があるかは Burger *et al.* 2007 を参照されたい。）。すべての研究の根底には、言語の根幹をなすのは英語定型表現である、英語定型表現を研究対象としている、という2つの共通項があるのみである。また八木・井上（2013: 75f.）に示したように、英語定型表現研究を言語学的立場から時代区分すると、現在は研究が細分化している時期で、今後ますますその傾向が強くなり、それにより体系化からかけ離れていくと考えられる。本書は、そのような傾向に歯止めを利かせ、筆者が調べた限り世界で行われていないことであるが、英語定型表現研究全体を体系化した研究成果を提示する。そのような重要な拠りどころとなる基本的な概念を構築し、それを提示することにより、

理論的基盤を伴った英語定型表現研究の細分化の発展に貢献する。
　本書の目的を達成する前に、筆者の過去十数年に渡って取り組んできたこれまでの英語定型表現研究の種類を簡潔に述べる（詳細は第 1 章を参照されたい。）。筆者の英語定型表現研究は、個別の英語定型表現（you know what, here we go/here we go again, let's say など）の文脈における多義、多機能、成り立ちの解明に取り組むことから始まり（Inoue 2007 を参照）、次に、これまで同じものとして扱われ、明確な区別がされていない英語定型表現（go and do/go to do/go do, and yet/but yet/yet, how come . . . ?/why . . . ?）の個々の実態、それらの類似・相違点と関連性を明らかにした（Inoue 2007, 八木・井上 2013 を参照されたい。）。そして現在は、現代英語に次々と観察される新しい英語定型表現（until to, up until to, it looks that 節、though A but B, in and of itself, be on against, be in and out, be in to など）の実態とその成立の規則性を解明している。
　このような研究と同時進行で、英語定型表現の暫定的なストレスパタンを明らかにした。その際、英語定型表現の実態を明らかにすることを重要と考えると同時に、従来の英語定型表現研究に欠けている、「どのように体系化するか」ということも考えてきた。
　本書は、これまでの研究で扱ったすべての英語定型表現を研究対象とし、形態論、意味論、音響音声学の 3 つの側面からアプローチをする。そしてそのようなアプローチを通して、ある語と語の組み合わせが、好ましい語と語の組み合わせ（＝英語定型表現）になるための形成規則、種類、過程、条件、ストレスパタンルールを提示することにより、どのような語と語の組み合わせにも平仄が合う規則性を述べ、これまでの英語定型表現研究に欠けていた部分を補う。
　本書は、理論編（第 1 章と第 11 章）と実践編（第 2 章から第 10 章）の 2 部構成となっている。第 1 章は筆者が行ってきた英語定型表現研究の説明、語形成の過程と英語定型表現の暫定的ストレスパタンルール、使用したデータ、拠り所とする立場、研究手法、基本的概念を説明している。第 11 章は、第 1 章で述べた道具立てを活用して、第 2 章から第 10 章まで扱ってきた英語定型表現を基に、語と語の組み合わせが英語定型表現になるための形成プロセス、形成種類、形成過程、形成条件、英語定型表現のストレ

スパタンルールを提示して、英語定型表現の内面的特徴に体系的説明を与えている。

　実践編の第 2 章から第 10 章は、既存もしくは新しい英語定型表現の実態を実証的に明らかにしたものである。第 2 章は複合語化した英語定型表現、第 3 章は複合前置詞として機能する新しい英語定型表現、第 4 章は it looks that 節のような補文構造が画一化した英語定型表現、第 5 章は相関接続詞として働く新しい英語定型表現、第 6 章はこれまでの先行研究では扱われることがなかった新しい英語定型表現、第 7 章は法助動詞から名詞への転換により形成された英語定型表現、第 8 章は人・物を表す画一化された英語定型表現 those that, 第 9 章は仮定法 were の変化によりできた英語定型表現 as it was, 第 10 章は the way how という間違いとされてきた英語定型表現の確立について扱っている。

　本書を作成するにあたって、次の方々に心から御礼を申し上げる。八木克正氏（関西学院大学名誉教授）に原稿を見て頂き、得難いコメントを頂いたことを心より感謝する。研究社の星野龍氏には、書類作成をはじめとする本刊行物出版ための必要な作業に対してのお力添えと貴重なご意見により完成したことに深謝している。また、同社の鎌倉彩氏には、細部に至るまで本刊行物を読んで頂き、ありがたい助言を頂いたことに衷心より感謝申し上げる。そして、防衛大学校先端学術推進機構の事務官たちの支援にも厚謝する。本刊行物は、JSPS 科学研究費補助金 JP18HP5065 の出版助成による。この出版助成を可能にするための土台となった JSPS 科学研究費補助金（課題番号：15K16779, 17K13480）の研究助成があることを明記する。このような研究助成と出版助成を受ける機会に恵まれたことにも謝意を示す。最後になったが、これまでの研究を含むすべての生活において、常に前を見ることを教え、心から応援し、至らぬ点を扶持してくれた父と母に甚謝を表す。

　　2018 年 12 月　北鎌倉にて

井上亜依

目　次

はしがき　*iii*

表、図一覧　*xiv*

第1章　本書で扱う英語定型表現研究
　　　──目的・問題・研究手法・データ・概念──　*1*
1. はじめに………………………………………………………………… *1*
2. これまでの筆者の英語定型表現研究 ………………………………… *3*
3. 近年の英語定型表現研究 ……………………………………………… *5*
4. 解決すべき問題 ………………………………………………………… *7*
5. 使用するデータ ………………………………………………………… *7*
6. 研究手法 ………………………………………………………………… *9*
7. 本書が用いる道具立て：
   語形成のプロセス、基本概念、言語経済の法則…………………… *11*
   - 7.1　語形成プロセス……*11*
   - 7.2　基本概念……*13*
     - 7.2.1　類推 (analogy) と画一化 (uniformity)……*13*
     - 7.2.2　概念の範疇化 (concept categorization)……*13*
     - 7.2.3　融合 (merging)……*14*
   - 7.3　言語経済の法則……*14*
8. 結語 …………………………………………………………………… *15*

第2章　「-ed形」から「Φ形」への移行による複合語化
　　　──a pirate version を中心に──　*17*
1. はじめに……………………………………………………………… *17*
2. 「-ed形」と「Φ形」のストレス位置 ……………………………… *20*

  2.1 「-ed 形」のストレス位置……20
  2.2 インフォーマント調査……22
    2.2.1 「-ed 形」の場合……22
    2.2.2 「φ 形」の場合……23
 3. 「φ 形」への移行：a pirated version と a pirate version を中心に… 24
  3.1 a pirated version と a pirate version……24
    3.1.1 a pirate version……25
    3.1.2 a pirated version か a pirate version か……25
 4. 「φ 形」へ移行しない場合…………………………………………… 27
 5. 結語 ………………………………………………………………… 28

第 3 章 複合前置詞として機能する新しい定型表現
　　　　──until to, up until to, on against, in and out,
　　　　in to を対象として───────────── 29

 1. はじめに …………………………………………………………… 29
 2. 複合前置詞とは何か ……………………………………………… 30
 3. 複合前置詞の先行研究 …………………………………………… 31
 4. until to, up until to ………………………………………………… 34
  4.1 until to は誤植か？……35
  4.2 until の機能……36
  4.3 現代英語に観察される until to の実態……43
    4.3.1 until to の機能……43
    4.3.2 until to, up until to と共起する動詞……49
    4.3.3 until to の成り立ち……50
  4.4 until to の通時的変遷……51
  4.5 インフォーマント調査……52
 5. be on against ……………………………………………………… 56
  5.1 on と against の機能……56
  5.2 be on against の機能……56
  5.3 be on against の成り立ちと発展……60

5.4　be 動詞と共起する理由……*61*
　　　5.5　インフォーマント調査:
　　　　　be on against のストレスパタン……*62*
　6. be in and out ………………………………………………… *65*
　　　6.1　be in and out の意味と統語パタン……*65*
　　　6.2　be in and out の成り立ちと意味の派生……*67*
　　　6.3　in and out と共起する動詞……*67*
　　　6.4　インフォーマント調査……*68*
　7. be in to ………………………………………………………… *70*
　　　7.1　be into との違い……*73*
　　　7.2　be in to……*74*
　　　　　7.2.1　in, to の機能……*74*
　　　　　7.2.2　be in to の意味と機能……*76*
　　　7.3　be in to, have been in to のストレス位置……*79*
　　　7.4　be in to の意味の派生と成り立ち……*81*
　　　　　7.4.1　意味……*82*
　　　　　7.4.2　成り立ち……*82*
　8. 新しい CPs の形成規則 ……………………………………… *83*
　9. なぜ前置詞＋前置詞が結合するのか ……………………… *83*
　10. 新しい CPs のストレスパタン …………………………… *84*
　11. 結語 ………………………………………………………… *84*

第4章　補文構造の画一化──it looks that 節を例として── *85*
　1. はじめに ……………………………………………………… *85*
　2. look の補文構造 ……………………………………………… *86*
　3. as if/as though の用法 ……………………………………… *88*
　4. it looks that 節の属性 ……………………………………… *89*
　　　4.1　it looks that 節の機能……*90*
　　　4.2　it looks that 節が使用され始めた時期……*93*
　5. it looks as if/as though/like と it looks that 節の違い……… *93*

  6. it seems that 節と it looks that 節の違い…………………… *96*
  7. 成り立ちに影響を与えた存在 ………………………………… *97*
  8. インフォーマント調査 ………………………………………… *98*
  9. 形式主語 it の構文 it appears/sounds/feels that . . . の
     新しい補文構造 ………………………………………………… *103*
  10. 結語 …………………………………………………………… *107*

第 5 章　新しい相関接続詞
——though A but B と類似の表現—— *109*
  1. はじめに ……………………………………………………… *109*
  2. though の先行研究 …………………………………………… *111*
     2.1　接続詞の場合……*111*
     2.2　副詞の場合……*113*
  3. 相関接続詞とは ……………………………………………… *115*
  4. 現代英語に観察される though A but B の実態 …………… *116*
  5. インフォーマント調査 ……………………………………… *123*
  6. though A but B の成り立ち ………………………………… *129*
  7. 結語 …………………………………………………………… *131*

第 6 章　新しい定型表現——in and of itself と in and of—— *133*
  1. はじめに ……………………………………………………… *133*
  2. in and of itself の記述 ……………………………………… *134*
     2.1　in itself, of itself の意味と再帰代名詞の機能……*135*
     2.2　in itself, of itself の機能……*136*
     2.3　in and of itself の機能……*140*
     2.4　in and of itself の成立……*144*
     2.5　インフォーマント調査……*145*
  3. in and of: in and of itself からの逆形成 ………………… *148*
     3.1　in and of に後続する要素……*148*
     3.2　in and of ＋再帰代名詞……*148*

3.3　新しい複合前置詞：in and of……*150*
　　　　　3.3.1　意味と成り立ち……*150*
　　　　　3.3.2　ストレスパタン……*152*
　4.　結語………………………………………………………………*152*

第7章　法助動詞から名詞への転換
　　　　──a should, a ought, shoulds and oughths など── *155*
　1.　はじめに……………………………………………………………*155*
　2.　先行研究……………………………………………………………*156*
　　　2.1　musts, shoulds, oughts についての記述……*156*
　　　2.2　法助動詞についての記述：種類とモダリティ……*157*
　3.　実態………………………………………………………………*159*
　　　3.1　数的調査と質的調査……*159*
　　　3.2　ストレスパタン調査……*169*
　　　3.3　a と the による違い……*170*
　　　3.4　レジスター、アメリカ英語、イギリス英語調査……*172*
　　　3.5　主要法助動詞と周辺的法助動詞……*173*
　4.　周辺的事象…………………………………………………………*174*
　　　4.1　準法助動詞：have to's……*174*
　　　4.2　その他……*175*
　5.　結語………………………………………………………………*178*

第8章　画一化された定型表現
　　　　──人・物を表す those that── *179*
　1.　はじめに……………………………………………………………*179*
　2.　those who, those that の先行研究…………………………………*180*
　　　2.1　八木（2007: 77ff.）……*180*
　　　2.2　辞書、論文、文法書などの記述……*182*
　3.　those that の実態：共時的観点から………………………………*185*
　　　3.1　量的調査……*185*

         3.1.1　頻度……*185*
         3.1.2　レジスターごとの比較……*188*
      3.2　質的調査……*189*
      3.3　ストレスパタン調査……*197*
   4. those that の実態：通時的観点から……………………………… *198*
   5. people that, guys that について ……………………………………… *200*
      5.1　people that……*200*
      5.2　guys that……*203*
   6. 結語 …………………………………………………………………………… *206*

第 9 章　仮定法 were の変化
——定型表現 as it were から as it was へ—— *209*
   1. はじめに ……………………………………………………………………… *209*
   2. as it were, as it was について ……………………………………… *212*
   3. as it were の実態 ………………………………………………………… *215*
   4. as it was の実態 ………………………………………………………… *223*
   5. インフォーマント調査 …………………………………………………… *227*
   6. such as it was …………………………………………………………… *230*
   7. 結語 …………………………………………………………………………… *232*

第 10 章　既存の枠組みの説明を超えた定型表現
——the way how を例として—— *233*
   1. はじめに ……………………………………………………………………… *233*
   2. the way と how の先行研究 ………………………………………… *234*
   3. 結果と考察 ………………………………………………………………… *239*
      3.1　量的調査……*240*
         3.1.1　共時的視点から……*240*
         3.1.2　通時的視点から……*240*
      3.2　質的調査……*242*
      3.3　the way how の成り立ち……*246*

3.4　ストレスパタン調査……246
  4. the manner how ……………………………………………… 248
  5. 結語 ………………………………………………………… 251

第 11 章　英語定型表現への道
　　　　──形成方法、形成タイプ、形成過程、形成条件、
　　　　ストレスパタンルール────────── 253
  1. はじめに …………………………………………………… 253
  2. 形成方法、形成タイプ、形成過程 ………………………… 253
  3. 定型表現になる条件 ……………………………………… 257
  4. 定型表現のストレスパタンルール ……………………… 260
  5. 結語 ………………………………………………………… 260

　あとがき　*261*
　参考文献　*263*
　索　　引　*271*

表、図一覧

<表>

表 2.1　「-ed 形のストレス位置」
表 2.2　「φ 形のストレス位置」
表 2.3　pirated に後続する名詞
表 2.4　pirate に後続する名詞（句）
表 3.1　BNC, WB, LKL, COCA, OEC, Sketch Engine で観察された until to, up until to と共起する動詞
表 3.2　(44) のインフォーマントの反応
表 3.3　until to のストレスパタン
表 3.4　up until to のストレスパタン
表 3.5　be on against のストレスパタン
表 3.6　be in and out の意味と統語パタン
表 3.7　be in and out のストレスパタン
表 3.8　be in to の意味とパタン
表 3.9　be in to の意味決定の要因
表 3.10　be in to, have been in to のストレス位置
表 4.1　Carter and McCarthy (2006: 676) に記述されている appear, feel, look, seem, sound の補文構造
表 4.2　appear, feel, look, seem, sound の補文構造一覧
表 4.3　appear, feel, look, seem, sound の新しい補文構造一覧
表 4.4　インフォーマント調査の結果一覧
表 4.5　本章で得られた appear, feel, look, seem, sound の補文構造一覧
表 4.6　(37) のインフォーマント調査の結果
表 5.1　though A がない場合の容認度
表 5.2　but B がない場合の容認度
表 5.3　though A but B, not A though A′ but B, not only A though A′ but B のストレスパタン
表 6.1　(6)–(10) の in/of itself の itself が指すもの、照応関係と意味
表 6.2　(12)–(16) の itself の指すもの、照応関係と意味
表 6.3　in itself, of itself, in and of itself の実態
表 6.4　(19) の結果
表 6.5　in and of itself のストレスパタン
表 6.6　in and of に後続する要素の数とその割合：COCA 最初の 200 例、BNC, WB の場合
表 7.1　法助動詞一覧

表 7.2　法助動詞のモダリティごとの機能
表 7.3　表 7.1 であげた法助動詞の名詞形
表 7.4　コーパスごとの法助動詞の名詞形の頻度
表 7.5　法助動詞の名詞形の 3 タイプと統語パタン
表 7.6　COCA, WB, BNC における「a＋法助動詞の名詞形」、「the＋法助動詞の名詞形」等の使用頻度内訳
表 7.7　レジスターごとの法助動詞の名詞形の数と割合
表 7.8　アメリカ英語とイギリス英語における法助動詞の名詞形の数と割合
表 7.9　主要法助動詞と周辺的法助動詞の名詞形の数
表 7.10　COCA, BNC, WB で観察された名詞形とその頻度
表 8.1　人を表す those that の数：COCA の場合
表 8.2　those that のストレスパタン
表 9.1　BNC, COCA で観察された if I were you と if I was you の頻度
表 9.2　as it were の用法とその特徴
表 9.3　インフォーマント調査の結果
表 9.4　as it was のストレスパタン
表 10.1　COCA, BNC, WB における the way how の使用回数
表 10.2　レジスターごとの使用頻度
表 10.3　the way how のレジスターと時代ごとの使用回数
表 10.4　the way how のストレスパタン
表 11.1　筆者がこれまで扱った定型表現の形成プロセス一覧
表 11.2　本書で扱った定型表現の形成方法

＜図＞
図 8.1　those who と those that の頻度：BNC の場合
図 8.2　人を表す those that の数：BNC, 無作為の 500 例の場合
図 8.3　those who と those that の頻度：WB の場合
図 8.4　人を表す those that の数：WB の場合
図 8.5　those who と those that の頻度：COCA の場合
図 8.6　人を表す those that の数：COCA の場合
図 8.7　レジスターごとの人を指す those that の割合：BNC 169 例の場合
図 8.8　レジスターごとの人を指す those that の割合：WB 87 例の場合
図 8.9　レジスターごとの人を指す those that の割合：COCA 641 例の場合
図 8.10　COHA における年代別の人もしくは動物を表す those that の割合
図 8.11　people who と people that の頻度：BNC の場合
図 8.12　レジスターごとの人を指す people that：BNC 1219 例の場合
図 8.13　people who と people that の頻度：WB の場合

図 8.14　レジスターごとの人を指す people that：WB 1513 例の場合
図 8.15　people who と people that の頻度：COCA の場合
図 8.16　レジスターごとの人を指す people that：COCA 15135 例の場合
図 8.17　guys who と guys that の頻度：BNC の場合
図 8.18　レジスターごとの人を指す guys that：BNC 11 例の場合
図 8.19　guys who と guys that の頻度：WB の場合
図 8.20　レジスターごとの人を指す guys that：WB 36 例の場合
図 8.21　guys who と guys that の頻度：COCA の場合
図 8.22　レジスターごとの人を指す guys that：COCA 1044 例の場合
図 10.1　the way how の時代ごとの使用回数

第 1 章
本書で扱う英語定型表現研究
——目的・問題・研究手法・データ・概念

1. はじめに

　本書は、英語のフレイジオロジー（英語型表現研究）とは何か、どういうものを研究対象とするのか、何がフレーズ（英語定型表現）なのか、などの英語定型表現研究の基本的事項については触れない（基本的事項については、Inoue (2007)、八木・井上 (2013) を参照されたい。）。その理由は、日本の英語定型表現研究は何が英語定型表現なのか否かなどの初段階に拘泥している印象があり、実践的研究になかなか結び付いていないからである。たとえ実践的研究があったとしても、ある単語と単語の組み合わせが頻繁に観察されるからそれは英語定型表現である、という段階でとどまる。また、既存の枠組みで捉えきれない語と語の新しい組み合わせの存在をなかなか認める姿勢にない。このような状況は、世界で行われている英語定型表現研究から大きく遅れを取るものである。そこで本書は、このような状態を少しでも改善することに貢献すべく、「実例がある」ということに着目して、既存の考え方で説明できるか否かに関係なく、日本で行われている英語定型表現研究を次の段階に進めるために実践的研究報告を行い、そして日本でも世界でも活発に行われているとは言いがたい試みであるが、英語定型表現研究に体系的説明を与える。

　本章は筆者の過去十数年の英語定型表現研究を概観し、本書が解決すべき問題点を述べる。その前に、本書で扱う英語定型表現について説明する。それは、八木・井上 (2013) で述べているものと基本的に変わりはない。つ

まり、ある単語同士が組み合わさり繰り返し使用されるもので、その組み合わせには従来の文法規則の説明を越えたものもある。その単語同士が組み合わさることで、構成要素の各単語の意味の総和から英語定型表現全体の意味が推測できるものから、推測できないもの、つまり文脈に応じた独自の意味を発展させ、変化するという多義性を帯びるものにまで及ぶ。また本書で扱う英語定型表現は、英語の話し言葉と書き言葉の両方のレジスター（使用域）で使用されているものであり、その長さは2語から4語である。Altenberg (1998: 103) によると、口語英語に観察される英語定型表現の平均構成語数は3.15語であり、主に3語から5語から成立している、という記述がある。本書で扱う英語定型表現の平均構成語数は約2.7語とAltenberg (1998) で述べられているものより短いものである。しかし、このように短い語数から成立している英語定型表現の実態が明確になっていないということは大変興味深いことであり、研究対象に値する。八木・井上 (2013) は、英語定型表現研究が扱う守備範囲を単語と単語の組み合わせからある特定の単語が取る補文構造 (colligation, コリゲーションという) までと幅広く認め、言語の個別事象あるいは不規則な現象 (irregularities) を扱うと定めている。現在、世界で行われている英語定型表現研究は、研究者によってその研究対象が異なり、定義も一様ではない[1]。

　本書は、英語定型表現研究のうち、なかなか研究対象として光が当たることのない不規則性を持つ英語定型表現に焦点を当て、その不規則な現象に潜む規則性を見つけ出す。そして、そのような英語定型表現は、英語、日本語で様々な呼称がある。本書は、英語の呼称は筆者のこれまでの研究で使用してきたphraseological units (PUs) を使用し、それに対応する日本語の呼称は、八木・井上 (2013) で採用した「定型表現」を使用する。以後使用する定型表現には、英語を研究対象としているという含意があることに留意されたい。

---

[1]　八木・井上 (2013: 7) を参照されたい。

第 1 章　本書で扱う英語定型表現研究

2. これまでの筆者の英語定型表現研究

筆者の英語定型表現研究は、(1) に示すように 3 期に分けられる。

(1) a. 第 1 期（2003 年から 2006 年）：個別の定型表現（you know what, here we go/here we go again, let's say など）の多義、多機能、成り立ちの解明
b. 第 2 期（2006 年から 2009 年）：これまで同じものとして扱われてきた定型表現（go and do/go to do/go do, and yet/but yet/yet, how come . . . ?/ why . . . ?）の違いと関連性
c. 第 3 期（2009 年から現在）：現代英語に観察される新しい定型表現（until to, up until to, it looks that 節、though A but B, in and of itself, in and of, be on against, be in and out, be in to, pirate version, 人を表す those that, as it was, the way how）の実態とその形成の根底に働く規則の解明

この 3 期のうち (1a) で活用した研究手法は、誰もが利用可能なコーパスから得られたデータをもとに、個別の定型表現が使用されている文脈において、それが共起する特徴的な語句、文中で使用される位置、核音調が置かれる単語のイントネーション（上昇調、下降調、平板調）[2] の 3 点の調査である。3 点目のイントネーションの調査は、無料でダウンロードできる音声分析機（praat）[3] を使用した。この 3 点を調査することにより、各定型

---

[2]　O'Connor and Arnold (1973) は、ストレスが置かれる核音調に 7 つのタイプを認めているが、あまりにも複雑なため筆者のこれまでの研究では採用しなかった。筆者は、今井 (1989: 176) で言われている「核なるものを多種類もうけるのは分析の不足の結果である。基本的には「下降調」と「上昇調」の 2 種類のアクセントを区別すればよいのである。」という意見に同意し、定型表現のイントネーションに上昇調、下降調、平板調の 3 つを認め、活用してきた。

[3]　http://www.fon.hum.uva.nl/praat/ から入手可能で、音声を分析、変換、合成することができる無料のソフトウェアである。アムステルダム大学の Paul Boersma 氏と David Weenink 氏により開発された。このソフトウェアの利点は、誰もが無償で入手可能であり、容易に操作ができるところである。

表現が持つ意味、機能の外面的特徴を明らかにした。(1b, c)の時期も、(1a)で使用した研究手法を応用しながら、これまでの文法規則などでは説明しきれないもの、誤りと考えられてきた不規則な定型表現の使われ方を明らかにした。

　このように、科学的研究を行うにあたって、使用したデータと研究手法の開示は必須である。とりわけ、英語定型表現研究の場合は欠かせないと考える。というのは、英語定型表現研究は研究領域に曖昧模糊とした部分があり、前述した通り研究者によって研究対象、使用する用語、定義が一様ではなく、不透明な印象を与える。このような状況だけでなく、使用したデータと研究手法もブラックボックス化しているようでは、研究の公平性を欠くだけでなく、英語定型表現研究の世界に新たな知見をもたらすことに貢献できない。すべてが不透明な状態から得られた研究結果は、英語定型表現研究が体系化することからどんどんかけ離れ、研究のガラパゴス化につながる。筆者がこれまで行った研究手法と発表した内容について、新たに異なる視点からの知見を加えることができれば、研究の大義を果たすと同時に英語定型表現研究が更に一歩進むと考える。

　(1)の研究と同時進行で、(1)で取り扱った定型表現と井上・八木(2008), Inoue (2009)で扱った定型表現をもとに定型表現のストレスパタンルールを調査した。井上・八木(2008), Inoue (2009)で扱った定型表現は次のものである。dart in and out, make out like a bandit., The ball is in your court., I wasn't born yesterday., contract in/out, quite the contrary, carry the day, day after day, day by day, day in, day out, from day one, from day to day, from one day to the next, make sb's day, don't have all day, in this day and age, the soup of the day, one of these days, one of those days, some day, one day, that'll be the day, these days, those were the days, to the day, to this day.

　これらのすべての定型表現を英語母語話者に読んでもらい、どこにストレスが置かれるかを前述した音声分析機を使用して分析した。その結果、定型表現は(2)に示すストレスパタンルールを持つことがわかった。

(2) a. it is impossible to predict the stress patterns of phrases simply by means of whether a word is a function word or a content word
（定型表現を構成する語が機能語か内容語かというだけで定型表現のストレスパタンを予測することは不可能である）

b. the stress is placed on the word by which a speaker would like to convey the most important meaning of phrases
（ストレスは話者が意味的に最も重視している語に置かれる）

c. set phrases have stable stress patterns as words do
（定型表現は語と同じように一定のストレスパタンを持つ）

d. set phrase doesn't necessarily consist of one tone group and each word consisting of set phrases has each tone group
（定型表現は必ずしも1つのトーングループから成り立つわけではなく、定型表現を構成している各語はそれぞれのトーングループを持つ）
(Inoue 2009: 133)

(2) のルールは、今のところどのようなタイプの定型表現にも通用する。しかし、定型表現が (2) のすべてのルールを満たさなければいけないというわけではない。本書で扱う定型表現のうち機能語のみから成り立つものもあるので、その場合は (2a) のルールを適応することはできない。

3. 近年の英語定型表現研究

　八木・井上 (2013: 57ff.) は、英語定型表現研究が「教育学的立場」と「言語学的立場」の2つから発展したと説明した。

　前者の場合、英語学習者が英語を学ぶ際に使用する辞書の中でどのように定型表現を記述するかという形で発展してきた。現在出版されている英英・英和辞書は、どれほどの定型表現をどのように記述するかという点で辞書ごとに異なり、定型表現の体系化が進んでいないためにその分類や記述に一貫性が見られない。辞書における定型表現の詳細な記述は八木・井

上 (2013: 59ff.) を参照されたい。

　後者の場合、これまでの英語定型表現研究は次の6つの時代区分に分けられる。(i) 1909年から1930年代の初期段階、(ii) 1930年、40年代のロシアの国家政策による研究期、(iii) 1950年、60年代の新ロンドン学派によるコロケーション研究期、(iv) 1970年、80年代のロシアの影響を受けた研究期、(v) 1980年、90年代のコーパス活用期、(vi) EUROPHRAS[4]発足による研究細分化期、である（八木・井上 2013: 75ff. 各時期にどのような研究がなされたかは、八木・井上 (*ibid.*) を参照されたい。)。現在は(vi) の時期で、あらゆる側面からの研究が発達し、その細分化に追いつくのが非常に難しく、本書が行うような英語定型表現研究に体系的説明を与える試みは進んでいない。本書はそれを試みることで、特殊性を帯びガラパゴス化が進みつつある英語定型表現研究に、誰もが取り組むことができる学問領域の1つとして確立することに貢献することが本書の目的でもある。

　世界で行われている英語定型表現研究の特徴を簡潔に述べると、文法的枠組みの中で説明ができる定型表現に焦点を当てた研究が主になされている。例えば、Levin and Lindquist (2015) は、again and again や over and over のような「副詞 and 副詞」の語連結でどのようなものがあるのかを紹介し、そのような語連結の使用を通時的、共時的観点から研究している。このような研究のほかに、ある特定の文脈 (e.g. 法律文書、株主への手紙など) に生起する文法的枠組みで説明できる定型表現の紹介とその文脈における使用の研究 (Murphy 2015)、コーパスを使用した定型表現の特徴の統計的調査、ある作家の作品に観察される特徴的な定型表現とその使用、個別言語に見られる定型表現の紹介とその実態の研究、あるレジスターで使用される定型表現の紹介 (Biber 2006) などがある。本書で扱う定型表現に関連した先行研究は、第2章以降の各章で述べられている。

---

[4]　European Society of Phraseology の略称。

4. 解決すべき問題

　筆者のこれまでの研究は、個々の定型表現の外面的特徴を明らかにしたのみで、それらがどのように成立しているかなどの根底に何があって外面的特徴につながったのかといった内面的特徴については調べていない。筆者が調べた限り、その他の定型表現研究にも同様のことが言える。このように内面的特徴が明らかになっていないということは、なぜ次々と定型表現は生み出されるのか、定型表現に何が起きているのかということがわからず、様々な定型表現の実態は明らかになっても、不規則な現象として扱われ続けることになる。また、Johansson (1985), Leech (1992) が言うように total accountability（全体的説明）が欠けており、英語定型表現全体を俯瞰して見ることができないことにつながる。言語学的立場からの英語定型表現研究が始まって約100年以上経った今、少し立ち止まって、定型表現の成り立ち、定型表現になるための条件などの内面を探ることで、外面に現れた現象に大きな1つのまとまりを提示する必要があると考える。これは、筆者の研究だけでなく、定型表現を扱ったすべての研究に欠けている点、解決されるべき問題と考える。

5. 使用するデータ

　本書が使用するデータは、British National Corpus (BNC), WordBanks *Online* (WB), Corpus of Contemporary American English (COCA), Oxford English Corpus (OEC), Sketch Engine, Database of Analyzed Texts of English (DANTE), Larry King Live Corpus (LKL), Corpus of Historical American English (COHA), Modern English Collection (MEC) である。
　BNC, WB は、小学館コーパスネットワークを通して利用した。BNC, WB, OEC を除くコーパスは、無料で誰もが利用できるものである[5]。

---

[5]　OECからの例は、「第3章　複合前置詞として機能する新しい定型表現——until to, up until to, on against, in and out, in to を対象として」で使用されている6例のみである。

BNC, WB, COCA, OEC, Sketch Engine, DANTE, LKL は、共時的側面から言語事象を調べる際に利用し、COHA と MEC は通時的側面からそれを調べる際に利用した。DANTE, MEC を除くコーパスは英語定型表現研究に限らず様々な実証的研究で使用されているが、LKL, DANTE と MEC は一般には馴染みが薄いと思われるので、簡潔に説明する。

LKL は、アメリカの CNN のインタビュー番組 Larry King Live, Larry King Weekend の transcriptions（話し言葉を文字起こししたもの）を収集したコーパスである。筆者が利用したデータは、1994 年 2 月から 2010 年 12 月までのもので総語数は約 3400 万語である。LKL の中身と使用の妥当性については、Inoue（2007: 113ff.）を参照されたい。

DANTE は、英語定型表現研究を行うために開発されたコーパスで、23000 以上の複数の語から成り立つ語連結と 27000 以上のイディオムと定型表現を含んでいる。他のコーパスとは異なり、たくさんの定型表現が含まれているが、主に複合語および一般に馴染みのある定型表現が含まれており、本書が対象とするような、既存の枠組みを超えて成り立つ定型表現はほとんど含まれていない。

MEC は、1500 年代から 1900 年代までの版権の切れたフィクション、ノンフィクション、ドラマ、手紙、新聞記事、原稿を集めたコーパスであり、歴史的資料を入手する際には有益である。

本書で扱うコーパスは、OEC を除いて第三者が利用できるコーパスである。そのようなコーパスを使用した理由は、Sampson（2001）, Inoue（2007, 2014）の説明にある通り、使用者が限定されたデータから得られた結果は客観性に欠けており、科学的な証拠を提示しているとは言い難いからである。それだけでなく、誰もが利用できるデータを使用することで、先人たちが築き上げた知見に新たな発見を加え、科学的実証研究の発展に貢献できると考える。また、コーパスは万能ではないことに留意する必要がある。コーパスでは省略された表現は検索できないし、コーパスは文字列で検索をしているので、アルゴリズムを正確に入力しない限り、コーパス利用者が望むデータを正しく入手することができない。そしてコーパスを使用してデータを入手し、そのデータを正しく読み解く使用者の英語力が必要で

ある。

　第 2 章以降で具体的な定型表現の実態を明らかにするが、本書で扱っている定型表現を上記に説明したコーパスでどれほどの頻度であるかを割合で表示することは不可能であり、有益なことではない。本書で使用するコーパスは、異なり語数を基本的単位として各コーパスのサイズが明確になっており、定型表現を基本的単位としていない。そのような異なり語数から成立している電子言語資料収集体において、複数の語から成り立つ定型表現の各コーパスにおける割合を算出するアルゴリズムを筆者は寡聞にして知らない。また、たとえ割合を算出できたとしても、語数の中の定型表現の割合を示すことが、定型表現研究においてどのように有益であるかも定かではない。

6.　研究手法

　前節で述べた問題点を解決するために、本書は (3) に示す研究手法を採用する。

(3)　a.　ある語と語の結合が、頻繁に使用されることにより、一要素として存在するようになった場合、それが定型表現であるかどうかコーパスを使用して量的調査を行う。そして、そのかたまりが定型表現であると認められた場合、その定型表現の意味、機能などの外面的特徴を実証的に明らかにする。

　　　b.　a で外面的特徴が明らかになった定型表現の中には、これまでの文法規則の説明を越えたもの、もしくは機能語から構成されているものがある。そのようなものも含めて、これまで扱ってきた定型表現は、古英語時代のケニング (代称法) のように、既存の語と語がかたまりとして使用される。そのかたまりが偶然にできたものでないことを、語形成のプロセスを応用しながら定型表現の形成規則を明確にする。

　　　c.　外面的、内面的特徴を明らかにした定型表現に、どのような

形成タイプがあるのか、定型表現になる過程とそのための条件を明らかにする。

d. 様々な定型表現のストレスパタンを調査し、定型表現のストレスパタンルールを作成する。

(3) をもとに、本書で何がどこまで明らかになるかを図式化したものが (4) である。

(4)

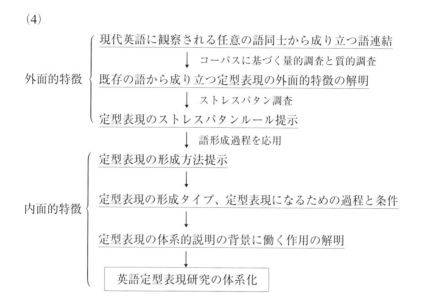

(4) に提示した研究を行うことで、次の3点が明らかになる。① 定型表現になるための規則、過程、条件、タイプといった内面的特徴が明らかになる。② その内面的特徴を生じさせるために働いているもの、つまり言語経済の法則の作用が明らかになる。③ 定型表現の内面的特徴に理論的説明を与えることで、次々と発見される定型表現を、感覚的ではなく論理的に説明し、そしてその実態が体系的にわかるようにする。① の定型表現になるための規則は、次節で説明する語形成のプロセスを活用する。② で述べた

言語経済の法則も次節で説明する。

　このような本書が採用する研究手法が拠り所とする立場は、ありのままの言語事実の観察からその中に潜む法則を導き出すというボトムアップ分析である。その分析は次のように行う。誰もが利用できるコーパスから得られたデータを「意味は統語形式に反映する」という意味的統語論を用い、それを発展させ、定型表現の場合は「意味、統語形式、音調の3者は密接に関係している」という言語実態を明らかにする。意味的統語論の詳細については八木・井上（2013: 22ff.）を参照されたい。

7. 本書が用いる道具立て：語形成のプロセス、基本概念、言語経済の法則

　八木・井上（2013）で扱った諸問題と同じく、本書の第2章以降で扱う問題も、これまでの辞書、文法書、論文、著書等の先行研究には書かれていない、もしくは説明されていないものである。そのような言語の実態を実証的・帰納的に説明するにあたって、前節で触れた語形成のプロセス、意味に重きを置いた類推、画一化、概念の範疇化、融合という概念を用いる。その概念の根底にあるのは、八木・井上（2013: 81ff.）で説明している通り、言語経済の法則の労力節減と冗漫である。本節は、語形成のプロセス、類推、画一化、概念の範疇化、融合、言語経済の法則について説明する。

7.1　語形成プロセス

　これまで数多くの研究が、語形成のプロセスを論じてきた（Allen 1978, Bauer 1983, Bybee 1985, 伊藤・杉岡 2002, Lieber 1983, Pinker 1994, Plag 2003, Siegel 1979, 西川 2013、山内・北林 2014 など）。本節は、それらに共通した語形成のプロセスを (5) にまとめた。

　　(5)　a.　複合（compounding）　e.g. sleepwalk, highway
　　　　　b.　派生（derivation）　e.g. unkind

c. 借用（borrowing）
　　d. 転換（conversion）
　　　（i）　品詞転換 e.g. Xerox (n.) ― xerox (v.)
　　　（ii）　固有名詞からの転換　e.g. Sandwich, Fahrenheit
　　e. 頭文字語（acronym）　e.g. CALL, CIA, FBI
　　f. 逆形成（backformation）：複合語や派生語が、その過程で誤った分析に基づいて切り詰められ、新しい語が生まれること　e.g. begger → beg
　　g. 省略（shortening）　e.g. mathematics → math, gasoline → gas
　　h. 混交（blending）　e.g. breakfast + lunch → blunch
　　i. 句の語彙化（lexicalization of phrases）：頻繁に使用される慣用句が、そのまま語となり、句を構成する語をハイフンでつなぐ　e.g. catch-me-if-you-can, passer(s)-by
　　j. 異分析（metaanalysis）：語の誤った分析　e.g. hamburger → ham + burger（正しくは hamburg + -er）, alcoholic → alc + holic（正しくは alcohol + ic）
　　k. 語根想像（root creation）：既存の語や形態素を用いずに全く新しい語を作る
　　　（i）　擬音語（onomatopoeia）　e.g. bow-wow, hic, zzz, beep
　　　（ii）　音象徴（sound symbolism）：ある物事に特定の音の連鎖を結び付ける、擬態語　e.g. sniff, snore, snort, sneeze
　　　（iii）　商品名、商標など　e.g. Kleenex ← clean + ex

　このように語形成は、全くゼロから新しい語を作り、それが一般的になるということはない。これは、古英語の特徴の１つであったケニング（代称法）のように、既成の語と語を組み合わせて新しい表現を作ったのと同じである。また、既存の語を加工して新しい表現を作るという形成方法もある。この中で (5a), (5b), (5e), (5f) は生産性が高いプロセスである。(5) のプロセスによって新しい語彙が産出されるが、新しい語彙を生み出すことを阻止する現象（blocking）がある。それを (6) に示す。

(6) a. 音韻的類似の回避
   John *Dodged/*Forded/ to New York.
   dodge（ひらりとかわす）、ford（浅瀬を渡る）が存在し、音韻的に似ているため容認不可となる
   b. 形態的類似性の回避
   John decided to *United/*United-Airlines to L.A.
   末尾の語が動詞の活用語尾と同じになっているので容認不可となる
   John decided to American/UA to L.A.
   c. 意味的重複の回避　e.g. *despise（n.）　contempt（n.）

本書で扱う定型表現は、(5)で述べられている語形成とは1点異なる。それは、自由形態素のみから成り立っているという点である。しかし、(5)のプロセスが本書で扱う定型表現にどのように応用できるのか、第2章以降で検証していく。

7.2　基本概念

7.2.1　類推（analogy）と画一化（uniformity）

類推とは、「形式（Form）A が、本来の用法ではなかった別の形式 B の統語機能 x、あるいは意味 y（この意味 y はいずれ新しい統語機能として実現される）を獲得する現象のこと」（八木 1999: 74）である。例えば、regardless of, in spite of, irrespective of などの一連の譲歩を表す接続詞が前置詞化することである（八木・井上 2004, 2013）。

画一化とは、個別の事情や個性を無視して、すべてを一様に揃えることである。この画一化は、類推のメカニズムを生じさせた後の結果としての現象を指す。

7.2.2　概念の範疇化（concept categorization）

概念の範疇化とは、語の連鎖 [a] [b] [c] ... [...] が概念のまとまり [a b c ...] と解釈され、そのような概念のまとまりに名詞、副詞、形容詞と

いった新たな範疇を与えることである（八木 1999: 105ff.）。

　八木（1999: 105ff.）は、概念の範疇化のわかりやすい例として far from を説明している。本来 far from は、(far (from the station)) というように「駅から距離が離れている」という意味であったものが、Kajita (1977) で言われている再分析（reanalysis）によって ((far from) honest) のようになり、far from が一つの副詞として振る舞うようになった。八木（1999: 105ff.）は、このような概念の範疇化によってできたものは a cultural historian（文化史家）、a change of address card（転居案内状）など定型表現化したものが多い、とも説明している。

7.2.3　融合（merging）

　八木（1999: 108ff.）では、融合に3タイプ（統語機能の融合、複数の意味がひとつの統語形式によって表される融合、意味・統語的融合）を認めている。統語機能の融合とは、「本来は別々の統語機能を果たす類義語が、同じような意味を表すようになり、それぞれの区別がつきにくくなった場合」である（e.g. 前置詞 to と不定詞標識 to の融合）。2番目のタイプは、「別々の意味を表す項目が、ひとつの統語形式によって表現される場合」である（e.g. The book is very important to you. と The book is very important for you.）。最後のタイプは、「意味の反映としての統語特徴と、語の本来的な統語特徴がまざりあった場合」である（e.g. I think that he is honest. から I think him honest. へ）。

7.3　言語経済の法則

　言語経済の法則の詳細については八木・井上（2013: 81ff.）を参照されたい。ここでは簡潔に述べる。

　効果的な意思伝達のためには、労力節減（least effort）と冗漫（redundancy）という一見矛盾する原理がバランスを取りながら言語の変化をつかさどっている。この労力節減と冗漫を併せて言語経済の法則と呼ぶ。前者に当てはまる現象として、第2章で扱う pirated version などの -ed 形から pirate version などの φ 形への移行、第4章で扱う構文が画一化した it looks that-clause, 第 8 章の人を表す those that, 第 9 章の仮定法 was への統一である as it was が当てはまる。後者は、第 3 章で扱う似たような意味を持つ語を重ねて使用した定型表現 until to, 第 10 章で扱う the way how が該当する。

8. 結語

　本章は、筆者のこれまでの英語定型表現研究全体に「体系的説明を与えること」が欠けていると述べ、それを与えることが本書の目的であると述べた。その目的を、個々の定型表現を実証的に調査することで達成することを述べ、そのために必要となる研究データ、研究手法、概念などの道具立てを説明した。次章以降は、本章で説明した基本概念を活用して様々な種類の定型表現に取り組むことで、英語定型表現研究に体系的枠組みを与えるという目的を達成し、先人たちの知見に少しでも新たな発見を加えたいと考える。

第 2 章
「-ed 形」から「φ形」への移行による複合語化
——a pirate version を中心に

1. はじめに

　本章は、a pirated version（海賊版、以後「-ed 形」[1]）から a pirate version（以後「φ形」[2]）のように変化した定型表現に着目し、意味論、音響音声学の観点から「φ形」が複合語化していることを述べる。
　現代英語コーパスを観察すると、a pirate version のほかに mash potato, smoke salmon, skim milk のような類似した「φ形」の例が観察される。しかしながら、このような「φ形」は MEC では観察されることがなく、そこでは通常の「-ed 形」である mashed potato などが観察される。
　しかし、どのような「-ed 形」も「φ形」に簡略化できるわけではない。そこには、コミュニケーションの本質としての「相手に誤解を与えない範囲でできるだけ楽をする表現方法を選ぶ」という言語経済の法則の労力節減が働いている。その働きのもと、どのようなメカニズムによって「φ形」へ移行するのかを明らかにすることが本章の目的である。

[1,2] Quirk *et al.* (1985), 安藤 (2005) は、pirated や taken のようないわゆる過去分詞と呼ばれるものを、それぞれ -ed principle, -en 分詞と呼んでいる。安藤 (2005: 231) は、「現在分詞と過去分詞は、一般に用いられている名称ではあるが、両者は時に関係なく用いられるので適切な名称とは言えない。(中略) 最も適切な名称は、形式に基づく ing 分詞、en 分詞であろう。」と説明している。本章は、Quirk *et al.* (1985), 安藤 (2005) に準拠し、pirated のような -ed 形や taken のような -en 形を過去分詞、もしくは過去分詞が形容詞化したものと捉え、過去分詞とは呼ばずに -ed 形と呼ぶ。

現代英語には，(1) から (14) に示すように「-ed 形」から「φ 形」へ簡略化されたと考えられる例がある（イタリックは筆者。以下同じ。）。

(1) Mediation began in the bitter battle over KPFA radio yesterday as a *pirate version* of the gagged station sprang to life in the middle of a major Berkeley street. (BNC)
（昨日、KPFA ラジオをめぐる（経営側と局側との）激しい争議の仲介が始まった。それは、猿ぐつわをかまされ、言論を抑圧されたラジオ局の違法版が、バークレー市のメインストリートの真ん中に出現したときのことだった。）

(2) "I wasn't going to rush around buying horribly expensive things like *smoke salmon* that I couldn't afford . . . ." (BNC)
（「買えないほど高価なスモークサーモンのようなものを買うのに走り回るつもりはなかった。」）

(3) "Roast parsnip, do you want some roast potato?" "No. Thank you." "*Mash potato*?" "Please." (BNC)
（「ローストしたパースニップ、ローストしたジャガイモはいかがですか？」「いいえ、結構です。」「マッシュポテトは？」「お願いします。」）

(4) Checks on *corn beef* and potato slices and steak and kidney pies showed meat content was between one-third and one-half lower than declared. (BNC)
（調べてみると、コーンビーフ＆スライスポテト、ステーキ＆キドニーパイの中の肉の量は、表示よりも 1/3 から 1/2 ほど少ないことがわかった。）

(5) *Steam Pudding*. INTRODUCTION. This *steam pudding* is so quick to make and ideal for the unexpected guests. (www.maori-in-oz.com/)
（蒸しプリン。はじめに。この蒸しプリンは、素早くできて、突然の来客に理想的です。）

(6) Nonstick rice cooker serves up to 20 cups of white, brown or wild rice; *steam fish*, vegetables and even fruit. (WB)
（焦げつかない炊飯器は、上限 20 カップまでの白米、玄米もしくは野生米

第 2 章　「-ed 形」から「φ 形」への移行による複合語化

を炊くことができます。蒸し魚、蒸し野菜、フルーツも可能です。)

(7) . . . and the national bibliography's machine-readable records are used for all these functions (although the actual selection process is usually based upon the *print version*). 　　(BNC)
(…そして英国全国書誌の機械可読記録は、すべての機能に対して使用されています(実際の選択プロセスは、通常印版に基づいていますが)。)

(8) *Skim milk* is now called Fat Free milk. This change occurred about 3 years ago when the USDA changed the milk labelling laws.
　　　　　　　　　　　　　　　　　　　(http://experts.about.com/)
(スキムミルクは、現在は無脂肪ミルクと呼ばれています。この変化は、3 年程前に USDA が牛乳のラベルについての法律を変更したときに起こりました。)

(9) Bake for 25 minutes, until golden brown and crispy, making sure not to open the oven door for the first 20 minutes. 15. Serve immediately with the carved *roast beef*. 　　(www.bbc.co.uk)
(きつね色でパリパリになるまで 25 分間焼いてください。最初の 20 分間はオーブンを決して開けないでください。15. 切り分けたローストビーフと共に出してください。)

(10) Dinner was *roast chicken*, three vegetables, bread, fruit salad and ice-cream. 　　(WB)
(夕食は、ローストチキン、3 種類の野菜、パン、フルーツサラダとアイスクリームでした。)

(11) V-CA015 3.5MM MONO JACK *CLOSE CIRCUIT*
　　　　　　　　　　　　　　　　　　　(http://www.gibsonteched.com/)
(V-CA015, 3.5 ミリのモノジャックの閉回路)

(12) Weekends we're usually booked up in advance, you see, even in the *close season*. 　　(BNC)
((私ども宿は)週末は禁漁期ですら事前予約でいっぱいです。)

(13) Milne, of Arbroath, was spotted by *close circuit television cameras* as she kicked and punched the windows of a shop in the town centre. 　　(WB)

19

　　　　（アーブロースのミルンは、彼女が街の中心部にある店の窓を蹴ってパンチしているところを、閉回路のテレビカメラでとらえられていた。）

(14) It is yet another example of how the protectionist forces operate. These trade agreements are negotiated *behind close doors*, ...
　　　　　　　　　　　　　　　　　　　　（http://homepages.law.asu.edu）
　　　　（それは、保護貿易主義的な勢力がどのように活動するかのもう一つの例です。これらの貿易協定は、密室で交渉されていおり…。）

(1)から(14)の「φ形」は話し言葉だけでなく書き言葉で観察されることもあるので、決して誤植ではない。また、現在では「φ形」が一般的になっているものも少なくない。

2.「-ed形」と「φ形」のストレス位置
2.1「-ed形」のストレス位置

　(1)から(14)にあげた「φ形」の本来の形である「-ed形」のストレス位置を英米で出版されている発音辞典や学習者辞典で調べた。pirated versionの場合、ストレスの置かれる位置はversionのverであるが、(15)ではわかりやすくするため、ストレスのある音節を大文字で示した。

(15) 　pirated VERsion
　　　smoked SALmon
　　　mashed poTAto
　　　corned BEEF
　　　steamed PUDding
　　　steamed FISH
　　　printed VERsion
　　　skimmed MILK
　　　roasted BEEF
　　　roasted CHICKen

closed CIRcuit
closed SEAson
closed circuit TELevision
behind closed DOORS

　辞典では、これらの表現の多くを定型表現扱いしている。*MED*² は、closed season と同じ表現として close season を記述している。この場合、ストレスの位置は、CLOSE season と構成要素の前の単語にストレスが移動している。また *LDCE*⁶, Wells (2000) によると、American English（AmE、アメリカ英語）として skim milk があり、ストレスは SKIM milk となる。

　これらの表現のストレスの位置を考察すると、「-ed 形」の表現の場合、単なる名詞句として機能している。smoked salmon の場合、その意味は「燻製された鮭」となり、右側要素（salmon）に関する特定の属性を表している。また、右側要素にストレスが置かれる場合、例えば、grilled salmon（直火焼きの鮭）、broiled salmon（あぶった鮭）というように、左側に来ることができる要素は自由、つまり自由連結である。このようにして作られる表現は、salmon などの右側要素に関する状態を表しており、生産性が高い。(16), (17) に示すように、「生の」beef sirloin, chicken と区別し、(16) はローストされた牛サーロイン、(17) はローストされた鶏肉というように、それぞれ beef sirloin, chicken に関する特定の性質を表している。

(16)　*Roasted Beef Sirloin* with Red Pepper Sauce and Garlic Flans.
　　　　　　　　　　　　　　　　　　　　　（http://www.txbeef.org/）
　　　（赤唐辛子ソースとニンニクプリンを添えたローストされた牛肉のサーロイン）

(17)　There were two large vegetable dishes with lids on in the centre of the table and, beyond them, on an oval plate, was a *roasted chicken*, brown and shiny with stuffing oozing from one end.　　（BNC）
　　　（テーブルの中心に、蓋をした２つの大きな野菜の料理がありました。その向こうには、楕円形の皿の上に、一方の端から中身がにじみ出ている、

21

茶色くて光ったローストされたチキンがありました。)

2.2 インフォーマント調査

ここでは、(1) から (14) の「φ形」の表現と (15) にあげた「-ed形」の表現とでストレスの位置に変化があるのかどうか調べた。

2.2.1 「-ed形」の場合

「-ed形」のストレス位置を調べた結果、以下の表 2.1 に示すようになった。数字の読み方は、例えば pirated version 1–6–2 の場合、9 名のインフォーマント（イギリス人 2 名、カナダ人 1 名、アメリカ人 6 名）のうち、pirated にストレスを置いた人数 (1 名)、version にストレスを置いた人数 (6 名)、pirated, version 両方の語にストレスを置いた人数 (2 名) を表している。

表2.1 「-ed形」のストレス位置

pirated version	1–6–2
smoked salmon	0–8–1
mashed potato	6–2–1
corned beef	3–2–4
roasted beef	4–5–0
roasted chicken	3–6–0
steamed pudding	2–6–1
steamed fish	2–7–0
printed version	1–8–0
skimmed milk	2–4–3
closed circuit	3–6–0
closed season	6–3–0
closed circuit television	0–2–7–0
behind closed door	0–4–4–1

closed circuit television の場合、closed にストレスを置いた人は 0、circuit にストレスを置いた人が 2 人、television に 7 人、すべての語にストレスを置いた人は 0 ということを示している。同様に、behind closed doors の場合、behind にストレスを置いた人は 0、closed にストレスを置いた人が 4 人、doors も 4 人、どの語も同じ強さで読んだ人は 1 人ということである。

2.2.2 「φ形」の場合

表 2.2 は、「φ形」のストレス位置を表したものである。数字の読み方は表 2.1 と同様に、pirate version の場合、pirate にストレスを置いたインフォーマントが 9 人、version にストレスを置いたインフォーマントおよび pirate, version の両方の語にストレスを置いたインフォーマントは 0、ということを表している。

表 2.2 「φ形」のストレス位置

pirate version	9–0–0
smoke salmon	8–1–0
mash potato	7–0–2
corn beef	9–0–0
roast beef	8–1–0
roast chicken	6–3–0
steam pudding	9–0–0
steam fish	9–0–0
print version	9–0–0
skim milk	9–0–0
close circuit	9–0–0
close season	9–0–0
close circuit television	9–0–0–0
behind close door	9–0–0–0

表 2.1 より、「-ed 形」の場合、ストレスは右側要素に置かれることもあれば左側の要素に置かれることもあったりと、ストレスの位置に揺れがある。つまり「-ed 形」は、複合語として機能することもあれば、名詞句として機能することもある。このことから、「-ed 形」の場合はその表現の意味があいまいになると考えられる。

　例えば、black bird と blackbird を考えてみよう。綴り字の違いから明確ではあるが、前者は名詞句、後者は複合語である。前者の意味は「黒い鳥」であり、それは2つの語の意味の総和である。後者の意味は「つぐみ」で、black と bird の意味の総和とはならない。また blackbird は、実際の色（black）には必ずしも関係なく、bird の一種を示し、bird の下位範疇である。つまり複合語の意味は、右側要素によって表される意味の下位範疇である。またストレスの位置も、名詞句の場合は右側要素に置かれるが、複合語の場合は左側要素に置かれる。これと同じことが smoked salmon にも当てはまる。

　前述したが、salmon にストレスが置かれる smoked salmon の意味は「燻製された鮭」であり、右側要素（salmon）に関する特定の属性を表しており、燻製されていない鮭も認められ、複合語ではないことがわかる。一方、smoked にストレスがある smoked salmon の意味は「鮭の燻製」となり、右側要素（salmon）によって表されるものの下位範疇を示す意味であり、複合語として確立している。換言すると、文脈がなく「-ed 形」だけを提示した場合は、名詞句が複合語かどうか不明である。この機能のあいまいさがストレスの位置に影響したと考えられる。一方、表 2.2 の「φ形」の場合、ストレスは前の語に置かれる傾向が強いことから、「φ形＋名詞」は複合語として機能していることがわかる。

3.　「φ形」への移行: a pirated version と a pirate version を中心に

3.1　a pirated version と a pirate version

　これまではストレスをもとに「-ed 形」から「φ形」への移行を述べた。

ここでは pirated version と pirate version を中心に、「φ形」への転換メカニズムを説明する。

3.1.1　a pirate version

英米で出版されている学習者用辞典は、「海賊版」として pirate version, pirated version 両方の用例をあげている。多くの辞典は pirate を名詞もしくは動詞としているが、COB^8 は名詞の前に用いられる pirate は形容詞と認めている。また『ユース』も、名詞の pirate は形容詞的に用いられると説明している。安藤（2005: 383）によると、pirate version のような［名詞＋名詞］の表現には、第一要素には限定用法の場合と叙述用法の場合がある。また、前の名詞が後ろの名詞を修飾し、複合語になるとストレスは前の語に置かれる。pirate version の pirate はもちろん、限定用法で形容詞的に用いられる。このことから、pirate version の pirate は、COB^8 と『ユース』にならって、名詞の形容詞的用法と捉えるのが妥当である。

3.1.2　a pirated version か a pirate version か

これまでの先行研究によると、「海賊版」を意味する場合には、(18) のように「-ed 形」が使用された pirated version が正しいように思える。しかし、3.1.1 で述べたように、英米の学習者辞典では pirate version も pirated version と同義的扱いである。そこで、BNC, WB を検索して pirated, pirate に後続する名詞を調べて、pirated と pirate の意味の違いを比較してみた。表 2.3、表 2.4 は、pirated と pirate の場合にどのような後続部を取っているかを数字で表したものである。

(18)　*Pirated versions* of animated Japanese films are huge sellers from Bangkok to Seoul.　（*International Herald Tribune*, 13, Jan., 2004）
　　　（アニメ化された日本映画の海賊版は、バンコクからソウルまでよく売れています。）

表 2.3　pirated に後続する名詞

BNC		WB	
copies	3	copies	2
tapes	3	software	2
videos	2	versions	2

表 2.4　pirate に後続する名詞 (句)

BNC		WB	
radio station(s)	11	radio station	3
radio	3	radio	8
station(s)	7	cds	3
video(s)	5	stations	3
copies	2	tv	3
discs	2	video(s)	6
tape	2		

(19)　That's our very own *pirate radio*.　　　　　　　　　(BNC)
　　　(あれは、私たち独自の無認可のラジオです。)

　表 2.3, 2.4 に示すように、後続部に来る名詞を比較すると、pirated は表 2.4 の下線を引いてある radio station(s), radio, station(s), tv といった語と共起しない。つまり、pirated には「海賊版の」の意味しかないことがわかり、「pirated＋名詞」で「海賊版の～」という定型表現として確立している。一方、表 2.4 に示すように、pirate に後続する名詞の頻度の高いものに注目すると、pirate は (19) に示すように「無認可の、非合法の」の意味が主であることがわかる。また表 2.4 の名詞を観察すると、pirate には「無認可の、非合法の」の意味以外に、copies, tape(s), video(s) などが来ることから、「海賊版の」の意味もあることがわかる。

第2章 「-ed形」から「φ形」への移行による複合語化

　これらの後続部の観察より、「海賊版の」の意味で使用される場合にはpiratedが本来の形であったが、pirateも「海賊版の」の意味を持つようになったと考える。では、なぜpirateも「海賊版の」の意味を持つようになったのか考えてみよう。

　本来はpirated versionとして使用されていたが、smoke salmonなどの類例の影響により徐々にpirate versionとしても用いられ、pirate versionはpirated versionのように後続部に様々な名詞を取り、pirateは形容詞的に用いられるようになったと考える。その結果、pirateの意味が拡大・拡張し、「無認可の、非合法の」の意味から「海賊版の」という意味で使用されるようになったと考える（意味の拡大・拡張については荒木・安井（1992）参照。）。また、pirated, pirateが「海賊版の」の意味で使用される場合、後続部に来る名詞はvideo(s), cds, version(s)などに限られ、英英辞典の用例にある通り、定型表現として確立している。筆者が現代英語コーパスを検索した限り、現在ではpirate version等の定型表現はpirated version等の頻度と比較すると少ないが、確実に観察される。LDCE[6]は、「海賊版の」意味でpirate videos / CDs / softwareといった表現を記述している。

　以上のことから、「φ形」への簡略化が可能になる条件は、(20)のようになる。

(20)　条件①　「-ed形＋名詞」が定型表現であること
　　　条件②　「-ed形」の-edを省いた形のφ形の名詞形（意味的に類似したもの）が存在すること
　　　条件③　「φ形」に変化しても何ら意味の誤解を与えないこと

この3条件を満たした場合、語形成プロセスの省略により「-ed形」から「φ形」へ移行する。この移行の背景には、言語経済の法則の労力節減が働いていると言える。

4. 「φ形」へ移行しない場合

　冒頭で述べたが、どのような「-ed 形」も「φ形」に簡略化できるわけではない。例えば、bake potato の場合、(20) の条件 ② と ③ を満たしていない。baked potato が「φ形」に変化した bake potato の場合、この bake は動詞であり、命令文となる。名詞の bake は、「ひと焼き分、焼き料理パーティー」というように baked の意味とは異なる。つまり、bake potato は baked potato を意味しているのではなく、「ポテトを焼きなさい」という意味解釈が優先され、条件 ③「φ形」に変化しても意味の誤解を与えない、という条件から逸脱している。このことから、baked potato を意味する bake potato の例は観察されないと推測する。その他の scramble egg なども条件 ②、③ に当てはまらないことから、「φ形」の例が見られず、その場合には労力節減も働いていないと考える。

5. 結語

　本章は、a pirated version と a pirate version を中心に、統語的観点、音響音声学的観点から「-ed 形」から「φ形」へ簡略化するメカニズムを述べた。「φ形」へ移行した表現は、定型表現の下位範疇の 1 つである複合語として働くことがわかった。

第 3 章
複合前置詞として機能する新しい定型表現
―― until to, up until to, on against, in and out, in to を対象として

1. はじめに

　本章は、最近の定型表現の傾向の 1 つとして考えられる、2 つの前置詞を連結させて 1 つの意味を表す定型表現の実態を明らかにする。特に in と on はいろいろな前置詞を従え、新たな意味を構成する複合前置詞（complex preposition）を構成する。例えば、*MED*[2] の in の項には be in at, be in for, be in on のような定型表現の例がある。また、on の項には be on about, be on at, be on for がある。*OALD*[9] の in の項には be in at, be in for, be in with, on の項には be on about, be on at, be on for がある。これらのうち、辞書や先行研究で触れられていないものも少なくない。辞書にない例として、BNC には、be in of, be in to, be on against, in and of がある。

　本章は、そのような新しい語連結のうち、繰り返し使用されている until to, up until to, on against, in and out, in to に焦点を当て、それらの実態を明らかにし、複合前置詞化している定型表現であることを述べる。このような複合前置詞句のうち、on against, in and out, in to は be 動詞と共起し［be on against］,［be in and out］,［be in to］となり、独自の意味を持つ定型表現として確立している。また、本章で扱う新しい複合前置詞が、第 1 章で提示した語形成のプロセスのどれを適応したものかを明らかにする。

2. 複合前置詞とは何か

　ここでは、複合前置詞（complex preposition, 以後 CP）がどのようなものか概観する。

　前置詞は形態的に 3 つのタイプに分けられる。① at, in, of などの多義を持つ単独前置詞、② into, onto, within, until, in front of などの 2 つまたはそれ以上の前置詞が結合した多義を持つ複合前置詞、③ 前置詞とほかの語が結合して、しかも 1 つの前置詞としての働きをする単義の群前置詞（e.g. according to, apart from, in accordance with, with regard to, due to, because of, result of, in agreement with, in case of など）である。

　Quirk *et al.* (1985), Akimoto (1999)、秋元 (2002, 2005)、Quirk & Mulholland (1968), Hoffmann (2002, 2004, 2005), Tottie and Hoffmann (2001) は、群前置詞を複合前置詞と呼び、「前置詞＋名詞」などから成り立ち、全体として 1 つの前置詞として機能するものと定義し、研究を行っている。それらの研究の多くは、複合前置詞の文法化（内容語が機能語のように振る舞うこと）について扱っている。Huddleston and Pullum (2002) は、そのような複合前置詞を idiomatic and fossilized expression（イディオマテックで化石化した表現）と呼んでいる。

　本章では、「前置詞＋（ある要素）＋前置詞」から成り立つものを複合前置詞と呼び、文脈に応じて多義を発生させる場合もある定型表現と定義する。Quirk *et al.* (1985), Akimoto (1999)、秋元 (2002, 2005)、Quirk & Mulholland (1968), Hoffmann (2002, 2004, 2005), Tottie and Hoffmann (2001) で扱っている複合前置詞は、本章では安井 (1996) に準拠し「群前置詞」[1]と呼ぶ。

---

[1]　群前置詞は、その構成語よりさらに 3 つに分けられる。by means of, in addition to のように「前置詞＋名詞＋前置詞」から成り立つもの、「形容詞／副詞／接続詞＋前置詞」から成り立つもの（ahead of, because of など）、as far as, as for, thanks to などのその他の結合に分けられる。
　Quirk *et al.* (1985: 669) は、群前置詞を complex preposition と呼び、それらに two-word sequences（2 語連続）と three-word sequences（3 語連続）を認めている。その complex preposition を次のように説明している。"In the strict defini-

第 3 章　複合前置詞として機能する新しい定型表現

3.　複合前置詞の先行研究

　本章で扱う定型表現の until to, up until to, be on against, be in and out, be in to は、これまでの先行研究では触れられていない。これらは、それ

---

tion, a complex preposition is a sequence that is indivisible both in terms of syntax and in terms of meaning, . . . Rather, there is a scale of 'cohesiveness' running from a sequence which behaves in every way like a simple preposition, to one which behaves in every way like a set of grammatically separate units . . . ." (Quirk *et al.* 1985: 671)（厳密な定義では、群前置詞は統語的、意味的な両方の観点より分割できない連続である。…むしろ、単一の前置詞と全く同じように振る舞うという連続から、一連の文法的に分割した単位のように振る舞う連結の値を取る「結束性」という尺度がある）。また Quirk *et al.* (1985: 671) は、前置詞 1 ＋名詞＋前置詞 2（Prep1 ＋ noun ＋ Prep2）から成り立つ語群が、群前置詞であるかどうかを見極めるために 9 つの指標を設けている。

(1)　a.　Prep 2 can be varied: *on the shelf at* (but not: *in spite for)（前置詞 2 は変更可能である）
　　b.　The noun can be varied as between singular and plural: *on the shelves by* (*the door*) (but not: *in spites of)（名詞は単数・複数と変更可能である）
　　c.　The noun can be varied in respect of determiners: *on a/the shelf by*; *on shelves by* (*the door*) (but not: **in a/the spite of*)（名詞は限定詞に応じて変更可能である）
　　d.　Prep 1 can be varied: *under the shelf by* (*the door*) (but not: *for spite of)（前置詞 1 は変更可能である）
　　e.　Prep ＋ complement can be replaced by a possessiveness pronoun: *on the surface of the table* 〜 *on its surface* (but *in spite of the result* 〜 *in its spite)（前置詞＋補語は所有代名詞に取って代わることができる）
　　f.　Prep 2 ＋ complement can be omitted: *on the shelf* (but not: *in spite)（前置詞 2 ＋補語は省略可能である）
　　g.　Prep 2 ＋ complement can be replaced by a demonstrative: *on that shelf* (but not: *in that spite)（前置詞 2 ＋補語は指示詞に取って代わることができる）
　　h.　The noun can be placed by nouns of related meaning: *on the ledge by* (*the door*) (but not: *in malice of)（名詞は関連した意味の名詞に取って代わることができる）
　　i.　The noun can be freely modified by adjectives: *on the low shelf by* (*the door*) (but not: **in evident spite of*)（名詞は形容詞によって自由に修飾される）

ぞれの後続要素により次の2つに分類される。until to, up until to, on against, in to のように後続に名詞（句）を従える複合前置詞と、in and out のように後続に何も従えない、本章では複合不変化詞と呼ぶものである。

英英辞典、英和辞典には「be＋複合前置詞」のうち、(1)に示すような「be＋in/on＋前置詞」が記述されている。

(1) a. be in at: to be present when something happens: *Karpati had been in at the birth of Socialist movement.* （*MED*²）
(何かが起きたときにいる：カルパーティは社会主義運動の発祥地にいた。)

b. be in for: (informal) to be going to experience something, especially something unpleasant: *It looks as if we're in for some stormy weather.* （*MED*²）
((略式)何か、とりわけ好ましくないことを体験しそうである：まるで嵐の天気を体験することになりそうだ。)

c. be/get in on sth: to take part in something that is being planned or discussed: *I don't know what they agreed to because I wasn't in on the deal.* （*MED*²）
(予定されている、議論されることに参加する：私はその取引の場にいなかったので彼らが賛同したことを知らない。)

d. be (well) in with: (informal) to be (very) friendly with sb, and likely to get an advantage from the friendship （*OALD*⁹）
((略式)ある人と(とても)仲がよい、友情から利益を得る)

e. be/go on about: (informal) to keep talking about someone or something, especially when other people think it is boring: *She's always on about her children.* （*MED*²）
((略式)人や物事について、特に他人がつまらないと思うことをしゃべり続ける：彼女はいつも自分の子供について話している。)

f. be/go/keep on at sb: (British informal) to keep asking someone to do something, or keep complaining about their behavior, in a way that annoys them: *Dad's always on at me to get a better*

第 3 章　複合前置詞として機能する新しい定型表現

　　　job.　　　　　　　　　　　　　　　　　　　　　　（*MED*²）
　　　（（英国略式）相手を不快にさせるようなやり方で、他人にあることを
　　　するようお願いし続ける、もしくは行動について文句を言い続ける：
　　　パパはいつももっといい仕事を見つけるよう私に言う。）
　g.　be on for: *spoken* to want to do something: *Are you still on for
　　　a trip to the coast on Thursday?*　　　　　　　　（*MED*²）
　　　（（会話）何かをしたい：まだ木曜日に海岸への旅をしたいですか？）
　h.　be on to:（（略式）（真相に）気付いて；（人の）悪事に気付いて
　　　I'm *onto*（on to）your scheme. お前たちの陰謀はもうわかっ
　　　ているぞ。　　　　　　　　　　　　　　　　　　　（『ユース』）

　（1）の記述から「be in/on + 前置詞」は「話し言葉」もしくは「略式」と
いうレーベルがあることから、比較的新しい定型表現と言える。*OED*² は
上記の「be + in/on + 前置詞」のうち、be in for A（（特定の間だけ）A に関
わる、巻き込まれる）、be in on A（A に参加する、A に内通している）、be
in with A（A に同意する、A と親しい）のみ記述しており、意味は（1）で
あげたものと大差はない。それぞれの初出の年は 1599 年、1923 年、1714
年である。*OED*² だけでなく現在出版されている辞書、DANTE にも記述
がされていないものとして本章が扱う定型表現がある。
　（2）は、複合前置詞の特徴をまとめたものである。

（2）　a.　place adverb（場所を表す副詞）
　　　b.　sentence adverb（文副詞）
　　　c.　intransitive verb complement（自動詞補語）
　　　d.　predicate adverbial（with linking verb）（叙述的副詞的語句、
　　　　　連結動詞とともに）
　　　e.　transitive verb complement（他動詞補語）
　　　f.　nominal modifier（名詞修飾）
　　　g.　prepositional adverb（前置詞的副詞）
　　　h.　transitive verb complement adverbial（他動詞補語副詞的語句）
　　　i.　modification by adverbs (rare)（副詞による修飾、まれ）

33

(2) のすべてを満たすものが複合前置詞というわけではない。複合前置詞かどうかである基本的指標は、後続に名詞を従えることである。本章で扱う until to, up unitl to, on against, in to は、これらのどの特徴に当てはまるのか検証する。

4.　until to, up until to

本節は、until to, up until to の実態を明らかにする。以下に until to の例をあげる。どの例の until to も「念押し」として機能している（イタリックは筆者。以下同じ。）。

(3)　LARRY KING, HOST: Tonight my man, the one and only Regis Philbin. You know he is wild the a.m. wait *until to* you catch him in prime time. He never holds back and that's why we love him. Regis Philbin for the hour with your phone calls next on LARRY KING LIVE.　　　　　　　　　　　　　　　　（LKL, Nov., 2003）

(3) は、ラリー・キング（King）がその日のゲストを紹介している番組冒頭の発言である。「今晩のゲストはこの人しかない、レギス・フィルビン（Regis Philbin）です。彼は午前中はなかなかつかまらないのですが、ゴールデンタイムで彼をつかまえるまで待ってください。」(3) は、「彼をゴールデンタイムにつかまえるまでずっと待つ」ことを to を補うことにより念を押す表現である。また (3) は、to 以下に節を導いている例である。このような例を後節で扱うが、結論から先に述べると、これらは引用実詞[2]として働いているものである。until to のそのほかの例を下記にあげる。

---

[2]　Jespersen (1954a) によると、本来は実詞 (= 名詞) ではないが、実詞として扱われる語句のことであり、必ずしも引用符があるとは限らない。Love played at catch-me-if-you-can（恋愛は追いかけごっこ遊びである）のようにハイフンで単語を連結する場合もある。

第 3 章　複合前置詞として機能する新しい定型表現

(4) This means that average household size in Great Britain fell from about 3.21 to about 2.56 persons over this period and this decline is expected to continue at least *until to* the end of the century.

(BNC)

(このことは、この期間中にイギリスの平均世帯サイズが約 3.21 人から約 2.56 人に減少したことと、この減少は少なくとも今世紀の終わりまでずっと続くと予期されることをも意味している。)

(5) Follow Hill-Brady Road *until to* the stop light at Dickman Road/ M-96

(Maps and driving directions, Kellogg Hotel & Conference Center Michigan State University)

(Dickman Road/ M-96 の停止信号までずっと Hill-Brady Road を走ってください。)

(6) Lisa: In 710, the capital was transferred from Fujiwara-kyo, near the present Heijyokyo. From 710 *until to* 784, the area flourished as the capital of Japan.

(奈良県教育委員会 (奈良県立教育研究所) 平成 17 年度製作 「英語で話そうフォーカスオンなら」)

(L: 710 年に、現在の平城京近くの藤原京から都が移されました。710 年から 784 年までずっと、この地域は日本の都として栄えました。)

　(4) から (6) の例の until to も、(3) と同様に to を補うことで動詞の行為が until to 以降に続く行為・出来事まで続くことを念押ししている。筆者が調べた限り、until to についての記述はどの先行研究を調べても存在しない。また、本書で使用したコーパスを検索しても、until to の例は多数検出されるわけではない。

4.1　until to は誤植か？

　本論に入る前に、本節は until to は単なる誤植なのか、それとも新しい定型表現として確立しているのか述べる。

　until to は、(4) の例にあるように、書き言葉で使用されているので誤植

ではない。圧倒的に話し言葉で使用されることが多いが、言語の変化は話し言葉から起こるという考えに立てば、until to は非常に新しい定型表現で、今後書き言葉にも浸透すると考えられる。

4.2 until の機能

英米で出版されている学習者辞典 (*COB*[8], *LAAD*[3], *LDCE*[6], *MED*[2], *OALD*[9]) は、until の前置詞と接続詞としての働きを認めているが、大きく区別はしていない。前述したが、本章で扱う until は前置詞として機能するものである。それに関するわかりやすい例を下記にあげる。

(7)　happening or done up to a particular point in time, and then stopping: *Baker is expected to be here until the end of the week . . . .* ◆**up until** *Up until now, everything in Katherine's life has been taken care of for her.*（あるときまでに起こったり行われたりして、その後終わる：ベーカーは今週末までここにいると思われる。. . . up until 現在までキャサリンの生活のすべては彼女のために世話されています。）　　　　　　　　　　　　　　　　　　　　　　　(*MED*[2])

(8) は、前置詞として機能する until の英英辞典の用例である。

(8)　a.　*You can stay on the bus until London.* (= until you reach London.)　　　　　　　　　　　　　　　　　　　　　　　　　(*OALD*[9])
　　　（ロンドンに着くまでバスに乗っていることができます。）
　　b.　*The meeting went on until 6:30.*　　　　　　　　　　(*LAAD*[3])
　　　（会議は6時半まで続いた。）
　　c.　*The ticket is valid until March.*　　　　　　　　　　　(*LDCE*[6])
　　　（チケットは3月まで有効です。）
　　d.　*Until 1971, he was a high-ranking official in the Central Communist Committee.*　　　　　　　　　　　　　　　　　　　(*COB*[8])
　　　（1971年まで、彼は共産党中央委員会の高級官僚だった。）

第 3 章　複合前置詞として機能する新しい定型表現

COB[8] は、PHRASE として up until, up to (s.v. **up**) を認め、(9) の記述をしている。

(9)　**Up until** or **up to** are used to indicate the latest time at which something can happen, or the end of the period of time that you are referring to. *Please feel free to call me any time up until half past nine at night.*

(up until もしくは up to は、何かが起こったことの直近のとき、もしくは述べている時間帯の最後を示すために使用される。「夜の 9 時半までならいつでも連絡をください。」)

(10) は up until の英英辞典の用例である。

(10)　a.　Up until last year, they didn't even own a car.
　　　　　　　　　　　　　　　　　　　　　　　　(*LAAD*[3], *LDCE*[6])
　　　　(昨年まで、彼らは車さえ持っていなかった。)
　　b.　He continued working up until his death.　(*OALD*[9])
　　　　(彼は亡くなるまで働き続けた。)

英英辞典の until の記述をまとめると、until には接続詞と前置詞の用法があり、ある時点までに起こった出来事を表すために用いる。until は、up until, up to に代用されることがある。

英和辞典も、until に接続詞と前置詞の用法を認めている。英英辞典と異なるのは、until 以降の内容を継続期間に含むかどうかについての言及があることである。

(11)　**until Friday**: Please wait *until* Friday.（金曜日までお待ちください）では、金曜日も待つ日に含まれる。You don't have to come to school *until* Friday.（金曜日まで学校に来なくてよい）では、金曜日に学校に登校しなければいけない。　　　　　　　　　　　　(『ユース』)

37

そのほか、肯定の主節に続く until と否定の主節に続く until の違いをも (12) のように説明している。

(12) a. **肯定の主節に続く until**: 主節は状態動詞 (think, stay, sleep など) と共にその状態の終わりの時点を言う: I thought he was honest *until* recently. 最近まで彼が正直だと思っていた。know のように状態の終わりが明確でない動詞はふつう ˣShe knew him until recently. とは言わない。

b. **否定の主節に続く until**: (1) 主節は動作動詞 (wake up, arrive, come など) と共に使うのが普通: She didn't arrive *until* six. 彼女は6時まで着かなかった (6時に着いた)。また、状態の始まりが明確な know のような状態動詞も可: She didn't know him *until* recently. 彼女は彼のことは最近まで知らなかった。(2) sleep, stay などのような始まりと終わりが明確な一定期間の状態を言う動詞が否定の主節に続くと、意味があいまいになる: She didn't sleep *until* six in the morning. は、「彼女は朝6時まで寝なかった (朝6時まで起きていた)」(状態の始まりの時点を否定。この解釈の方が普通) と「彼女は朝6時まで寝ていたわけではなかった (朝6時には起きていた)」(状態の終わりの時点を否定) の2通りの解釈ができる。stay もあいまいになるが、sleep とは逆に「状態の終わりの時点の否定」の意味に解釈されるのが普通: She didn't stay *until* ten. 10時まで滞在していたわけではなかった。　　　(『ユース』)

また『ユース』は、till と until の違いについて (13) の説明をしている。

(13) a. till の方がやや口語的だが、意味の差はほとんどなく現在では until を用いることが多い。特に文頭では until が好まれる。

b. until, till は時について用い、場所には用いない: I walked「*as far as* (ˣuntil) the bank. 私は銀行まで歩いて行った。ただし

第 3 章　複合前置詞として機能する新しい定型表現

交通機関に乗って行く場合は次のように言える：Use the bus *until* Boston. ボストンまでバスを利用しなさい。

次に Quirk *et al.*（1985）の記述を見てみよう。継続を表す前置詞（句）として from . . . to, until, up to をあげている。

(14)　a.　We camped there (*from*) June through September. <AmE>
　　　　　('up to and including September')
　　　　　(6月から9月までそこでキャンプをした。)
　　　b.　We camped there from June { *to* / *till* } September.
　　　　　('up to (? and including) September')

(Quirk et al. 1985: 690)

from . . . through の場合、(14a) は September を含むが、(14b) は September を含むかどうかは定かではない。また from . . . to の to は、till でも可能である。

(15) の例は、from . . . through の from がなく、かつ through のほかに可能な前置詞をあげたものである。(15) の場合、September を含むかどうかは語句によりあいまいである。

(15)　We camped there { *until* / *till* / *up to* / *through*<AmE> / **to* } September.

(9月までそこでキャンプをした。)　　　　　　　　　　　(*ibid.*)

(15) の *to は、必ずしも to のみで使用されるわけではないことを表している。それは till と同じように使用されることもある。下記の例を参照さ

れたい。

(16) You can *stay to/till the end of September*.
（9 月末まで滞在することができます。）
The meeting can be *postponed to/till September*.
（会議は 9 月まで延期される可能性がある。）
There are only *a few days to/till September*.
（9 月まで残りわずかの日しかない。）
I have only *a few years to/till retirement*. (*ibid.*)
（退職まで数年だ。）

from と up to は、それぞれ期間の始まりと終わりを表すために用いられる。up to は通常、前置詞補語に指定された期間を含まない長い期間を特定する。その例が (17) である。

(17) *From 1982* (onwards) the rules were changed.
（1982 年からルールは変えられている。）
We worked *up to Christmas* (but not over Christmas). (*ibid.*)
（クリスマスまで働いた。）

英英辞典の記述と同じく、くだけた会話で until と till は同じように使用され、up とともに用いられる。それを (18) に示す。

(18) I worked (up) $\begin{Bmatrix} until \\ till \\ to \end{Bmatrix}$ last week.

(*ibid.*)

（先週まで働いた。）

また、(19) に示しているように、till と until は継続動詞（期間を表す動詞）とのみ共起する。

(19) My girlfriend {worked / *arrived} there *till Christmas*.　　　　　(*ibid.*)
（私の彼女はクリスマスまでそこで働いた。）

一方、(20) に示しているように、by は瞬間動詞のみと共起する。この場合、by は終点を表す。

(20) She {*worked / arrived} *by Christmas*.　　　　　(Quirk *et al.* 1985: 691)
（彼女はクリスマスまでに着いた。）

上記では、肯定の文脈で till と until が継続動詞とのみ共起すると述べたが、否定の文脈では till と until は継続動詞と瞬間動詞の両方と共起可能である。

(21) She didn't arrive there *till Christmas*.　　　　　(*ibid.*)
（彼女はクリスマスまでそこに着かなかった。）

しかしながら、till と until の 2 つの意味は、肯定と否定の述語的叙述では異なる。肯定では、till と until は終点（up to）を表す一方で、否定ではそれらは開始点（before）を表す。

(22) a. We slept *until midnight*. ('We stopped sleeping then.')
（夜中まで寝た。（そのときで寝るのをやめた。））
　　 b. We didn't sleep *until midnight*. ('We started sleeping then.')
（夜中まで寝られなかった。（そのときに寝始めた。））　　(*ibid.*)

Quirk *et al.* (1985) は、until は前置詞だけでなく接続詞としても働くと述べている。until は時を表す接続詞として使用され、(23) に示す 3 つのうち、a. 時を表す名詞句、b. 主語のない -ing 句、c. 動詞由来名詞を伴った名詞句もしくは節と同等と解釈される名詞句のどれかを従える。

(23) a. a temporal noun phrase (*after next week*);
 b. a subjectless -ing clause (*since leaving school*); or
 c. a noun phrase with a deverbal noun or some other noun phrase interpreted as equivalent to a clause:
 before the war ('before the war started or took place')
 (戦争が始まる前)
 till/until the fall of Rome ('until Rome fell')
 (ローマが滅びるまで)
 since electricity ('since electricity was invented')
 (電気が開発されて以来) (*ibid.*)

　上記の先行研究の until の記述より、本章が研究対象としている until は前置詞として機能し、「～まで」という意味である。until 以降に続く語句は下記 (24) のコーパスの例よりも特徴的なものはない。up until も同様に、「～まで」という意味で、(25) よりそれ以降に続く語句に目立った特徴は存在しない。until, up until ともに、共起する動詞の特徴は、継続動詞である。

(24) a. Propagating the popular trailing tuberous Begonia sutherlandi is easy. Simply wait *until* autumn, when small tubers will appear along the stem, tucked into the leaf axils. (BNC)
 (人気のある蔓性の球根ベゴニアを繁殖させるのは簡単です。単に秋まで待つだけです。秋には、葉腋に押し込まれた小さな塊茎が茎に沿って現れます。)
 b. The construction work is not yet completed and officials of the Jordanian Red Crescent were not expecting to begin operations *until* next Saturday .... (WB)
 (建設作業はまだ完了しておらず、ヨルダン赤新月社の役員は次の土曜日までに操業を始めることを予測していなかった。)
 c. The five were previously imprisoned from June *until* October 1990 for allegedly organizing a political party ── all parties

are prohibited. (BNC)

(その5人は、以前、すべての政党が禁じられているのに政党を組織しようとした容疑で、1990年6月から10月まで投獄されていた。)

(25) Although Rietveld's influence was particularly felt by the Bauhaus school, certain designs, including a tubular lamp and the open-plan, partitioned rooms of the Schroder House, were directly lifted and claimed as Bauhaus originals. But none of this affected Rietveld, who continued to experiment *up until* his death in 1972.　(WB)

(リートフェルトの影響はバウハウス校では特に感じられたけれども、管状の照明器具とか、シュレーダー邸の間仕切りを使ったオープン・プランといったデザインは、そのまま盗用され、バウハウスのオリジナルであると主張された。しかし、こんなことはリートフェルトには何の影響も与えず、1972年に没するまで実験を続けた。)

4.3　現代英語に観察される until to の実態

本節は、コーパスで検出された例を観察することにより until to の特徴を述べる。

4.3.1　until to の機能

(4), (5), (6) の例を (26), (27), (28) に再録する。訳は (4), (5), (6) を参照されたい。

(26) This means that average household size in Great Britain fell from about 3.21 to about 2.56 persons over this period and this decline is expected to continue at least *until to* the end of the century.

(BNC)

(27) Follow Hill-Brady Road *until to* the stop light at Dickman Road/ M-96

(Maps and driving directions, Kellogg Hotel & Conference Center Michigan State University)

(28) Lisa: In 710, the capital was transferred from Fujiwara-kyo, near

the present Heijyokyo. From 710 *until to* 784, the area flourished as the capital of Japan.

（奈良県教育委員会（奈良県立教育研究所）平成 17 年度製作
「英語で話そうフォーカスオンなら」）

(29) ... chartered flights are being offered from Dec. 27 *until to* Feb. 28 for the convenience of passengers .... (OEC)

（チャーター便は、乗客の利便性のため 12 月 27 日から 2 月 28 日までずっと利用できます。）

(30) A 3-meter-long banner was hung in the 1,000-year-old mosque, proclaiming, "With our blood we protect you, Al-Aqsa," referring to the Islamic shrine in Jerusalem. "Hamas, Palestine," the protesters chanted, "Palestinians, we are with you *until to* the last moment." The crowd remained largely inside the mosque's courtyard and did not attempt to march outside, where the large security force was gathered. (BNC)

（エルサレムのイスラム教の聖地に言及しながら「この血をかけて、Al-Aqsa を守ります」という 3m の長さの幟が、建設されて 1000 年経つモスクに掲げられていた。抗議者たちは「ハマス、パレスチナ」と繰り返し言っていた。「パレスチナ人よ、私たちは最後までずっとあなたたちと一緒にいます。」群衆はモスクの中庭で大きくなり、外に出て行こうとしなかった。そこには、大規模な治安部隊が集まっていた。）

(31) Simply follow the entry instructions detailed in the how to enter section below. When can I enter the promotion? The 'Coca-Cola' FIFA World Cup? Win Tickets Every Day in June promotion is open from 00:00 on 01.05.06 and will run *until to* 23:59 on 30.06.06. Prize draws will take place every day between 01.06 .06 and 30.06 .06 (inc). (BNC)

（下記の参加方法の欄に詳細が載っていますので、そちらの参加手順に従ってください。販売促進にはいつ参加することができますか？ コカ・コーラの FIFA ワールドカップのことですか？ 6 月の販売促進では「毎日チケット獲得」が 2006 年 5 月 1 日の午前 0 時から利用可能となり、2006 年 6 月 30 日の 23 時 59 分までずっと利用できるようになっています。そ

第 3 章　複合前置詞として機能する新しい定型表現

の賞の抽選は、2006 年 6 月 1 日から同年同月 30 日までの間毎日行われます。)

(32) Hungarian, however, persisted. I listened *until to* the end of the performance . . . .　　　　　　　　　　　　　　　　　　　　(OEC)

(しかしながら、ハンガリー人はこだわり続けた。その演奏の最後までずっと聞いた。)

(33) Respected dance music monthly Muzik has printed its last issue. IPC have closed it down after a period of poor sales and advertising revenue. Muzik's year on year circulation decreased 11% to 36,089 copies in the six months *up until to* December 2002.
　　　　　　　　　　　　　　　　　　　　　　　　　　　　　(BNC)

(評判のいいダンスミュージックの月刊誌 Muzik は、最後の号を出した。IPC は、売上不振と広告収入の不振の後、その販売を終了した。対前年比で、Muzik の売上部数は、2002 年の 12 月までずっと 6 か月間で 11% 減の 36,089 部となった。)

(34) For the past five years and *up until to* last May, very few people took part in . . . .　　　　　　　　　　　　　　　　　　　　(OEC)

(過去 5 年間の間、そして去年の 5 月までずっと、ごくわずかな人が参加した…)

(35) There are actually two levels of cave here, one on top of the other, the upper level being called Isturits, the lower Oxocelhaya. Isturits was the residential cave, a very large chamber continuously inhabited, the prehistorians say, for many millennia in the Upper Palaeolithic period, *up until to* 10,000 years ago.　　　　　(BNC)

(実際のところ、ここの洞窟は 2 階建てである。一方の階の上にもう一方があり、上位階はイスツリッツと呼ばれ、下位階はオクセルハヤと呼ばれている。有史前を研究する歴史家は、イスツリッツは後石器時代の何千年もの間、1 万年前までずっと居住用の洞窟で、絶えず人が住んでいたとても大きな部屋であった、と言う。)

前述した通り、(26) から (35) の例の観察から、until to はそれ以下に続く出来事・事柄・時まで動詞の状態・行為が継続するという継続の念押しと

しての機能を持っている。until to 以降に現れる語句は、(26), (30), (32) のように last, end などの何らかの物事の最後を表す語が来る。(27), (28) の until to は、until to 以降に示されている the stop light（停止信号）、784 年まで、動詞の出来事（(27) は follow, (28) は flourished）が続くことを表している。また、(29), (31), (33) のように、月末、一日、一年の最後を表す語句をも伴う。(28), (29) は、from A to B の構文と until が一緒になった興味深い例である。from A until to B は、A から B までずっとという B の事柄の継続を念押ししている。

　(33), (34), (35) の例は、up until to のパタンとして表れた例である。up until to は、until to の念押しをさらに強く念押ししているものと考えられる。(33) の場合 Muzik の売上部数の激減の継続時期を強調し、(34) の場合はごくわずかな人が参加した過去5年間の最後の時期を明確にしている。(35) の場合は、1万年前までずっとという時期を念押ししている。

　until to, up until to に続く語句が継続期間に含まれるか否かについて見ていく。(26) の場合、今世紀最後 (the end of the century) までずっと続くということは、今世紀最後を含むということである。その他の例も、until to 以降に続く語句は、継続期間に含まれる。(27) も停止信号のところまでずっと走るということなので、停止信号を含む。(28) は、710年から784年までずっとということで784年を含む。(29) は2月28日を含む。(30) の場合、最後の瞬間 (the last moment) までずっといるということは、最後を含むということである。(31) の「毎日チケット獲得」が23時59分まで利用できるということは、23時59分も含むということである。(32) の演奏の最後も最後を含んでいる。(33), (34), (35) の up until to もそれぞれ、December 2002, last May, 10,000 years ago を含んだ継続期間であることがわかる。

　前節で扱った (24), (25) の until, up until は until to, up until to と同様に、until 以降に end などの出来事・事柄・時の最後を表す語句を従えることがあるが、until to, up until to の場合と比較するとその数は少ない。また until, up until は、それらに従う語句まで動詞の行為・状態が続くという継続の念押しとして機能しているわけではない。このことからも、until to は

出来事・事柄・時の最後を表す語句を従え、その出来事・事柄・時までずっと動詞の行為・状態が継続するという継続期間の念押しとして機能している。up until to も同様に、それ以降に出来事・事柄・時の最後を表す語句を従え、動詞の行為・状態をその語句まで続くという継続をさらに念押しする機能を持っている。また until to, up until to は、それら以降に続く語句を継続期間に含む。そして、until to, up until to は (2c) に当てはまる。

Quirk *et al.* (1985) などの記述より、until は till と同様に扱われる。そこで until to, up until to 同様に till to, up till to が観察されるかどうかコーパスを検証したところ、(36) に示す 1 例のみ観察された。from A till to B, up till to は検出されなかった。

(36) "You look tired. I feel it." "I had about Friday night I finished work here at twelve and then up again at and I got about two hours sleep then and I started to. I worked *till to*, last night in the end."(BNC)
(「疲れているように見えるよ。そう感じるよ。」「金曜日の夜は、ここで 12 時に仕事を終えて、また起きて、2 時間ほど寝てからまた始めた。結局、昨晩までずっと働き通しなんだよ。」)

till to の機能は、until to と同じく till to 以降に続く内容まで動詞の行為・状態がずっと続くという継続の念押しである。until to と比較して、till to がほとんど観察されない理由は、till の使用頻度の低さが影響していると考える。till は (37) の *OALD*[9] の記述よりわかる通り、until と比較してくだけているということも影響していると考える。

(37) **Till** is generally felt to be more informal than **until** and is used much less often in writing. (*OALD*[9])
(till は通常 until よりもよりくだけていると感じられ、書き言葉での使用頻度はずっと低い。)

上記の until to の用例とコーパスで観察された until to の用例を調べた結果、until to が頻繁に使用されるレジスター、英米語での差は見られない。
　次に、(3) の例を (38) に再録する。(38) の例は、until to 以降に you catch him in prime time というように句ではなく節を導き、その節が引用実詞として機能している場合である（訳は省略。）。

(38) 　LARRY KING, HOST: Tonight my man, the one and only Regis Philbin. You know he is wild the a.m. wait *until to* you catch him in prime time. He never holds back and that's why we love him. Regis Philbin for the hour with your phone calls next on LARRY KING LIVE. 　　　　　　　　　　　　　　　　（LKL, Nov., 2003）

(38) の場合、「ゴールデンタイムで彼をつかまえておくまでずっと待つ」という you catch him in prime time が名詞として機能している。下記に until to 以降に節を導いている例をあげる。(38) と同様に、until to 以降の節は実詞として機能している。

(39) 　... and I become progressively and rapidly more disparate, it is better to deal with them separately; i.e. the operations in (5) are carried on as follows; we are given A and R1: (i) evaluate & formula; (ii) evaluation & formula; ... *until to* the order of accuracy required a power of E1 is sensibly null. 　　　　　　（BNC）
　　　（…そして私は次第に、急速にさらに必死になり、それらを別々に処理したほうがよいと思った。つまり (5) での実験は下記のような手順で行われる。A と R1 が与えられる。(i) 値を求めることと数式：(ii) 計算と数式：…精度の次数が、E1 の 2 乗がほぼ 0 であることを必要とするまでずっと…）

(40) 　... dragged behind a ski boat with a parachute on *until to* you are launched about 150 feet into the .... 　　　　　　　　　　　（OEC）
　　　（およそ 150 フィートまで舞い上がるまで、パラシュートを付けてスキーボートに引きずられた…）

第 3 章　複合前置詞として機能する新しい定型表現

(41) ... they stayed *until to* theatre was converted again in 1954 ....

(Sketch Engine)

(1954 年に映画館が再び改装されるまでずっと彼らは滞在した。)

4.3.2　until to, up until to と共起する動詞

ここでは、until to と up until to に共起する動詞の特性を述べる。表 3.1 は、それらに共起する動詞の一覧である。

表 3.1　BNC, WB, LKL, COCA, OEC, Sketch Engine で観察された until to, up until to と共起する動詞

動詞	共起回数	動詞	共起回数	動詞	共起回数
be	9	crawl	1	draw	1
have	6	decrease	1	drift	1
continue	4	find	1	move	1
run	3	fix	1	laugh	1
follow	3	foster	1	pop	1
remain	3	get	1	denounce	1
serve	2*	go	1	embargo	1
extend	2	listen	1	grill	1
stay	2	offer	1	line	1
wait	2	read	1	repeat	1
leave	2	see	1	postpone	1
keep	2	take part in	1*	sit	1
adjourn	1	take place	1	take	1
catch	1	whip	1	start	1
contain	1	adjust	1	water	1
control	1	arrive	1		

*serve 2 例のうち 1 例は up until to と共起。take part in 1 例は up until to と共起。

これらの動詞のうち頻度が 2 回以上の動詞（be, continue, follow, run, serve 等）の特徴は、期間を表す語句を伴い、継続動詞に当てはまる。また until to は、明確な一定期間の状態を表す状態動詞（stay, wait, remain, decrease, extend, foster, adjourn, have など）をも伴う。その他の動詞の特徴は、瞬間動作動詞（catch, get, see, fix など）と動作動詞（take place, take part in, listen, read, crawl, offer, go, whip, control, contain など）である。動詞の共起を観察すると、until to は継続動詞と共起する頻度が高いことがわかる。しかし until to の例は現代英語ではあまり多く観察されないので、共起する動詞の特徴を明言することは難しい。今後は共起する動詞の特徴を探っていきたい。

　表 3.1 の結果より現段階で言えることは、［継続動詞 / 状態動詞 + until to/ up until to］というパタンで、until to, up until to 以降に続く出来事・事柄・時まで動詞の状態・動作が続くという継続の念押しを意味する。その他の動詞も、その動詞の行為が until to, up until to 以降に続く内容までずっと行われるということを表し、［動詞 + until to/up until to］というパタンで until to, up until to 以降に続く出来事・事柄・時まで動詞の状態・動作の継続の念押しとしての機能を持つ。また表 3.1 の動詞がどのような時制・相で使用されるか調べた結果、現在時制、過去時制、未来時制、完了相、進行相で用いられ、際立って使用される時制・相はなかった。

4.3.3　until to の成り立ち

　本節は、複合前置詞 until to と up until to の成立に何が影響を与えてきた定型表現なのかを考察する。

　until to, up until to の定型表現成立に、until to の場合はなぜ to を補うのか、up until to の場合はなぜ up, to を補うのかということは解明できていない。本節はこの until to, up until to の定型表現成立に影響を与えた存在を考える。

　4.2 の「until の機能」の箇所で取りあげた例を下記に再録する。

（42）　We camped there ｛until / till / （up) to / through<AmE>｝ September.

(modified in Quirk *et al.* 1985: 690)

(42) は、until と同じように継続を表す語句である。(42) の語句を観察すると、それらのうち until to に影響を与えた語句は、up to であることがわかる。では、どういう現象により until to になったのかというと、混交で説明が可能である。語彙レベルの混交により新しい定型表現ができたと考える。

until to は、意味的に類似している前置詞 to が until と混交を起こすことによりできた定型表現である。from A until to B の場合は、前述したように until to という定型表現が確立した後、from A to B の to と until to が混交を起こし成立した定型表現と考える。

次に、up until to は、up until と until to の混交によりできた定型表現である。最初に、to と until の混交により until to の定型表現ができる。up until は、継続期間をさらに明確にするために、until to と混交し、up until to の定型表現になったと考える。until to 同様、up until to 以降に続く名詞語句を継続期間に含む。until to, up until to とも複合前置詞として機能する。上記の新しい定型表現の成り立ちを図式化したものが (43) である。

(43)　until to, up until to, from A until to B の成立

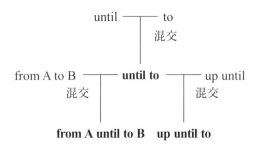

4.4　until to の通時的変遷

本節では、until to がいつ頃より使用され始めたのかを述べる。MEC, COHA 等のコーパスを調べた限りでは、1730 年代 George Washington の *The writings of George Washington from the original manuscript sources: volume 1* で使用された until to-morrow が最初であるが、このような形は

本章が研究対象としているものとは異なる。ちなみに、この until to-morrow のようなパタンは until to-day, until to-night のような形でも観察された。

話をもとに戻して、本章が研究対象とする until to は、COHA を検索すると 1838 年に観察された。1850 年代より「until + to 動詞」のパタンも観察されたが、［until］+［to 不定詞］といった構造で、この to 不定詞は名詞用法や副詞用法であったりと本章が研究対象とするものではない。現在でも ... tightly with plastic wrap and refrigerate *until to* use.（OEC, ラップできっちりと覆って使用するまでずっと冷蔵する。）や But, if we don't start now, if we *until to* have the debate in 2012, and, then, ...（OEC, しかしもし始めなければ、もし 2012 年に議論をずっと持ちこした場合…）のような例があるが、本章が研究対象とする複合前置詞として働いているわけではない。

4.5　インフォーマント調査

本章で得られた結果が支持されるかどうかを検証するため、英語母語話者（アメリカ人 2 名、カナダ人 3 名、イギリス人 2 名）に下記の質問に答えてもらった。

(44) Could you fill in the blank by choosing either *until* or *until to*?
 a. Five prisoners of conscience held in Swaziland since November 1990 under renewable 60-day administrative detention orders were released on 22 March 1991. The five were previously imprisoned from June (　　) October 1990 for allegedly organizing a political party —— all parties are prohibited.
 b. Last week President Mobutu announced that he was ready to introduce multi-party politics in Zaire inlinewith many other countries in West and Central Africa. He confirmed today that Presidential elections would be held before the end of his current term of office. Peter Biles reports from Nairobi. Addressing the country's national assembly, President Mobutu

said the transition to multi-party democracy in Zaire would take place in two distinct phases. The first would run (　　) April next year and would include the passing of laws affecting the organisation of political parties.

c. The construction work is not yet completed and officials of the Jordanian Red Crescent were not expecting to begin operations (　　) next Saturday, but after a flying visit from Queen Nur of Jordan, it was announced that two thousand refugees would be allowed into the camp later today.

d. This means that average household size in Great Britain fell from about 3.21 to about 2.56 persons over this period and this decline is expected to continue at least (　　) the end of the century.

e. LARRY KING, HOST: Tonight my man, the ones and only Regis Philbin. You know he is wild the a.m. wait (　　) you catch him in prime time. He never holds back and that's why we love him. Regis Philbin for the hour with your phone calls next on LARRY KING LIVE.

f. Simply follow the entry instructions detailed in the how to enter section below. When can I enter the promotion? The 'Coca-Cola' FIFA World Cup? Win Tickets Every Day in June promotion is open from 00:00 on 01.05.06 and will run (　　) 23:59 on 30.06.06. Prize draws will take place every day between 01.06 .06 and 30.06 .06.

g. Respected dance music monthly Muzik has printed its last issue. IPC have closed it down after a period of poor sales and advertising revenue. Muzik's year on year circulation decreased 11% to 36,089 copies in the six months up (　　) December 2002.

h. There are actually two levels of cave here, one on top of the other, the upper level being called Isturits, the lower Oxocel-haya. Isturits was the residential cave, a very large chamber continuously inhabited, the prehistorians say, for many millennia in the Upper Palaeolithic period, up (　　) 10,000 years ago.

　(44a) から (44h) のインフォーマント調査の結果を、下記の表3.2 にまとめた。表3.2 のうち色の付いたコラムは、各用例の答えを示している。

表3.2　(44) のインフォーマントの反応

	until	until to	その他	合計
(44a)	6	0	to (1)	7
(44b)	6	0	to (1)	7
(44c)	7	0	0	7
(44d)	5	0	both (2)	7
(44e)	5	0	both (2)	7
(44f)	5	0	both (2)	7
(44g)	5	0	both (2)	7
(44h)	5	0	both (2)	7

　ほとんどの英語母語話者は、until to は見慣れない定型表現であるとの回答をした。イギリス人1名とアメリカ人1名が (44d) から (44h) まで until, until to どちらでも可としたが、やはり until to という定型表現に馴染みがないとのことであった。インフォーマント調査の結果より、until to は新しい定型表現であるため、英語母語話者には馴染みがないということがわかった。

　しかし、インフォーマントによっては、説明はできないが、until と until to の違いをおぼろげながらに理解をしているという点もあるので、今後、現代英語で until to が多数使用されるようになると、until to と until の棲み分けが明確になると考える。

第 3 章　複合前置詞として機能する新しい定型表現

　同じインフォーマントに、(44d) から (44h) の空欄に until to を入れた英文を読んでもらい、until to, up until to のどの単語にストレスが置かれるか調べた。その結果が表 3.3, 表 3.4 である。

表 3.3　until to のストレスパタン

	úntil to	until tó	その他（until）	合計
(44d)	1	3	3	7
(44e)	0	3	4	7
(44f)	0	3	4	7

表 3.4　up until to のストレスパタン

	up úntil to	up until tó	その他（up tó）	合計
(44g)	1	4	2	7
(44h)	2	3	2	7

　表 3.3 の結果から、until to を until と発音した英語母語話者が多い。これは、until to という定型表現に馴染みがないため生じた結果と考える。ある英語母語話者は、(44) の英文を読みながら不思議に思ったのだろうか、(44d) の英文の to を省略して発音しただけでなく、at least と until の間にポーズがあり、恐らく to があることに違和感を覚えたのではないかと考える。同様に (44e) の場合も、until to に違和感を覚えた結果、to を読まずに、until 以降の英文を読む際に流暢さが欠けた。また、ストレスパタン調査が終わった後に、until to は間違いではないのか、もしくは until と間違って発音した気がするので再度発音したい、との意見があった。間違って発音した場合、無意識に until to を定型表現として認識していないことの表れと捉え、再度の発音は認めなかった。表 3.4 の up until to の場合は、until を省略した up to と発音する英語母語話者が多かった。これは、up until to に違和感を覚えた結果と考える。up until to を発音した場合は、to にストレスが置かれることから、定型表現のストレスパタンは一定であることがわかった。

55

5. be on against

本節は、「be 動詞＋複合前置詞句」である be on against の使用実態を明らかにする。

5.1　on と against の機能

be on against についての記述は、どの辞典、先行研究でもつまびらかになっていない。本章が扱う on は be 動詞の補語に位置し、副詞として機能し、「現在も主語の行為が続いている、開催されている」という意味である。主語が actor/actress, tv program, movie といった語の場合の on は、「出演中である、上演中である」という意味である。英英辞典、英和辞典より、下記に例をあげる。

(45) a. Eastenders is *on* TV tonight. (*MED*[2])
  （イーストエンダーが今晩テレビである。）
  b. What time is 'Star Trek' *on*? (*LDCE*[6])
  （「スター・トレック」は何時にあるの？）
  c. She'll be *on* soon. (『ユース』)
  （彼女はすぐ出てくるよ。）
  d. You should go to Chicago while the festival is *on*.
  (『ロングマン』)
  （フェスティバルの開催中にシカゴに行くべきですよ。）

一般的に前置詞 against の記述は、その語彙的な意味である「〜に反対して」という説明がどの辞書、先行研究でもなされており、大差が見られない。

5.2　be on against の機能

ここでは、be on against の機能を実証的に述べていく。コーパスから得られた (46) から (51) の例を参照されたい。

第 3 章　複合前置詞として機能する新しい定型表現

(46) KING: One hour?

MCGRAW: It's going to be an hour.

KING: You said 3:00, 4:00 in the afternoon. Are you going to *be on against* Oprah?

MCGRAW: Oh, absolutely not. My mama didn't raise a fool.

KING: Is that part of the rule, you can't be placed on a station . . .

MCGRAW: When we decided to do this, Oprah has created the show, of course. So there's no sense in us working at cross purposes. So if she's on at 4:00 in the afternoon, I'm generally on at 3:00. If she's on at 3:00, I'm on at 4:00.　　(LKL, Feb., 2002)

(K: 1時間？
M: 1時間の予定です。
K: 午後3時、4時とおっしゃいました。オプラ・ウィンフリーの番組と裏番組で競い合うのですか？
M: いえ、そんなことはありません。私の母は間抜けな人間を育ててはいません。
K: 規則の一部ですか、出演できないのは…。
M: これをしようと決めたとき、オプラはもちろんその番組を制作していました。だから、私たちの中では互いに誤解した意図はありません。もし彼女が午後4時に出演するのであれば、私は通常3時に出演します。彼女が3時であれば、私は4時です。)

(47) KING: But it was a Tuesday night show and a ── under today's rules might not have made it? Right? Don-?

DON HEWITT: No, I don't ── we never thought it was going to make it. You know ──

KING: ── would they have stayed with you?

DON HEWITT: ── we've been on what, 29 years?

MIKE WALLACE: Twenty-eight.

DON HEWITT: I would have taken 29 weeks. Well, it will be 29.

KING: You *were on against* Marcus Welby, right?

DON HEWITT: Marcus Welby, M.D.. Great doctor.

(LKL, May, 1996)

57

(K: 火曜日の夜の番組でした。今日の規則のもとではできなかったかもしれませんよね？ ドン？
H: いいえ、やり遂げるだろうとは全く思ってもいませんでした。あの…
K: 彼らはあなたと一緒にいるでしょうか？
H: 私たちは取り組んでいます。29年も？
W: 28年だよ。
H: 29週なら引き受けただろうに。えーと、29年になります。
K: 『マーカス・ウェルビー』と裏番組で競い合っていたんでしたよね？
H: 『医学博士マーカス・ウェルビー』。立派な医者ですね。)

(48) KING: She, of course, is starting her fourth season this Monday on —— she's with Paramount domestic television. She's in 217 markets. And now her rival, replacing Mayor Ed Koch as the host of "The People's Court" is Judge Jerry Sheindlin, and that show is produced by Warner Brothers. And in many markets, they will *be on against* each other. Why, Jerry?

(LKL, Sep., 1999)

(K: もちろん彼女はこの月曜日に第4シーズンを始めます。パラマウント社内向けのテレビで始めます。彼女は217の局に出ます。そして、『人民法廷』の司会としてエド・コッチ市長の代わりを務めている彼女のライバルは、ジェリー・シェンドリン裁判官で、ワーナー・ブラザーズ社によってその番組は制作されています。多くの市場で、それらはお互いに競合しています。なぜですか、ジェリー？)

(49) KING: Was it a hit right away?

VAN DYKE: No. We went in the toilet the first year.

KING: You are kidding!

VAN DYKE: We *were on against* "Perry Como," which was a very, very popular show. And, of course, my name didn't mean any —— nobody had ever heard of me.

KING: Yes, you were a Broadway star then.　(LKL, Sep., 2000)

(K: すぐにヒットしましたか？
V: いいえ。最初の年は利益をあげませんでした。

K: 冗談ですよね。
　　　V: 私たちは、大人気番組の『ペリー・コモ』と競い合っている裏番組でした。もちろん、私の名前は何の意味もなく、誰も私のことを聞いたことがありませんでした。
　　　K: そうですね。当時あなたはブロードウェイのスターでしたね。)

(50) KING: There's a shot, on a beautiful night in New York, of the Empire State Building. They have lit it up in blue and white tonight, the colors of the New York Yankees, who are participating in their 35th World Series. As you know, they're *on against* us. But, this program is repeated at midnight, Eastern time, 9:00 Pacific. 　　　　　　　　　　　　　　　　　(LKL, Oct., 1998)

(K: ニューヨークの美しい夜に、エンパイア・ステートビルの撮影がありました。今晩、エンパイア・ステートビルを第35回ワールド・シリーズに参加しているニューヨーク・ヤンキースのチーム・カラーである青色と白色にライトアップしました。ご存じのように、ワールド・シリーズは私たちの競合する裏番組です。しかし、この番組は東部時間の夜中12時、太平洋時間の9時に再放送されます。)

(51) KING You'll have to come back.
　　　Mr. MOYERS: Thank you very much, Larry
　　　KING: Bill Moyers ── simply one of the best. Sports for Sale tomorrow night on PBS, a three-hour special including your phone calls. We'll be back tomorrow night with a full hour with H. Ross Perot ── We'll *be on against* each other. Americans have a great choice tomorrow! Wolf Blitzer is on The Larry King Radio Show in one hour. Bernard Shaw and Susan Rook are next. Good night. 　　　　　　　　　　　　　　　　(LKL, Mar., 1991)

(K: また番組に出演してください。
　M: どうもありがとう、ラリー。
　K: ビル・モイヤーズさん、本当に最高の男性です。明日の夜のPBSの『売り出し中のスポーツ』は、視聴者からの電話を含んだ3時間のスペシャルです。ロス・ペローさんとともに明日の夜お会いしましょう。私たちはお互いに裏番組で競合しています。アメリカ国民の皆さんが明日もいい選択をしますように。ウォルフ・ブリッツァーさんが

1 時間後のラリー・キング・ラジオショーに出演します。バーナード・ショーさんとスーザン・ロックさんは次となります。それではおやすみなさい。)

　上記の be on against の例より、be on against は「競合する」という意味で最も多く使用される。be on against の用例を観察すると、統語的に2つのパタンが認められる。①「主語（人・番組）＋ be on against ＋人・番組」（用例 (46), (47), (49), (50)）と②「主語（人・番組）＋ be on against ＋ each other」（用例 (48), (51)）である。①のパタンの場合の be on against は「（出演している番組・人）が競合する裏番組である」という意味で、②のパタンは「お互いに裏番組で競い合っている」という意味である。

　(46) は、アメリカの有名なトークショー番組の司会を務めているオプラ・ウィンフリーのことを述べている。絶大な人気を誇るオプラ・ウィンフリーと裏番組で競い合うのかどうかを問うために be on against が使用されている。(47) の場合も (46) と同様に、ある番組を28年間行ってきたヒューイット氏とウォレス氏は『マーカス・ウェルビー』という番組と裏番組で競い合ってきたということを be on against で示している。(48) は、統語パタン②「主語（人・番組）＋ be on against ＋ each other」が使用されている。このことから、この be on against は彼女による番組とジェリー・シェンドリン裁判官による番組がレースのように市場で争っているという意味である。(49) は統語パタン①の場合で、ヴァン・ダイクの番組がとても人気があった番組である『ペリー・コモ』と競い合っている裏番組だったということを be on against で示している。(50) も統語パタン①が使用され、番組『ラリー・キング・ライブ』が野球のワールド・シリーズと競合する裏番組であるということを述べている。(51) は統語パタン②が使用され、PBS の番組と『ラリー・キング・ライブ』が競い合っていることを言っている。

5.3　be on against の成り立ちと発展

　be on against は、本来は ［The war is on］［against poverty］（戦争は貧困

に反して続いている）のような成り立ちであったが、この be on against が繰り返し用いられることで [The war [is on against] poverty]（戦争は貧困と戦っている）という構成となり、「戦う」という意味を獲得したと考える。これは、語形成規則の「異分析」が適応され、その結果「句の語彙化」を起こしている。そして [be on against] となり、それはテレビ番組などに出演している人などが主語の場合、on の「出演中、上演中である」という意味が影響して「裏番組で戦う、競い合う」という意味に発展したと考える。このように、異分析により [[be on][against]] から [be on against] となり、句が語彙化し、その結果、新たな意味（競合する）が生まれ、be on against で定型表現となったと考える。on against は、名詞（句）を従えることより、文法的には複合前置詞としての機能を持つが、意味的には一般動詞のように文に必須の要素である。そして第3節の (2d) に当てはまる。これは、機能語から成り立った定型表現が内容語のように振る舞う興味深い例である。

5.4　be 動詞と共起する理由

コーパスを使用して on against に共起する動詞を調べたところ、go, come, carry, hold などが観察された。しかし、これらの用例を観察すると、be on against の構成とは異なり、それぞれ [[go on][against]], [[come on][against]], [[hold on][against]], [[carry on][against]] の構造で、on は副詞辞として機能している。go on against, come on against の例を下記にあげる。

（52）　Then, as today, there was a worldwide struggle *going on against* tyranny.　　　　　　　　　　　　　　　　　　　　　（COCA）
（それから、今日のように、圧制に対して続いている世界中の戦いがありました。）

（53）　It's almost impossible to put him down in the tackle, and there are few players about who you an (sic) say that. You saw that when he *came on against* Scotland.　　　　　　　　　　　　　（BNC）

（タックルで彼を倒すのはほとんど不可能です。そしてそう言える選手はほとんどいません。彼が対スコットランド戦に出場したとき、わかったでしょう。）

なぜ on against は be 動詞と共起するのかという理由は、be 動詞が go, come, carry, hold などと比較すると最も意味の漂泊化を受けた動詞であり、on against の意味を間違いなく伝えることができるからである。もし be 動詞以外の動詞と共起すると、[go on][against] のように「句動詞＋前置詞」の構造となり、この場合は異分析、句の語彙化を起こしておらず、文字通りの意味に解釈可能である。

5.5　インフォーマント調査：**be on against** のストレスパタン

第1章で提示した定型表現のストレスパタンルールが「be＋複合前置詞」の場合にも適応できるかどうか、英語母語話者7名に（アメリカ人4名、カナダ人1名、イギリス人1名、オーストラリア人1名）に（54）を読んでもらった。

(54)　a.　KING: Dr. Phil, his new book, "Self Matters: The Self Matters Companion," helping you create your life from the inside out. It's a companion to the number one best seller. It is now available in stores everywhere. And of course, he hosts the "Dr. Phil Show," syndicated. You would have to check newspapers in your area for time and station. One thing though, if you see Oprah, he won't be on against her.

　　　b.　KING: One hour?
　　　　　MCGRAW: It's going to be an hour.
　　　　　KING: You said 3:00, 4:00 in the afternoon. Are you going to be on against Oprah?
　　　　　MCGRAW: Oh, absolutely not. My mama didn't raise a fool.

　　　c.　DON HEWITT: ── we've been on what, 29 years?

第3章　複合前置詞として機能する新しい定型表現

   MIKE WALLACE: Twenty-eight.
   DON HEWITT: I would have taken 29 weeks. Well, it will be 29.
   KING: You were on against Marcus Welby, right?
   DON HEWITT: Marcus Welby, M.D.. Great doctor.
d. KING: She, of course, is starting her fourth season this Monday on —— she's with Paramount domestic television. She's in 217 markets. And now her rival, replacing Mayor Ed Koch as the host of "The People's Court" is Judge Jerry Sheindlin, and that show is produced by Warner Brothers. And in many markets, they will be on against each other. Why, Jerry?
e. KING: Was it a hit right away?
   VAN DYKE: No. We went in the toilet the first year.
   KING: You are kidding!
   VAN DYKE: We were on against "Perry Como," which was a very, very popular show. And, of course, my name didn't mean any —— nobody had ever heard of me.
f. KING: There's a shot, on a beautiful night in New York, of the Empire State Building. They have lit it up in blue and white tonight, the colors of the New York Yankees, who are participating in their 35th World Series. As you know, they're on against us. But, this program is repeated at midnight, Eastern time, 9:00 Pacific.
g. KING: Bill Moyers —— simply one of the best. Sports for Sale tomorrow night on PBS, a three-hour special including your phone calls. We'll be back tomorrow night with a full hour with H. Ross Perot —— We'll be on against each other. Americans have a great choice tomorrow! Wolf Blitzer is on The Larry King Radio Show in one hour. Ber-

nard Shaw and Susan Rook are next. Good night.

表 3.5　be on against のストレスパタン

	be ón against	be on ágainst	be ón ágainst	合計
(54a)	6	1	0	7
(54b)	7	0	0	7
(54c)	6	1	0	7
(54d)	6	1	0	7
(54e)	6	0	1	7
(54f)	7	0	0	7
(54g)	6	0	1	7

　表 3.5 の結果から、be on against は be ón against と発音されるのが一般的であることがわかる。つまり、定型表現のストレスパタンルールの 1 つである「定型表現のストレスは語と同じように一定のストレスパタンを持つ」ということが be on against にも当てはまる。

　be on against の場合、be, on, against とも機能語であるが、そのような単語のうち意味的に重要な語にストレスが置かれる。on にストレスが置かれることから、on の意味（現在も主語の行為が続いている、開催されている、出演中、上演中である）が最も重視されていると考えられるが、be on ágainst と発音したインフォーマントがいることから、必ずしもそうとは言えない。be on against の「〜と競合する」という意味を考えると、against にストレスが置かれると予測できるが、be が弱形で発音されるため、on にストレスが置かれたと考える。be on ágainst と発音したインフォーマントは、この定型表現の意味の焦点を against（〜に反対して）に置いたと考えられる。つまり、どちらの場合も話者が意味的に重視している語にストレスを置く、というルールが該当する。最後に、be ón ágainst と発音したインフォーマントがいることから、定型表現を構成している各語はそれぞれのトーングループを持つ、ということが支持された。

第3章 複合前置詞として機能する新しい定型表現

6. be in and out

本節は、be in and out の実態を述べる。be on against と同様に、管見の限りでは、これまでの先行研究には be in and out の記述はない。しかしながら、現代英語には be in and out の例は観察される。

6.1 be in and out の意味と統語パタン

be in and out の例を (55) から (58) にあげる。表 3.6 は be in and out の意味と統語パタンをまとめたものである。

(55) Nicotine replacement treatments, such as nicotine gum or the nicotine patch, can help a person addicted to cigarettes quit smoking. . . . Road to Recovery Even when a variety of treatments are available, relapses may be part of a person's path to recovery from drug addiction. "I *was in and out* for several years," says Edward But treatment for drug addiction does work.　　　　　(COCA)
(ニコチンガムやニコチンパッチのようなニコチン置換療法は、たばこ中毒の人がたばこを止めるのに助けとなる。回復への道、様々な治療が利用できるときでさえ、たばこを再び吸うことは、薬物依存からの回復への道の一部かもしれない。「私は、数年間、薬物依存になったりならなかったりでした。」とエドワードは言った。しかし、薬物依存からの治療は効果があった。)

(56) "Do you live here in San Gabriel?" she asked.
I shook my head. "No, I've just *been in and out* for a couple of weeks working on a case. I've got a room upstairs."　　　(COCA)
(「ここ、サン・ガブリエルに住んでいるの?」と彼女は尋ねた。私は首を振って「いいえ、ある事件の捜査で何週間か出入りしているの。上に部屋もあるの。」)

(57) When he gets a text message from his son that reads I love you, Dad, he's alarmed. He calls the son in California. "Hey, Tom. I just got your note. I'm here at the office, well, I*'m in and out* all day.

65

Okay. I'll talk to you soon. I hope you're well." But the son doesn't call back. (COCA)

（彼は、息子から「お父さん、愛しているよ」という携帯メールをもらったとき、心配になった。彼はカリフォルニアにいる息子に電話をして、「やあトム、たった今メモを見たよ。今オフィスにいるんだ。えーと、一日中空いているんだ。オッケー、ではまた今度。元気でやるんだぞ。」しかし息子はかけ直さなかった。）

(58) GIFFORD: California. Going to see your family. Have you missed them a little?
SCHIRRIPA: I'm only gone a couple of days.
GIFFORD: Yeah.
SCHIRRIPA: I'm always ── I'm always *in and out*. But they're having a good time. They're at the beach. And they, you know . . .
GIFFORD: And you're needed on the set back at the . . .
SCHIRRIPA: Back at "Secret Life," I'm shooting that . . .
(COCA)

(G: カリフォルニア。家族に会いに行くんですね。家族が少し恋しかったですか？
 S: 数日間行くだけです。
 G: そうですね。
 S: 私はいつでも行ったり来たりできるほど自由です。だけど、彼らは楽しんでいます。ビーチにいて、それから…
 G: あなたはセットに戻ってくる必要がありますね。
 S: 『シークレット・ライフ』に戻ってきますよ。撮影するつもりです…)

表 3.6　be in and out の意味と統語パタン

意味	統語パタン	in and out の機能	該当用例
行ったり来たり	be in and out ＋期間を表す副詞的語句	複合不変化詞	(55), (56)
空いている	be in and out		(57), (58)

第 3 章　複合前置詞として機能する新しい定型表現

　表 3.6 から、be in and out と共起する語（句）により be in and out の意味が変わることがわかる。また、be in and out は後続に名詞を従えず動詞のように振る舞う。これは、第 3 節の (2d) に当てはまる。
　Quirk *et al.* (1985) によると、副詞的不変化詞は動詞のように振る舞うという例がある。それを (59) に示す（訳は省略。）。

(59) 　(b) In familiar speech we also find the idiom:
　　　　　He $\begin{Bmatrix} \text{up} \\ \text{upped} \end{Bmatrix}$ and hit me. She $\begin{Bmatrix} \text{up} \\ \text{upped} \end{Bmatrix}$ and left him.

(Quirk *et al.* 1985: 979)

6.2　be in and out の成り立ちと意味の派生

　現代英語コーパスを検索すると、「be in and out of + 名詞（句）」は枚挙にいとまがない。結論から先に述べると、be in and out は「be in and out of + 名詞（句）」から派生してできた定型表現と考える。
　「出たり入ったり」を意味する [be in and out of + 名詞（句）] が本来の形であったが、文脈中、名詞（句）が何か明らかな場合と [be in and out] の繰り返しの使用により、「of + 名詞（句）」が省略され、[be in and out] が独立して使用されて「出たり入ったり」の意味を表すようになったと考える。換言すると、[be in and out] は後続に名詞（句）を従えない複合不変化詞として働く。そして、この [be in and out] が頻繁に繰り返されることにより、「出たり入ったりできる＝拘束されていない」ということから、新たな「自由である」という意味を獲得するようになったと考える。語形成の規則に照らし合わせると、be in and out は省略により成り立ち、句が語彙化し、独自の新しい意味を獲得したと考える。

6.3　in and out と共起する動詞

　コーパスを利用して in and out と共起する動詞を調べたところ、(60), (61) のような例が観察された。

(60) .... Just too many people coming *in and out* ....　　　(COCA)
　　　（ただ多くの人が出入りしています。）

(61) 　Her speckled, shorthaired sides move *in and out* like a bellows.

　　　　　　　　　　　　　　　　　　　　　　　　　　　　(COCA)

　　　（彼女のぶちの付いた、短毛のわき腹が蛇腹のように出たり入ったりする。）

そのほか、BNC では [breath/get/go/zoom + in and out] のパタンが観察された。この場合、be in and out とは異なり、各動詞の意味が保持されており、句動詞として振る舞う。

6.4　インフォーマント調査

　本節は、表 3.6 と前節で得られた結果と定型表現のストレスパタンが be in and out の場合にも支持されるかどうかを検証した。英語母語話者（アメリカ人 4 名、カナダ人 1 名、オーストラリア人 1 名、イギリス人 1 名）に (62) を読んでもらった。その結果が表 3.7 である。

(62)　a.　GIFFORD: California. Going to see your family. Have you missed them a little?
　　　　　SCHIRRIPA: I'm only gone a couple of days.
　　　　　GIFFORD: Yeah.
　　　　　SCHIRRIPA: I'm always —— I'm always in and out. But they're having a good time. They're at the beach. And they, you know . . .
　　　　　GIFFORD: And you're needed on the set back at the . . .
　　　　　SCHIRRIPA: Back at "Secret Life," I'm shooting that . . .
　　　b.　When he gets a text message from his son that reads I love you, Dad, he's alarmed. He calls the son in California. "Hey, Tom. I just got your note. I'm here at the office, well, I'm in and out all day. Okay. I'll talk to you soon. I hope you're well."

But the son doesn't call back.

c. Nicotine replacement treatments, such as nicotine gum or the nicotine patch, can help a person addicted to cigarettes quit smoking . . . . Road to Recovery Even when a variety of treatments are available, relapses may be part of a person's path to recovery from drug addiction. "I was in and out for several years," says Edward But treatment for drug addiction does work.

d. . . . . She counted on her fingers. "Three bridesmaids including me. Plus Daphne and Livia. Your wife and her sister. Am I missing anyone? No. That makes it seven to one."

"Celeste is staying here?"

"Biddy didn't tell you?"

"Maybe she did and I forgot."

"Sorry, Charlie. Plus the coordinator is in and out all the time. We did a dry run with the hairstylist this morning. Daphne wants everything kept simple, thank God."

e. "Do you live here in San Gabriel?" she asked.

I shook my head. "No, I've just been in and out for a couple of weeks working on a case. I've got a room upstairs."

f. "I put my stethoscope on his chest." Mosby's voice booms in through the earpieces. "That rat must have done something pretty bad to that pigeon to make it keep on like that." "Doubtless," I say. I push his abdomen around, trying to elicit pain. Mosby doesn't seem to notice. "Seen any of the nurses this morning?" I ask him. "Sure. They have been in and out all the time." "Any of the ones in the little white skirts, with the hats?" "Many times."

表3.7　be in and out のストレスパタン

	be ín and óut	be in and óut	合計
(62a)	1	6	7
(62b)	1	6	7
(62c)	0	7	7
(62d)	0	7	7
(62e)	0	7	7
(62f)	0	7	7

　表3.7では、be in and óut のストレスパタンが多く観察されることから、定型表現のストレスは語と同じように一定のストレスパタンを持つという定型表現のストレスパタンルールが成り立つ。be in and out は機能語から成り立つ定型表現ではあるが、この定型表現の意味を考えて話者が意味的に重視している語にストレスを置いたと考え、定型表現のストレスパタンの1つが当てはまる。

7.　be in to

　本節では、「be 動詞＋複合前置詞句」である be in to の実態を調査する。これまでと同様に、be in to について詳細に述べた先行研究は、筆者が調べた限りでは存在しない。しかしながら、(63) から (67) に示すように、現代英語には観察される。

(63)　WHITFIELD: So, is it feasible, in your opinion, to think that a shuttle could be launched by this fall?
　　　CABBAGE: I think it's feasible. But I think it may *be in to* 2005 before the shuttle actually does fly. There are a lot of people within NASA who think that it's going to take that long, not only to make the organizational changes, get them underway, but also hardware changes they'll have to make as well.　　　(COCA)

第 3 章　複合前置詞として機能する新しい定型表現

　(W: それでは、あなたのご意見では、今年 (＝2004 年) の秋までにスペース・シャトルは発射されるであろうという考えは、実現可能ですか？
　 G: 実行可能だと思います。ただし、スペース・シャトルが実際に発射されるのは 2005 年にずれ込む可能性があると思います。組織的な変化や、それらを始めるのに長い時間がかかるというだけでなく、同様に取り組まなければいけないハードウェア (外側) の変化にも時間がかかるだろうと思っている人々が NASA の内部にはたくさんいます。)

(64) BILL HEMMER, CNN CORRESPONDENT: Miles, good morning to you again from Tallahassee. Again, that deadline coming up quickly, tomorrow five o'clock when any amended votes have to *be in to* the Secretary of State's office here in Tallahassee. That's on Sunday. On Monday we do expect to enter into this contest period where it looks like it could be anybody's game come Monday.　　　　　　　　　　　　　　　　　　(COCA)

　(B: マイルズ、再びタラハシーより、みなさんおはようございます。重ねて、期限が近づいてきました。いかなる修正投票もここタラハシーの州務長官室に到着しなければいけないのは明日の 5 時です。それは日曜日です。月曜日に、誰が勝ってもおかしくないように思える選挙期間に入ることを切に期待しています。)

(65) Mr. RODRIGUEZ: . . . . Police can't do what mothers and fathers and schools and churches and other things should be doing. In many ways the police are dealing with the back end of the problem. The kids already are raging; already has a gun in his hand; already *is in to* the drug trade. And we want them to resolve the issues . . . .　　　　　　　　　　　　　　　　　　　　(COCA)

　(R: 警察は、両親、学校、教会、そのほかがすべきようなことはできません。いろいろな形で、警察は問題の最終段階を処理しています。子供たちは既に荒れ狂っています。つまり、既に銃を持っていたり、既にドラッグの売買に関わっています。そして、私たちは彼らにこの問題を解決してほしいんです。)

(66) GREENBERG: I know a little bit about him. I know that he grew

up in the north suburbs, ended up in Plainfield, which is way in the far south suburbs. He's an avid hunter, loves to hunt. I don't know if that adds anything to the case or not. And he knows a lot about the criminal law aspects, because he *was in to* some computer criminalistics kind of specialty work that he was trying to develop. (COCA)

(G: 彼のことは少し知っています。彼は北部郊外で育ち、最終的にはプレインフィールドにいて、それはかなり遠い南部の郊外にあります。彼は熱心なハンターで、狩りを愛しています。これがこの事件について何かを追加するかどうかわかりません。彼は刑法の様相についてよく知っています。というのは、彼はあるコンピューター犯罪捜査学の類の専門的な仕事に従事していて、それを発展させようとしていたのです。)

(67) "Listen, Phil. I know you can listen even if you can't talk. Do you know the whereabouts of Rose Hilaire? She hasn't *been in to* Belmodes, and is not answering her phone. Do you have news of her to tell me?" (BNC)

(「聞いて、フィル。たとえあなたが話すことができなくても、あなたは聞くことができると私はわかっている。ローズ・ヒラリーの居場所を知ってる？ 彼女はベルモーズに行っていなくて、電話にも出ないの。彼女のことについて私に言うべきことはある？」)

(63)–(67) の be in to は、どのような意味なのだろうか。すべて同じ意味を表すのだろうか。コーパスのデータからわかることを以下の (i)–(iii) にまとめる。

(i) be in to は主に話し言葉で使用され、アメリカ英語、イギリス英語両方で観察される。話し言葉で観察されることが多いことから、be in to は新しい定型表現と言える。DANTE にも be in to は記述されていない。

(ii) be in to はどの時制・相でも観察される。

(iii) be in to は名詞（句）を従える。とりわけ、「be in to / have been in to

第 3 章 複合前置詞として機能する新しい定型表現

＋場所を表す語句」(have been in to の場合は主に否定形) のパタンで使われることが多い。

上記に示した特徴以外に、be in to の意味、文法範疇内における機能などについてはこれまで論じられることがなかった。次節以降でそれらを明らかにする。

7.1 be into との違い

Quirk *et al.* (1985) は、onto はイギリス英語では on to と表記され、onto, on to でも意味・機能的に違いはないと説明している (石橋 (編) (1966: 1007))。onto と類似して、in to も into と同じではないかという懸念がある。本節は、be in to が be into とどのように異なるのか示す。be into の例を (68) にあげる。

(68) a. I *was not into* ambition, manipulation or the politics of getting on. (DANTE)
(私は、出世のための野心、策略、政治に興味がなかった。)

b. At home everyone *is into* health-food and diet drinks. (*ibid.*)
(家ではみんな健康食品と健康飲料に興味があります。)

c. Q: *Are* you *into* pilates or yoga? (*ibid.*)
(ピラティスもしくはヨガに興味はありますか？)

d. Suddenly she's *into* yoga and things like that. (*MED*[2])
(突然、彼女はヨガなどに夢中になった。)

e. At first I didn't really like painting, but now I've really *got into* it. (*ibid.*)
(当初、私はあまり絵画は好きではなかったのですが、今や夢中になっています。)

be into ～ は「～に興味がある」の意味で、「～」には科目や活動などを意味する抽象名詞、普通名詞を従える。それに対して、(63)–(67) の be in to は、時・場所を表す名詞 (固有名詞)、普通名詞を従える。このように、be into と be in to は、後続に来る名詞の性質の違いから別のものであることがわかる。

7.2 be in to

本節では、現代英語に観察される定型表現 be in to の実態を記述的に明示する。

7.2.1 in, to の機能

ここでは、in, to の機能を再確認する。in と to は (69), (70) に示すような機能を持つ (訳は省略。)。

(69) a. used for showing where someone or something is
　　 b. into something
　　 c. arriving somewhere
　　 d. used for showing when something happens
　　 e. used for talking about numbers and amounts
　　 f. used for stating areas of activity
　　 g. used for describing a particular state, situation, or relationship
　　 h. wearing something
　　 i. used for stating what changes
　　 j. used for talking about the way something is done
　　 k. used for describing ways of writing, drawing, or painting
　　 l. included as part of a group
　　 m. used for describing how things are arranged
　　 n. used for referring to colours
　　 o. used for referring to the weather
　　 p. used for mentioning the book, film etc where someone or something appears
　　 q. used for showing in what way something is true
　　 r. written or drawn to complete something

s. doing something with a particular feeling
t. given, sent, or received
u. used for stating what contains a particular substance
v. available at a shop
w. used for stating who is BATTING in CRICKET
x. used for stating who or what has particular qualities
y. elected
z. fashionable
α. when the sea is high
β. breaking inwards　　　　　　　　　　　　　　（*MED*²）

(70) a. used as part of an infinitive
b. going somewhere
c. when you tell, give, or show someone something
d. facing or pointing towards someone/something
e. used for saying where someone/something is
f. when someone is affected by something
g. in a particular relationship with someone/something
　(ⅰ) used for explaining a relationship between people or thing
　(ⅱ) used for stating which person or organization someone does a particular job
h. when something is connected or fastened
i. when something changes or develops
j. as far as a limit
k. until
l. before the hour
m. used for stating someone's opinion
n. causing a particular reaction
o. used for showing how numbers are related
p. used for giving the score in a game
q. closed or almost closed.

r. used for showing a possible range
s. needed for something
t. while there is a sound.
u. touching something (*MED*²)

7.2.2　be in to の意味と機能

　(63)–(67) の用例を (71)–(75) に再録し、コーパスから得られたその他の例を (76) と (77) にあげる。(71)–(75) の訳は (63)–(67) を参照されたい。

(71)　WHITFIELD: So, is it feasible, in your opinion, to think that a shuttle could be launched by this fall?
　　　CABBAGE: I think it's feasible. But I think it may *be in to* 2005 before the shuttle actually does fly. There are a lot of people within NASA who think that it's going to take that long, not only to make the organizational changes, get them underway, but also hardware changes they'll have to make as well.　　(COCA)

(72)　BILL HEMMER, CNN CORRESPONDENT: Miles, good morning to you again from Tallahassee. Again, that deadline coming up quickly, tomorrow five o'clock when any amended votes have to *be in to* the Secretary of State's office here in Tallahassee. That's on Sunday. On Monday we do expect to enter into this contest period where it looks like it could be anybody's game come Monday . . . .　　(COCA)

(73)　Mr. RODRIGUEZ: . . . . Police can't do what mothers and fathers and schools and churches and other things should be doing. In many ways the police are dealing with the back end of the problem. The kids already are raging; already has a gun in his hand; already *is in to* the drug trade. And we want them to resolve the issues . . . .　　(COCA)

第 3 章　複合前置詞として機能する新しい定型表現

(74) GREENBERG: I know a little bit about him. I know that he grew up in the north suburbs, ended up in Plainfield, which is way in the far south suburbs. He's an avid hunter, loves to hunt. I don't know if that adds anything to the case or not. And he knows a lot about the criminal law aspects, because he *was in to* some computer criminalistics kind of specialty work that he was trying to develop . . . . (COCA)

(75) "Listen, Phil. I know you can listen even if you can't talk. Do you know the whereabouts of Rose Hilaire? She hasn't *been in to* Belmodes, and is not answering her phone. Do you have news of her to tell me?" (BNC)

(76) ELLIE JOSTAD, NANCY GRACE PRODUCER: Right, Nancy. Well, apparently, they had a routine. The baby-sitter would drop the father off at his work. She'd take the kids to school. At the end of the day, she'd pick the kids up from school, pick up Dad from work. They'd spend some time together in the afternoon. And then Dad would go back to the house, which he was trying make more habitable for the kids. So apparently, he was unaware that the kids hadn't *been in to* school all last week until on Saturday, he got a letter from the school saying they'd been absent. He asked the baby-sitter about it. By that time, she'd already left. She said she was taking the kids on vacation. (COCA)

(E: わかりました。ナンシー。明らかに彼らには決められた行動があるんです。ベビーシッターが父親を職場で降ろします。彼女が子供たちを学校に連れて行きました。一日の終わりに、彼女が子供たちを学校に迎えに行き、職場に父親を迎えに行きます。彼らは、午後、一緒に過ごします。それから、父親は家に戻り、彼は家を子供たちにとってより住みやすくなるようにしています。見たところ、彼は子供たちがずっと欠席しているということを書いた手紙を学校から受け取った土曜日まで、先週 1 週間学校に行っていなかったことを知らなかったようでした。彼は、そのことについてベビーシッターに

尋ねました。そのときまでには、彼女は既にいなくなっていました。彼女は子供たちを休暇に連れて行くと言っていました。）

(77) .... "I can't go to school today, I'm sick." "Oh ya, right. Uh, Sister, my brother Monty won't *be in to* sixth grade today. He got polluted last night —— you know how it is, don't ya, babe?"

(COCA)

(「…今日は学校には行けない。病気だから。」「そうだね。ねえ、弟のモンティは今日、6年生にならないだろうね。彼は昨晩体の調子が悪くて、どんな様子かわかるよね？」）

　上記の例から、前述した統語特徴、(i) be in to はどの時制・相でも観察される、(ii) be in to は名詞（句）を従える、という2点が確認できる。とりわけ、「be in to＋場所を表す語句」と「have been in to＋場所を表す語句」（主に否定形）のパタンが観察される。つまり、in to は複合前置詞として機能している。

　次に be in to の意味であるが、上記の例からわかるように、be in to の後続の名詞によって be in to の表す意味が異なる。言い換えると、be in to は多義性を持つ定型表現である。先ほどの (71)–(77) の用例について、後続の名詞により、be in to がどのような意味を持つのかをまとめたものが表3.8 である。

表3.8　be in to の意味とパタン

用例	意味	パタン
(71)	達する、なる	be in to＋時・数
(72)	到着する	be in to＋場所
(73)	従事する、関わる	be in to＋職種
(74)	従事する、関わる	be in to＋職種
(75)	行った	have been in to＋場所
(76)	行った	have been in to＋場所
(77)	達する、到達する	be in to＋数

第 3 章　複合前置詞として機能する新しい定型表現

表 3.8 からさらに次の 2 つのことがわかる。(iii) be in to に後続する名詞により be in to の意味が決定される。その際、be in to の意味を決定するのに重要な役割を果たしているのが、to の機能である。(70) に示したように、to には多様な機能がある。(70) にあげた to の機能のうちどの機能が be in to の意味決定に役割を果たしているのかをまとめたものが表 3.9 である。

表 3.9　be in to の意味決定の要因

用例	意味	パタン	要因
(71)	達する、なる	be in to + 時・数	(70d) 方向・到達
(72)	到着する	be in to + 場所	(70b) 目的地
(73)	従事する、関わる	be in to + 職種	(70g) (ii) 所属
(74)	従事する、関わる	be in to + 職種	(70g) (ii) 所属
(75)	行った	have been in to + 場所	(70b) 目的地
(76)	行った	have been in to + 場所	(70b) 目的地
(77)	達する、到達する	be in to + 数	(70i) 状況変化

(iv) be in to と have been in to は性質の異なるものである。be in to は多義を持つのに対し、have been in to は単義である。その理由は、完了相が用いられることにより、be 動詞の「いる、ある」という本来の意味が be in to と比較すると明確になったためと考える。また、have been in/to という決まった定型表現の存在も影響して、have been in to は多義を発展させにくいと考える。

7.3　be in to, have been in to のストレス位置

be in to, have been in to のストレスパタンを検証するため、英語母語話者 7 名（イギリス 1 名、アメリカ人 2 名、カナダ人 3 名、オーストラリア人 1 名）に (78a) から (78g) の英文を読んでもらった。その結果が表 3.10 である。

(78) a. I think it's feasible. But I think it may be in to 2005 before the shuttle actually does fly. There are a lot of people within NASA who think that it's going to take that long, not only to make the organizational changes, get them underway, but also hardware changes they'll have to make as well.

b. Again, that deadline coming up quickly, tomorrow five o'clock when any amended votes have to be in to the Secretary of State's office here in Tallahassee.

c. Police can't do what mothers and fathers and schools and churches and other things should be doing. In many ways the police are dealing with the back end of the problem. The kids already are raging; already has a gun in his hand; already is in to the drug trade.

d. I know that he grew up in the north suburbs, ended up in Plainfield, which is way in the far south suburbs. He's an avid hunter, loves to hunt. I don't know if that adds anything to the case or not. And he knows a lot about the criminal law aspects, because he was in to some computer criminalistics kind of specialty work that he was trying to develop . . . .

e. Do you know the whereabouts of Rose Hilaire? She hasn't been in to Belmodes, and is not answering her phone. Do you have news of her to tell me?

f. And then Dad would go back to the house, which he was trying make more habitable for the kids. So apparently, he was unaware that the kids hadn't been in to school all last week until on Saturday, he got a letter from the school saying they'd been absent.

g. My brother Monty won't be in to sixth grade today. He got polluted last night —— you know how it is, don't ya, babe?

第3章 複合前置詞として機能する新しい定型表現

表3.10 be in to, have been in to のストレス位置

	be ín to	be in tó	be ín tó	合計
(78a)	0	7	0	7
(78b)	0	6	1	7
(78c)	0	7	0	7
(78d)	0	6	1	7
(78e)	2	3	2	7
(78f)	2	5	0	7
(78g)	0	7	0	7

　表3.9で示したように、「be in to の意味決定は to の働きによる」という考えが、表3.10のストレス位置 be in tó の結果から支持されたことがわかる。換言すると、意味的に重要な単語と一定のストレスパタンを持つという2つのことが支持されたということである。

　(78e, f) は have been in to の例である。have been in to の場合も意味の中心は to の機能であるので、have been in tó というストレスになる。しかし、in もしくは to のどちらに意味的な重きを置くか、あるいは in, to 両方に意味的な重きを置くかでストレス位置が異なる。これは意味的に重要な単語にストレスが置かれるというルールが適応されたと考える。

　(78b, d) の be in tó は in, to 両方に意味的な重きがあり、意味的に重要な単語にストレスが置かれると定型表現を構成している各語はそれぞれのトーングループを持つということが当てはまる。

　このような結果より、be in to, have been in to のストレス位置からも定型表現のストレスパタンルールは支持されたことがわかる。

7.4　be in to の意味の派生と成り立ち

　ここでは、前節で得られた結果をもとに be in to の意味の派生と成り立ちを考える。

7.4.1　意味

be in to は多義を持つが、その意味的派生には順序がある。be in to の本質的な意味は、「〜に行く」である。これは、in, to に場所、方向を表す類似の意味を持っており、完了相でも観察されるからである。そして、その他の「〜に達する」、「関わる」、「到着する」の意味を発展させた。このように、本質的な意味から周辺的な意味への派生に伴う特徴として、in, to の語彙的な意味が薄れていく。

7.4.2　成り立ち

be in to の成り立ちには、[[一般動詞 + in][to + 名詞句]] のパタンが影響している。BNC で [[一般動詞 + in][to + 名詞句]] のパタンを取る動詞を調べたところ、(79) のような動詞が観察された。

(79)　add, address, allow, book, boot, box, break, breath, bring, build, burst, call, come, carry, cave, connect, creep, cut, draft, drag, draw, drive, drop, extend, fall, fill, fit, fly, give, get, go, hand, head, hook, hurry, import, incorporate, indulge, input, invite, jump, lead, let, link, listen, lock, log, look, move, phone, plug, pop, pour, pull, put, race, reach, report, ring, roll, rope, run, rush, send, settle, step, swim, take, tax, tie, tuck, tune, turn, walk, work, write, zoom

(79) の動詞が使用された場合、[break in][to] のように [一般動詞 + in][to] の構造で、in は副詞、to は前置詞である。(79) に示すように、多くの動詞がこのようなパタンで使用され変異を持った結果、[be in][to + 名詞 (句)] のパタンができたと考える。そうして、再分析の結果、[be in to + 名詞 (句)] となり、be 動詞は最も意味的に無色透明なため、in to の意味が生きて、be in to が独自の意味を持つようになったと考える。これまでと同様に、第 3 節の (2d) に当てはまる。

8. 新しい CPs の形成規則

本章で扱った until to, up until to, be on against, be in and out, be in to は、(80) に示す形成規則により成り立っていることがわかった。(80) の規則を経て形成された後、これらの新しい表現は句の語彙化という段階を経て定型表現として確立している。

(80) a. 混交——until to, up until to
b. 異分析——be on against, be in to
c. 省略——be in and out

9. なぜ前置詞＋前置詞が結合するのか

until to, up until to, on against, in to は、前置詞と前置詞が結合することにより独自の意味を発展させている。そしてその意味を明確に伝えるために、継続動詞や動詞の中でも、意味の漂白化を受けた be 動詞と共起する。be 動詞と共起することでできたその意味は、既存の語と類似しているが異なる。なぜ、その意味に合った新しい単語が生まれるのではなく、前置詞と前置詞が結合して新しい定型表現となるのだろうか。

この答えへの回答として、Makkai (1975) の意見を (81) に引用する。Makkai の回答は、「なぜアメリカ英語にはたくさんの決まりきった定型表現があるのだろうか」という問いに対してのものであるが、本章の問いの回答になる。

(81) the most probable reason is that as we develop new concepts, we need new expressions for them, but instead of creating a brand new word from the sounds of language, we use some already existent words and put them together in a new sense. This, however, appears to be true of all known language.　（Makkai 1975: vi）
（最も確かな理由は、新しい概念を発展させるとき、それに対して新しい

表現を必要とする。しかし、言語が持つ音から真新しい言葉を作る代わりに、既に存在している単語を使用して、それらをくっつけて新しい意味とする。しかし、これはすべての既知の言語に当てはまるようである。)

　Makkai の言葉を本章の内容に照らし合わせて述べると、次々と生み出される定型表現は、ケニングのように既存の単語と単語が語形成プロセスを活用して成立している。その成立には言語経済の法則の労力節減の原理が働いている。

10.　新しい CPs のストレスパタン

　until to, up until to, be on against, be in and out, be in to のストレスパタンを調べたが、定型表現のストレスは語と同じように一定のストレスパタンを持つ、定型表現は必ずしも 1 つのトーングループから成り立つわけではなく定型表現を構成している各語はそれぞれのトーングループを持つ、ストレスは話者が意味的に最も重視している語に置かれる、という 3 点が成り立つことがわかった。

　定型表現のストレスパタンルールの残り 1 つである「定型表現を構成する語が機能語か内容語かというだけで定型表現のストレスパタンを予測することは不可能である」が不成立の理由は、複合前置詞、複合不変化詞は、機能語のみから成り立ち、内容語を含んでいないからである。第 1 章で提示したストレスパタンルールに追記するルールは発見されなかった。

11.　結語

　本章は、複合前置詞と複合不変化詞の成り立ちとストレスパタンを明らかにすることにより、現代英語に観察される新しい定型表現の実態を明らかにした。その結果、新しい定型表現の成立については語形成プロセスで説明が可能で、そのストレスパタンには一定の規則が適応されていることがわかった。

第 4 章

補文構造の画一化
—— it looks that 節を例として

1. はじめに

　現代英語では it looks that ... の構文が観察される（イタリック筆者。以下同じ。）。

(1) 　..., but *it looks* now *that* we're turning the corner.
　　　　　　　　　　　　　　　（八木 2006: 207; LKL, Jul., 2000)
　　（いま曲がり角に来ているようだ。）

(2) 　The IB meeting in March considers all proposals discussed at the interim meeting, but *it looks* very much *that* this is the road we will tread.　　　　　　　　　　　　　　　　　　　(*ibid.*; WB)
　　（3月のラグビー国際理事会は、暫定的に持たれた会議で議論の対象になった提案はすべて考慮には入れるが、これがきっとわれわれが歩む道のようだ。）

(3) 　Or not so big, maybe, for *it looks* to me *that* even covered in shelves of wool and parka hood and blanket though he is, my father is smaller, even diminished beneath.　　　　　(*ibid.*; WB)
　　（あるいは、多分それほど大きくはないだろう。というのも、ウールのセーターやパーカー、毛布の下に隠れているが、私の父はもっと小柄であり、隠れているともっと小さく見えるように思う。）

八木（2006: 207）によると、it looks that 節のパタンは、「～のようだ」と

いう as if / as though / like とは異なり、断定的表現になっている。この用法は、seem がとる it seems that 節の類推により生じたものではないかと思われる、と述べている。また、it looks as if / as though と意味的な棲み分けがあり、seem と look は本来的な意味の相違がある。このような説明は、it looks that 節の存在は認めるが、そのパタンの振る舞い、成り立ちなどを明確に述べているわけではない。そこで本章は、下記のリサーチ・クエスチョンを解き明かしながら it looks that 節の実態に迫る。

(4) a. it looks that 節の機能
  b. it looks as if / as though / like との違い
  c. it seems that 節との違い
  d. it looks that 節の成り立ちに与えた影響
  e. it looks that 節の成り立ちに働く原理

2. look の補文構造

本節は、look が取る補文構造などの基本的な事柄を概括する。

英英辞典（*COB*[8], *MED*[2], *OALD*[9], *LAAD*[3], *LDCE*[6]）と Quirk *et al*. (1985), Huddleston and Pullum (2002), Carter and McCarthy (2006) などの先行研究を調べた限り、look の補文構造は八木 (2006) に述べられている通り、(5) のようにまとめられる。look は、「（事実に反したことについて）まるで~のようだ」という意味である。

(5) a. It looks as if it will rain.（まるで雨が降るようだ。）
  b. It looks as though it will rain.（まるで雨が降るようだ。）
  c. It looks like a pear.（まるでなしのようだ。）

(八木 2006: 207)

英英辞典によると、look は連結動詞であり seem と同じ意味である。進行相で用いられることはない。また *LDCE*[6] によると、it looks as if / as though / like（まるで~のようだ）は it seems likely that と書き換え可能である。

第 4 章 補文構造の画一化

Huddleston and Pullum（2002）も、seem＝look としている。*OALD*⁹ は、アメリカ口語英語では as if, as though の代わりに like が用いられるが、イギリス書き言葉ではそれらは正しくないと記述している。

次に seem であるが、英英辞典では look と同じように連結動詞であり、進行相では用いられないとある。seem の補文構造は、to-infinitive,（to 人）＋that 節、as if / though, like である。

Carter and McCarthy（2006: 676）は、仮主語 it を主語に取る動詞に appear, feel, look, seem, sound をあげ、それぞれの動詞の補文構造を下記のようにまとめている。

表 4.1　Carter and McCarthy（2006: 676）に記述されている appear, feel, look, seem, sound の補文構造

＋*to*-infinitive	(*to* sb) ＋ *that*-clause	＋*like*＋clause (informal)	＋*as if*＋clause
It *appears to be* an error.	It *appears that* I have some apologies to do.		[describing a new audio system] It makes the music *appear as if* it's coming from behind you.
	They *feel that* they have caused a lot of trouble.	He *felt like* he was coming into his own houses as a guest.	I *feel as if* I ought to say something to her.
The police *look to have* lost control of the crowd.		It *looks like* we'll need another day to get through everything.	It *looks as if* he's lost something.
They *seem to have* caused a lot of trouble.	It *seems* (*to me*) *that* they need a lesson in politeness.	It *seems like* you were right all along.	It *seems as if* everything is going wrong.
	It *sounds to me that* the sort of theology you're describing is one in which religion is getting out of the churches and into people's homes.	It *sounds like* we should think again.	It *sounds as if* we're getting a pay rise after all.

87

上記の表 4.1 より、seem は to-infinitive, that-clause, like + clause, as if + clause の 4 つの補文構造を取り、5 つの動詞のうち最も無標な連結詞（copula）と言える。繰り返しになるが、seem は look と同様に進行相で用いられることはない。

　『ユース』は、表 4.1 で取り上げられている動詞の意味的差異を「seem は主観的な判断、look は視覚からの判断、appear は seem と look の中間でもともと視覚からの判断を表すが、時に錯覚による印象を表す。sound は伝聞・口振りによる判断を表す。」と説明している。

3. as if / as though の用法

　ここでは、as if, as though の用法について述べる。一般的に as if, as though 節は様態の副詞節とされ、as if, as though 節は下記の法が認められる。

(6)　She treats me as if $\begin{Bmatrix} \text{I'm} \\ \text{I was} \\ \text{I were} \end{Bmatrix}$ a stranger.　(Quirk *et al.* 1985: 1110)

　　　（彼女は私を見知らぬ人のように扱う。）

安藤（2005: 613）は、(7) の例をあげて次のように述べている。:「as if / as though 節では、節中の事態が「状態」を表しているならば過去形、「完了相」を表しているならば過去完了形が用いられる。また、叙想法[1]の常として、主節の動詞の時制の影響をうけないので、意味に応じて、次のような時制と相の組み合わせが見られる。」

---

[1]　安藤（2005: 363f.）は、「仮定法」で述べられた文がすべて仮定を表しているかのような誤解を与えるので、細江（1933）に従い、「叙想法」という用語を用いている。本章は、「仮定法」という用語を用いる。

(7)　a.　He { speaks / spoke / will speak } as if he were a king.［状態］

（彼は王様のように話す／話した／話すだろう。）

　　　b.　He { talks / talked / will talk } as if he had been abroad.［完了相］

（彼は海外にいたかのように話す／話した／話すだろう。）

（安藤 2005: 613）

その他の文法書、辞書を参考にしたこところ、as if / as though の用法は下記の通りにまとめることができる。

(8)　a.　as if, as though 節は普通仮定法が用いられる。*It looks as if it were going to rain.* のように主節と同時の事柄を表す場合には仮定法過去が用いられる。それより以前の事柄やその時までに完了した事柄を表す場合には仮定法過去完了を用いる。(*Jill looked as if she had seen a ghost.*)　　　（『ユース』）
　　　b.　単に様態を言っている場合や、話し手の考え方によって事実であるととらえる場合は直接法を用いる。(*He walks as if he is drunk.*)　　　（『ユース』）
　　　c.　as if は意味の変化なしに as though と置き換え可能である。

（Huddleston and Pullum 2002）

4.　it looks that 節の属性

　本節は、4.1 節で現代英語において観察された it looks that 節の振る舞いを説明し、4.2 節で it looks that 節がいつ頃より使用されるようになったかを述べる。

4.1 it looks that 節の機能

(1), (2), (3) を (9), (10), (11) に再録する。それぞれの訳は、(1), (2), (3) を参照されたい。

(9) ..., but *it looks* now *that* we're turning the corner.

(八木 2006: 207; LKL, Jul., 2000)

(10) The IB meeting in March considers all proposals discussed at the interim meeting, but *it looks* very much *that* this is the road we will tread. (*ibid.*, WB)

(11) Or not so big, maybe, for *it looks* to me *that* even covered in shelves of wool and parka hood and blanket though he is, my father is smaller, even diminished beneath. (*ibid.*, WB)

(12) With a 34–0 lead, top gear was no longer required. Yet, despite their form over the last two months, the turning point for Wigan's 20th major trophy in six years undoubtedly came in December when *it looked that* they might struggle for success this season. (BNC)

(34対0のリードで、全速力はもう必要とされなかった。しかし、過去2か月にわたる彼らの調子にもかかわらず、6年ぶりのウィガンの20回目のトロフィーにとっての分岐点は、疑う余地なく12月にやってきた。その時点では、彼らは今シーズンは苦戦するように見えた。)

(13) "A girl in my class told me about it," adds Dolores. "She knew the lads and said they were very nice so that made it easier to audition for them." And did the lads turn out to be very nice? She pauses for a moment and the van overflows with the sound of helpless male laughter. "Well they were townies you know," she finally says, "and *it looked* to me *that* when townies hung out together they all dressed the same, did the same things, went to the same places...."

(BNC)

(「私のクラスの女の子がそれについて言いました。」とドロレスは追加する。「彼女は少年たちを知っていて、彼らはとても親切であると言ったの

第 4 章　補文構造の画一化

で、彼らがオーディションを受けることが容易になりました。」そして、結局、その少年たちはとても親切でしたか？　彼女は少し間を置いて、小型トラックから男性のこらえきれない笑い声があふれ出てきた。「えーと、わかっていると思うけど彼らは都会の人なんですよ。」彼女はついに言う。「そして私にとっては、都会人が一緒に出かけるとき、彼らは全員同じ服を着て、同じことをして、同じ場所に行っているように見えるんですよ。」）

(14) On the other hand, the Iraqis have indicated that they're still interested in some kind of initiative by the French. They are very interested in any kind of an initiative that the Algerians can put forth, and *it looks* at this point *that* the Algerians and the French are coordinating their efforts.　　　　　　　　　　　　　　（WB）
（一方で、イラク人はフランス人によるある種の提案にいまだに興味があることを示した。彼らは、アルジェリア人が提起するあらゆる種類の提案にとても興味があり、現段階でアルジェリア人とフランス人は彼らの努力をまとめようとしているようである。）

(15) MS-FARNSWORTH: So some countries the prevention efforts are really making a difference, but is it true that in some countries like India, for example, the rate of growth is very high?
DR-HELENE-GAYLE: The rate of growth in India is still very high. Umm, *it looks that* HIV began probably later.　　（COCA）
（F: ある国々において予防の努力が実際に効果を生んでいるんですが、例えばインドのような国では、（AIDS の）増加率がとても高いというのは本当なんですか？
H: インドの増加率は今でもかなり高いんです。えーと、HIV は恐らく後から始まったようなんです。）

(16) Receiving $1,200 a month in retirement and paying around $550 a month for insurance would leave a retiree with about $650 a month to live on. He also talks of the retirees working other jobs. Well, *it looks* to me *that* a second job would be needed due to the high cost of insurance unless he knows something they do not know about living on just $650 a month.　　　　　　（COCA）
（退職して月に 1200 ドルを受け取り、保険に約 550 ドル払うということ

は、退職者には生活するために月に約650ドル残る。彼は、別の仕事をしている退職者についても話した。えーと、月にたった650ドルで生活することについて彼らが知らない何かを彼が知っていない限り、高額保険のために第二の仕事が必要であるようだと私には思える。)

(17) Q: You are a visiting lecturer at Oxford. Are you surprised by how few people attend church in England, considering the great Christian leaders and authors who once lived there?
A: It's very sad. England and Europe are on their way out. There's no way their cultures will survive. *It looks* to me *that* the domination of Islam will take over. England and France are hanging on by a thread. (COCA)
(Q: オックスフォード大学の客員教授ですね。偉大なキリスト教指導者や作家がかつてここに住んだことを思えば、イギリスではほとんどの人は教会に赴かないことに驚きましたか？
A: とても悲しいことです。イギリスとヨーロッパは時代遅れになってきています。イギリスとヨーロッパの文化が生き残る見込みはありません。私には、イスラムの支配が優勢となるように思えるんです。イギリスとフランスは危機に瀕しているんです。)

　上記の (9) から (17) の用例の観察より、「it looks to 人 that」のパタンでも使用される。that 節以降の内容が事実に反しているかどうかという観点から見ると、it looks (to 人) that の that 節以降の内容は、事実に反していることではなく、実際に起こる、起こった、起こりそうであるという内容である。下記に各用例の説明をする。
　(9) は、「曲がり角に来ている」という事実を視覚的に断定している。(10) も、「これがわれわれが歩む道である」という事実を視覚的に捉えることが可能である。(11) の場合も、my father is smaller は視覚的事実である。(12) は、今季の活躍に苦戦するように見えた事実を視覚的に捉えることができた内容が that 節以降に続いている。(13) も同様に、外出の際にはみんな同じ服を着て、同じことをして、同じ場所に行くという事実を視覚的に判断している。(14) も現段階でのアルジェリア人とフランス人の行い

を述べている。(15) は HIV が後から発生したという過去の事実を、現状の視覚できる状況（インドの AIDS 患者の増加率が高いこと）より断定している。(16) は、第二の仕事が必要であるということを look, would により婉曲的に述べている。最後の (17) の例は、イスラムの支配が優勢になるであろうことを will, look の使用により婉曲的に断定している。

つまり、it looks (to 人) that 節は look の視覚的判断という機能が影響を及ぼし、that 以下の内容が実際に生じる内容であり、それを視覚的に捉えることができることを婉曲的に断定する表現である。また、it looks (to 人) that 以降は直説法が使用されることが多い。このことから、it looks (to 人) that 節は「視覚的事実婉曲断定」として機能していると言える。

4.2　it looks that 節が使用され始めた時期

COHA と MEC を使用して、いつ頃より it looks that 節が観察されるようになったか調べた結果、1996 年が初出の例であった。

5.　it looks as if / as though / like と it looks that 節の違い

本節は、it looks that 節と it looks as if / as though / like との違いをコーパスの用例より明らかにする。

(18) Israel's security cabinet is expected to meet Saturday night to declare a cease-fire in Gaza and will keep its forces there in the short term while the next stage of an agreement with Egypt is worked out. '*It looks as if* all the pieces of the puzzle are coming together,' Mark Regev, a spokesman for Prime Minister Ehud Olmert, said Friday . . . .　　　　　　　　　　　　　　　　　　　　　　(COCA)

（イスラエルの治安対策閣僚会議は、ガザでの停戦を宣言するために土曜の夜に集まる予定であり、エジプトとの合意の次の段階が達成される期間中ずっと短期間ガザに軍を駐屯させるだろう。金曜日に、イスラエルのエフード・オルメルト首相のスポークスマンであるマーク・レゲフは「まるでパズルの全ピースが揃ったかのようだ。」と言った。）

(19) GRACE: . . . Also, the time line is disturbing to me, Larry, because his words are, he leaves at 9:30 in the morning. By 10:30, she's gone. And to me, *it looks as if* she disappeared exactly the time he left the home. Is disturbing.　　　　　　　　(LKL, Mar., 2003)

(G: また、時系列が私には気がかりなんです、ラリー。というのも彼の言葉によれば、彼は朝9時30分に去ったんです。10時30分までに彼女は去った。私にとって、彼が家を出たちょうどその時間に彼女はいなくなったように思えるんです。気がかりなことです。)

(20) DUPRE: . . . It could have been his father. It could have been something thats (sic. that's) gone on with the marriage. Who knows? We really dont (sic. don't) know a lot about that.

BEHAR: Well, *it looks as though* he was very stifled as a child. It was all about golf and performing and like that . . . .　　(COCA)

(D: …彼の父親の可能性がある。結婚とともに続いている何かもしれない。そんなこと誰がわかるだろうか？ そのことについて私たちは多くのことを知らないんです。

B: えっと、彼はまるで子供のように抑圧されたように見えるんです。それはすべてゴルフとか芝居とかといったことに関するものでした。)

(21) KING: Beth Karas, Court TV news correspondent, has been with this story since the get go. Did they come to a conclusion today?

BETH KARAS, COURT TV CORRESPONDENT: Oh, far from it, Larry. But some progress was made today. For example, *it looks as though* the attorneys who were there on the behalf of Larry Birkhead are satisfied that enough DNA has been extracted, samples, so that they can do the testing that they want to do, ...　　　　　　　　　　　　　　　　　(LKL, Feb., 2007)

(K: コートテレビの特派員のベス・カラスさんは、最初からこの話に携わっていました。彼らは今日結論に達したのですか？

B: ラリー、それどころか全く違います。だけど、今日何らかの進展はありました。例えば、ラリー・バークヘッドの代わりにいた弁護士たちは、十分なDNAがサンプルとして取り出されたことに満足しているように見えました。その結果、彼らは彼らが望む調査を行うこ

とができます。)

(22) Greta, it's not exaggerating to say *it looks like* a bomb went off. That young boy you saw hurt, he has a badly injured foot.

(COCA)

(グレタ、爆弾が爆発したように見えると言うことは大げさではないんです。あなたが負傷するのを目にした少年は足に重傷を負っているんです。)

(23) TREBEK: Well, years ago, I wanted to do "Jeopardy" primetime, once a week, for a big bucks. The networks turned us down. Television is very cyclical, as you know. *It looks like* game shows, quiz shows, are coming back, I think. (LKL, Nov., 1999)

(T: 数年前、私はゴールデンタイムに『ジェパディ』を週に1回、大金を稼ぐためにしたかったんです。テレビ局は断ったんですよ。ご存じのように、テレビは(流行の)サイクルがありますよね。私は、ゲーム番組、クイズ番組が戻ってくるように見えるんです。)

　上記の用例から、it looks as if / as though / like も、it looks that 節と比較すると少ないが直説法を従えるとわかる。この現象は、I wish I was . . .、If I was . . . のようなものと同じく、it looks as if / as though / like 以降の動詞の形を仮定法過去、仮定法過去完了に変更するのは労力を伴うために起きたと考える。換言すると、it looks as if / as though / like + 直説法は、言語経済の法則の労力節減の働きにより、補文構造が画一化したパタンと言える。

　(18), (19), (21), (23) は、as if / as though / like 以下に直説法を従えている。この場合、it looks that 節と異なり、as if / as though / like 以下の内容は視覚的事実として捉えることはできるが、その事実の断定を避けているという「視覚的事実推量」として機能している。(20), (22) のように as if / as though / like 以下で仮定法が使用されている場合は、これまでの先行研究にある通り、事実に反することを言っている。

6. it seems that 節と it looks that 節の違い

　英英辞典では、look と seem は同じであるという記述があった。しかし、八木（2006）は seem と look には本来的な意味の相違があることを認め、『ユース』も seem は主観的な判断、look は視覚からの判断との相違を認めている。本節は、it seems that 節と it looks that 節の違いに焦点を絞る。

　(24) から (27) は、it seems (to 人) that 節の例である。下記の例より、it looks that 節は『ユース』の指摘通り、that 節以下の実際に起こるまたは起こった事実を主観的に判断していると言える。that 節以下には事実を導くことより、動詞の形は直説法である。例えば、(24) の場合はフリーマンが行った行為を実際に見たわけでなく、話者の主観的な判断を述べている。同様に (25) も、「あなたには選択肢がない」という事実を私の主観的判断より述べている。(26) は、彼らの間に目には見えないスピリチュアルなつながりがあると彼女が感じていることを話者のものの見方・感じ方に基づいて述べている。(27) も確証はできないけれど、大きな失望から立ち直るたびに勝つという、主語である私ひとりの感じ方を述べている。

(24) *It seemed that* Freeman had killed the man, and dumped the body in the lake. (*LDCE*[6])
　　　(フリーマンはその男を殺して、遺体を湖に捨てたようだった。)

(25) *It seems* to me *that* you don't have much choice. (*LAAD*[3])
　　　(あなたには選択肢があまりないように私には思える。)

(26) PALMER: .... And she says in the article that she met him on one date and four days later she was madly in love with him. So *it seems that* she feels like there is some very big spiritual connection between them and that they were meant to be and that her subconscious is attracted to his subconscious .... (COCA)
　　　(P: 記事の中で、彼女は1回目のデートで彼に会って、4日後には彼に首ったけであったと言っています。だから、彼らの間には何かとても大きなスピリチュアルな結びつきがあって、彼らが一緒になった

のは運命で、そして彼女の潜在意識は彼の潜在意識に惹きつけられるようだと彼女は感じているようなんです。)

(27) "I knew I was going to be tough to beat this week. I think I'm a great putter, sometimes an incredible putter. *It seems that* every time I come back from a big disappointment I win."　　(BNC)
(「私は今週、強敵になるだろうとわかっていました。自分でもすばらしいパターを打つ人間だと思いますし、時折信じられないパターを打ちます。大きな失望から立ち直るたびに勝つようなんです。」)

このことから、it seems that 節は it looks that 節と異なり、「事実の主観的断定」として機能している。

7. 成り立ちに影響を与えた存在

八木 (2006) は、it looks that 節は it seems that 節の類推によりできた表現であると述べている。本節では、この考え方を支持できるかどうか見ていく。

表 4.1 で提示した形式主語 it + appears, feels, looks, seems, sounds が、補文構造 (to-infinitive, (to sb) that-clause, like clause, as if clause) のどれを従えるかを○と×でまとめたものが表 4.2 である。

表 4.2　appear, feel, look, seem, sound の補文構造一覧

	appear	feel	look	seem	sound
to-infinitive	○	×	○	○	×
(to sb) that-clause	○	○	×	○	○
like + clause	×	○	○	○	○
as if + clause	○	○	○	○	○

繰り返しになるが、この5つの動詞のうち、seem はすべての補文構造を従え最も無標な動詞であることがわかり、補文構造では as if が無標である

ことがわかる。

　it looks that 節が観察されるようになった理由は、it seems that 節の類推によると考えられる。it looks that 節の場合、類推により、意味的に類似している seem が取る補文構造（it seems that 節）を look も取るようになったと考える。look が it looks that 節のパタンを持つという本章で得られた事実を反映させた結果、表4.2 は表4.3 のように変わる（変更点は色付きで表示した。）。

表 4.3　appear, feel, look, seem, sound の新しい補文構造一覧

	appear	feel	look	seem	sound
to-infinitive	◯	×	◯	◯	×
(to sb) that-clause	◯	◯	◯	◯	◯
like + clause	×	◯	◯	◯	◯
as if + clause	◯	◯	◯	◯	◯

　表 4.3 から、it appears / feels / looks / seems / sounds は、断定した内容を述べる際には that 節、事実に反した内容を述べる際には as if 節を従えるというように、伝える内容に応じて補文構造が画一化していることがわかる。it looks that 節が画一化を生じた理由は、繰り返しになるが、it seems that 節の類推による。この類推は、語形成のプロセスには当てはまらないが、意味を重視した形成過程である。look と seem は同一の補文構造を従えるが、どの補文構造でも look と seem が持つ本来の意味は失われておらず、棲み分けがなされている。

8.　インフォーマント調査

　ここでは、本章3節、4節、5節で得られた結果が支持されるかどうかを英語母語話者（イギリス人1名、カナダ人2名、アメリカ人3名）に質問した結果を表示する。下記の質問では、① it looks that 節が「視覚的事実婉曲断定」として機能しているかどうか（28a, b）、② it looks that 節と

it looks as if / as though / like との棲み分けができているかどうか (28c, d, e)、③ it looks that 節と it seems that 節の差異を区別できているかどうか (28f, g) が明確になるような質問とした。

(28) Please fill in the blanks below by choosing the most suitable words given *as if*, *as though*, *like*, and *that*.

a. "A girl in my class told me about it," adds Dolores. "She knew the lads and said they were very nice so that made it easier to audition for them." And did the lads turn out to be very nice? She pauses for a moment and the van overflows with the sound of helpless male laughter. "Well they were townies you know," she finally says, "and it looked to me (　　) when townies hung out together they all dressed the same, did the same things, went to the same places . . . ."

b. The Iraqis have indicated that they're still interested in some kind of initiative by the French. They are very interested in any kind of an initiative that the Algerians can put forth, and it looks at this point (　　) the Algerians and the French are coordinating their efforts.

c. Israel's security cabinet is expected to meet Saturday night to declare a cease-fire in Gaza and will keep its forces there in the short term while the next stage of an agreement with Egypt is worked out. 'It looks (　　) all the pieces of the puzzle are coming together,' Mark Regev, a spokesman for Prime Minister Ehud Olmert, said Friday.

d. DUPRE: . . . It could have been his father. It could have been something thats (sic. that's) gone on with the marriage. Who knows? We really dont (sic. don't) know a lot about that.
BEHAR: Well, it looks (　　) he was very stifled as a child. It was all about golf and performing and like that . . . .

e. Greta, it's not exaggerating to say it looks (   ) a bomb went off. That young boy you saw hurt, he has a badly injured foot.

Please fill in the blanks below by choosing the most suitable words given *appear*, *feel*, *look*, *seem* and *sound*.

f. And she says in the article that she met him on one date and four days later she was madly in love with him. So it (   ) that she feels like there is some very big spiritual connection between them and that they were meant to be and that her subconscious is attracted to his subconscious . . . .

g. "I knew I was going to be tough to beat this week. I think I'm a great putter, sometimes an incredible putter. It (   ) that every time I come back from a big disappointment I win."

表 4.4　インフォーマント調査の結果一覧

	that	その他	合計
(28a)	4	as if (1), like (1)	6
(28b)	2	as though (4)	6
	as if / as though / like	その他	合計
(28c)	as if (4)	as though (2)	6
(28d)	as though (4)	as if (1), like (1)	6
(28e)	like (4)	as though (2)	6
	seem	その他	合計
(28f)	4	appears (2)	6
(28g)	6	0	6

表 4.4 は、空欄に入る答えを左から 2 列目に記してある。(28a, b) は、it looks that 節が認められるかどうかを検証したものである。その結果、インフォーマントの中には it looks that 節はこれまで見たことがないというような反応もあったが、that 節以降に直説法を従えるということより that

第 4 章　補文構造の画一化

を選択したインフォーマントが多く、本章で得られた結果がほぼ支持されたことがわかる。

(28c, d, e) は、it looks that 節と it looks as if / as though / like が棲み分けができているかどうかの調査である。as if / as though / like 以降に仮定法を従える場合は、やはり as if / as though / like が選択されることより、it looks as if / as though / like と it looks that 節は明確に区別されていると言える。

(28f, g) は、seem と look の違いを区別しているかどうか調査したものである。(28f, g) の結果より、インフォーマントは seem と look の違いを区別しているとわかる。

次に、(28) を答えた同じインフォーマントに (29) を発音してもらい、it looks that 節のストレスパタンの調査を行った。(29) は、(9) から (17) の用例である。

(29) a. ..., but it looks now that we're turning the corner.
   b. The IB meeting in March considers all proposals discussed at the interim meeting, but it looks very much that this is the road we will tread.
   c. Or not so big, maybe, for it looks to me that even covered in shelves of wool and parka hood and blanket though he is, my father is smaller, even diminished beneath.
   d. With a 34–0 lead, top gear was no longer required. Yet, despite their form over the last two months, the turning point for Wigan's 20th major trophy in six years undoubtedly came in December when it looked that they might struggle for success this season.
   e. "A girl in my class told me about it," adds Dolores. "She knew the lads and said they were very nice so that made it easier to audition for them." And did the lads turn out to be very nice? She pauses for a moment and the van overflows with the sound

101

of helpless male laughter. "Well they were townies you know," she finally says, "and it looked to me that when townies hung out together they all dressed the same, did the same things, went to the same places . . . ."

f. On the other hand, the Iraqis have indicated that they're still interested in some kind of initiative by the French. They are very interested in any kind of an initiative that the Algerians can put forth, and it looks at this point that the Algerians and the French are coordinating their efforts.

g. It was those weapons of mass destruction. And the longer that they're not found and the less likely it looks that we're going to find them . . . .

h. MS-FARNSWORTH: So some countries the prevention efforts are really making a difference, but is it true that in some countries like India, for example, the rate of growth is very high?
DR-HELENE-GAYLE: The rate of growth in India is still very high. Umm, it looks that HIV began probably later.

i. Receiving $1,200 a month in retirement and paying around $550 a month for insurance would leave a retiree with about $650 a month to live on. He also talks of the retirees working other jobs. Well, it looks to me that a second job would be needed due to the high cost of insurance unless he knows something they do not know about living on just $650 a month.

j. Q: You are a visiting lecturer at Oxford. Are you surprised by how few people attend church in England, considering the great Christian leaders and authors who once lived there?
A: It's very sad. England and Europe are on their way out. There's no way their cultures will survive. It looks to me that the domination of Islam will take over. England and

France are hanging on by a thread.

　it looks (to 人) that 節のストレスパタンは、容易に推察できると思うが、6名のインフォーマントが looks にストレスを置き、that 節を従えることに何ら違和感を覚えていないようである。また、I think that... のような英文の接続詞 that と同じ弱形で発音されている。

9. 形式主語 it の構文 it appears / sounds / feels that ... の新しい補文構造

　本節は、表4.3の×となっている it appears like, it feels to-infinitive, it sounds to-infinitive のパタンが観察され、it looks that 節のように appear, feel, look が新たな補文構造を発展させているか検証する。

　(30), (31) は it appears like の用例で、直説法を従えているが「(事実に反して) まるで〜のようだ」という視覚的事実推量として機能している。このパタンは、it looks like + 直説法の類推よりできたものと考える。

(30) So when the Congress this week, and *it appears like* they're going to finalize it this week .... (COCA)
(今週の議会では、彼らはそれに決着をつけるようである…)

(31) And all along, John, you and I have talked about the fact that *it appears like* Howard K. Stern is sort of dangling this baby as the prize to what appears to be an increasingly desperate Larry Birkhead. (COCA)
(最初から、ジョン、あなたと私は、ハワード・K・スターンが、ますます必死の形相になってきたように思えるラリー・バークヘッドに、賞品としてこの赤ちゃんを見せびらかしていると見えるような事実について話してきた。)

　本来、appear = look like であるので、appear の中に like の意味も含まれて

いる。it appears like は冗漫によりできたパタンであり、また it appears like ＋直説法になるのは労力節減によると考える。

次に it feels to-infinitive が観察されるかどうかであるが、下記の用例の通り、how it feels to 〜のパタンで用いられ、本章が対象とする it feels to-infinitive のパタンは観察されなかった。

(32) I'm not homosexual or asexual. I've been in love and fallen out of love so I know *how it feels to* have been divorced without the formalities.　　　　　　　　　　　　　　　　　　　　　　　　　（BNC）
（私は同性愛者でも無性者でもありません。これまで恋に落ちたり、また愛情が冷めたりしてきました。だから、手続きなしでの離婚がどのようなものかわかっています。）

(33) God, Jack! You can't imagine *how* weird *it feels to* discover you're a hot property!　　　　　　　　　　　　　　　　　　　　　　　　　（COCA）
（ああ、ジャック！ あなたが掘り出し物であるとわかるのがどれほど異様なことか想像できないでしょう！）

it sounds to-infinitive のパタンも観察されなかった。しかし、not as easy/hard as it sounds to 〜（〜することは言うほど容易/困難なことではない）というパタンが観察されたので、下記に例をあげる。

(34) All headache sufferers should look for the factors that produce their headaches, but it is often not as simple as *it sounds to* identify them.
（WB）
（頭痛で苦しんでいる人はすべて、頭痛を生み出す要因を探し出すべきであるが、多くの場合、それらを特定するのは言うほど容易なことではない。）

(35) But Clarence made a very good point, and that is, they have to —— they have their support systems with them. It's not as easy as *it sounds to* move. You know, if you leave your family and friends, you have nothing.　　　　　　　　　　　　　　　　　　　　　（COCA）

(しかしクラレンスはいい指摘をした。つまり彼らには彼らのサポートシステムがあった。引っ越すということは、その言葉の響きほど容易なことではない。つまり、家族や友達のもとから去ると、何もなくなる。)

(36) There is strong evidence from dozens of population studies that a high intake of fruits and veggies leads to reduced cancer risks. "It's not as hard as *it sounds to* get five servings in," says Gladys Block, Ph.D., of the National Cancer Institute.　　　　　　　(COCA)

(多くの集団研究により、多量に果物や野菜を摂取することは癌のリスクを下げるという強力な証拠がある。「5 皿分の果物もしくは野菜を取ることは、言うほど難しいことではない」と国立癌センターのグラディス・ブロック博士は言う。)

上記で得られた結果をまとめたものが表 4.5 である。本章で得られた結果を色付きで表示してある。

表 4.5　本章で得られた appear, feel, look, seem, sound の補文構造一覧

	appear	feel	look	seem	sound
to-infinitive	○	×	○	○	×
(to sb) that-clause	○	○	○	○	○
like + clause	○	○	○	○	○
as if/though + clause	○	○	○	○	○

表 4.5 から、appear, look, seem が 4 パタンすべての補文構造を持つことがわかる。これは、繰り返しになるが、意味的に類似しているもの (appear, look, seem) がお互いに影響を与え、新たな補文構造を発展させるという類推による。

it appears / looks / seems + like がそれぞれ区別されているかどうかを、前節で協力してもらった英語母語話者に質問した。

(37) Please fill in the blanks below by choosing the most suitable words given *appear*, *look*, and *seem*.

a. So when the Congress this week, and it ( ) like they're going to finalize it this week . . . .
b. And all along, John, you and I have talked about the fact that it ( ) like Howard K. Stern is sort of dangling this baby as the prize to what appears to be an increasingly desperate Larry Birkhead.
c. Greta, it's not exaggerating to say it ( ) like a bomb went off. That young boy you saw hurt, he has a badly injured foot.
d. TREBEK: Well, years ago, I wanted to do "Jeopardy" primetime, once a week, for a big bucks. The networks turned us down. Television is very cyclical, as you know. It ( ) like game shows, quiz shows, are coming back, I think.
e. His goal is to raise it to 25 percent or even 30 percent of the economy. That has to come from higher taxes. That has to come from things like applying the Medicare tax to investment income —— which is something they talked about. It has to come from a new value-added tax, which is something that they keep floating. It has to come from this new bank tax that they're talking about. Every day, it ( ) like there's a new tax idea coming out of this administration or their friends on the Hill.
f. Remember, this whole green economy is built on a notion that man is causing global warming. Michael Mann is at the center of that. And these E-mails that they were all looking at —— it ( ) like the scientists themselves don't believe there is such a consensus, because they have a conclusion that man is causing it.

第 4 章 補文構造の画一化

表 4.6 (37) のインフォーマント調査の結果

	appear	その他	合計
(37a)	3	look (3)	6
(37b)	3	look (2), seem (1)	6
	look	その他	合計
(37c)	4	seem (2)	6
(37d)	5	seem (1)	6
	seem	その他	合計
(37e)	5	look (1)	6
(37f)	4	look (2)	6

表 4.6 の見方は、左から 2 つ目の列が空欄に入るべき語である。(37a, b) の結果より、appear と look のどちらかを選択するのは難しいようであるが、おぼろげながらに区別はしているようである。(37c)–(37f) の結果は、インフォーマントがそれぞれの語の特徴を理解しているということを示している。

10. 結語

本章は、意味的に類似している語同士がお互いに影響を与える類推の働きにより、補文構造が画一化した it looks that 節が生じたと説明した。it looks that 節は、it seems that 節、it appears that 節とも異なり、視覚的事実の婉曲断定として機能していることがわかった。また、it looks like の類推により it appears like 節も観察された。本章で明らかにした、類推により定型表現が画一化する現象は、これまでの語形成の過程では説明できない、意味に重きを置いた定型表現の新しい形成過程である。

第 5 章

新しい相関接続詞
—— though A but B と類似の表現

1. はじめに

　本章は、相関接続詞として機能する though A but B の実態を記述的に明らかにする。(1) から (3) は、現代英語に観察される though A but B の例である (イタリック筆者。以下同じ。)。

(1) 　I think it would create difficulties over the period that the the structure plan er would run, would create undue tension certainly in er er in settlements across North Yorkshire, on the basis of seeing an absence of land being allocated. Er I don't think thirty one thousand is a practical proposition for North Yorkshire. *Though* I have no instruction on that, *but* almost certainly that would be the view of my council. 　　　　　　　　　　　　　　　　　　　(BNC)
(割り当てられている土地がないということに基づくと、建設計画が始動し、ノースヨークシャーの居住地全域において過度の緊張関係を確実に生み出すであろうという困難を作り出すと思う。31000 はノースヨークシャーにとって現実的な提案ではないように思う。それについて私からの指示はないけれども、実はほぼ確実にそれは我が州議会の意見であろう。)

(2) 　OSMOND: . . . . Something's wrong. So we just did tests, tests, tests. It took a couple of years, maybe three years. They didn't know what it was. I was grateful they had a name for it. I thought I might have a brain tumor. But it's something I can live with. I

109

always say too *though* that I may have MS *but* MS does not have me and I think that is the key for my success in whatever I've got. Mental positive and family support, prayer, it works.

(LKL, Apr., 2002)

(O: …どこかがおかしくて。だから検査をたくさんしたんです。数年、恐らく3年かかりました。何が原因かわからなかった。彼らが病名を見つけてくれてよかったです。私は脳腫瘍かもしれないと思っていました。しかし、それは私がともに生きていけるものであることがわかったんです。また、私はいつも言うんです。私はMS（多発性硬化症）を抱えているが、MSが私を抱えているわけではないって。そしてこれが私がこれまでに得てきたあらゆることの成功の鍵なのです。精神的な前向きさと家族のサポート、祈り、これが効くんです。)

(3) KING: Because you expect to see stripes and a number —— that doesn't exist?

BERKOWITZ: No. Not anymore. It's just green clothing, *though*, drab green, *but* this is part of the prison uniform.

KING: Can you tell us what happened to your neck? It's so obvious. That's a nasty scar. (LKL, Aug., 1998)

(K: ストライプと数字を見ることを期待していたんだけど、存在しなかった？

B: はい、もはやありませんでした。それは単なる緑の衣服、くすんだ緑色だけれど、これは囚人服の一部です。

K: 首に何があったか言ってくれますか？ ひどい傷跡が明らかに見えるんですが。)

though A but B は、口語英語だけなく書き言葉でも観察されるので、誤植ではない。この though A but B は「A ということもあるが実は B である」という意味であり、文脈中で though の前に述べられている（これを前提部という）内容について、A で断定を和らげ、一部修正など補足的に情報を追加し、but B で前提部の本質を述べるもしくは明言している。また、though A but B の A と B の情報は並列的ではない。本章は、though A but B の実態を明らかにするだけではなく、なぜ though だけでなく but を補う

のかといった周辺的な事項をも明らかにする。

2. though の先行研究

本節は、though の機能を整理する。though は接続詞と副詞として機能する。接続詞の場合、though は等位接続詞ではなく従属接続詞である。その従属接続詞の中でも副詞節を導くものであり、though と although は同じと解釈され、似たようなものに (even) if, even though がある。

2.1 接続詞の場合

英英辞典は、though に従属接続詞として2つの用法、譲歩と追加の機能を認めている。譲歩の though は、Though she's almost 40, she still plans to compete. (*LDCE*[6]) (彼女はもうすぐ40歳だけれど、まだ戦う予定である。) というように、「～だけれども、～にもかかわらず」という意味である。もう一方の追加の though は、The test was difficult, though fair. (『ロングマン』) (テストは難しかった、まずまずのできではあったが。) というように、「～ではあるが」という意味である。本章が対象とする though は、命題に補足的に情報を追加する後者の用法であり、*LAAD*[3] の記述にある通り、although, but と同義的に用いられる。

また上記の学習者用辞典は、though は会話で用いられるとして although よりくだけた語としている。用法は、'used like 'but' to add a fact or opinion that makes what you have just said seem less definite, less important etc.' (*LDCE*[6]) (前言の確実性、重要性を弱めるような事実もしくは意見を付け加えるために使われ、but と同じように用いられる) である。各種辞典の用例を (4) にあげる。

(4)　a.　I thought he's been drinking, *though* I wasn't completely sure.

(*LDCE*[6])

(彼は酒を飲み続けていると思ったけど、確かではなかった。)

　　　b.　I enjoyed the movie, *though* I thought it was too long.

　　　　　　　　　　　　　　　　　　　　　　　　　　　(*LAAD*[3])
　　　　（映画は楽しかったよ、もっとも長すぎるとは思ったけど。）
　　c.　They're coming next week, *though* I don't know which day.
　　　　　　　　　　　　　　　　　　　　　　　　　　　(*CALD*[4])
　　　　（彼らは来週来るんだけど、どの日かわからない。）
　　d.　The test was difficult, *though* fair.　　　　(『ロングマン』)
　　　　（テストは難しかった、まずまずのできではあったが。）
　　e.　I think she's American, *though* I'm not sure.　(『ユース』)
　　　　（彼女はアメリカ人だと思う、よくは知らないが。）

　(4)の例の though 節は、主節で述べた内容についての断定の和らげ、補足的情報追加であり、話者の主観的意見である。
　辞典の記述について1点疑問が浮かび上がる。though は but と同義的とあるが、but は等位接続詞であり though と機能が異なるので、though とは入れ替えが難しいのではないのかということである。このことについての説明は『ユース』が詳しい。「*though* も *but* も2つの節を結合する働きがあることでは共通する。*though* は従属接続詞で、主節に対して断定の和らげや一部修正の意味を加える。*I think she's American, though I'm not sure.* 彼女はアメリカ人だと思う、よくは知らないが。（▶この *though* を *but* に置き換えると主節の訂正で「しかしよくは知らない」の意になる）*but* は等位接続詞で、前の節と逆のこと、予想に反することを述べる：*She tried to finish the paper, but* (×*though*) *she couldn't.* 彼女は論文を仕上げようとしたができなかった」。この『ユース』の記述より、though は必ずしも but と同義ではなく代替はできないということがわかり、A but B = B but A であるが、A though B ≠ B though A であることがわかる。
　文法書（Quirk *et al.*（1985）, Huddleston and Pullum（2002）, Leech and Svartvik（2002）, Swan（2016）, Carter and McCarthy（2006）, 安藤（2005）, 小西（編）（2006）, 安井（1996））を調べると、though は主に副詞節を導く従属接続詞として働くものとして説明している。
　小西（編）（2006）は、though に等位接続詞 but と同じ働きをする用法が

あると認めている (e.g. *He'll probably say no, though it's worth asking.*（彼はおそらく No と返事をするが、質問するに値する）小西（編）(2006: 1098))。この though の場合、2つの節の間には句読点が置かれ、話し言葉では特別な音調（核の上昇下降調）を取る。

　Quirk *et al.*（1985: 644）は、譲歩を表す though は yet, still, however, nevertheless, nonetheless, notwithstanding, anyway, anyhow と共起し相関接続詞的に用いられる、と説明し、(5)にあげるように but though の例文を記載している。

(5)　　John doesn't look very happy,
　　　—— *but* Mary seems all right, *though*.
　　　—— *but* Mary, *though*, seems all right.　　(Quirk *et al.* 1985: 646)
　　　（ジョンは幸せそうに見えないが、メアリーは大丈夫そうだ。）

2.2　副詞の場合

英英辞典のほとんどは、接続詞と副詞の though を区別していない。それらの中でも *LAAD*[3] は、though を sentence adverb（文副詞）とし、'used after a fact, opinion, or question that seems surprising after what you have just said, or that makes what you have just said seem less true or important'（今言ったことからすれば意外に思えるような事実、意見、質問の後に使われる。もしくは言ったことがあまり正確でない、あまり重要でないと示すために用いられる）と定義している。*LAAD*[3] の用例を下記にあげる。

(6)　　a.　I'm busy today. We could meet tomorrow, *though*.
　　　　　（今日は忙しいんだ。明日なら会えると思うけど。）
　　　b.　It sounds like fun. Isn't it dangerous, *though*?
　　　　　（おもしろそうだね。だけど危ないんでしょ？）

英和辞典（『ユース』、『ロングマン』）は、*LAAD*[3] と同じように副詞の though を別見出しで扱い、文尾もしくは挿入的に用いられる文修飾として

記述している。「でも、とはいえ、しかしながら」の意味であり、『ユース』は although にはこの用法はないと説明している。

　Swan (2016) は、though が副詞として機能する場合、それは however の意味であり、文末に用いられると記述している。例を (7) にあげる。

(7)　a.　Nice day. ~ Yes. Bit cold, *though*.
　　　　　（いい天気だね。〜そうだね、少し寒いけど。）
　　b.　The strongest argument, *though*, is economic and not political.
　　　　　（説得力のある主張は経済的ではあるけれど、政治的ではない。）
　　　　　　　　　　　　　　　　　　　　　　　　　　　　　　　　（*ibid.*）

　Biber *et al.* (1999) によると、though は although と同義的に扱われるが、会話やフィクションのレジスターでは although より頻繁に用いられる。一方、書き言葉などの堅苦しい文体では、although は though の約3倍の頻度で用いられる。また会話で使用される though は、news, fiction, academic prose の3つのレジスターにおける使用とは次の点において異なる振る舞いをする。会話で使用される though は、連結副詞として働く (e.g. *Jeez. Oh, maybe I won't go. I should though, I feel that I should.*（conv.）(Biber *et al.* 1999: 850))。一方、会話以外のレジスターで使用される though は、大多数が従属接続詞として使用される (e.g. *The elections were peaceful, though hampered by delays.* (*ibid.*))。このように Biber *et al.* (1999) は、機能や意味によって though が副詞であるか接続詞であるかを判断しているのではなく、使用されるレジスターで though の働きを決定している。

　連結副詞として働く though は、談話の2文間の対照的な関係を示す。その例を (8) に示す。

(8)　a.　So it should have everything, I still think that it's a bit expensive *though*.
　　　　　（全部あるはずだけど、それにしても少し高いと思うんだよね。）

b. They've got loads of dressy things for girls, not for boys *though*.
（男の子用はないが、女の子用のおしゃれなものがたくさんある。）

c. A: That one's a nuisance.
B: That one's alright *though*. 　　　　(Biber *et al.* 1999: 888)
（A: 不愉快だな。　B: だけど大丈夫なんでしょ。）

　(8a, b) で使用されている though は、話者が節と節の対比を示すために会話で用いられている例である。(8c) の場合、though は話者同士の関連性を示すために用いられる。話者 B は、話者 A の意見とは異なる考えを示しているが、それに反対しているわけではない。連結副詞の though が用いられる位置は文末が一番多く、文中にも用いられる。文頭に用いられた though は連結副詞というよりも従属接続詞として機能する。

　上記の説明より、副詞の though は Quirk *et al.* (1985) の機能による副詞の4分類（離接詞、付加詞、下接詞、接合詞）によると、付加詞（様態・理由・場所・時間などを意味し、文・句を修飾する）に当たる。

　これまでの先行研究より、though は副詞節を導く従属接続詞として働くこともあれば、文副詞として機能することもあるとわかる。このように、though の使用は品詞と機能が混在している。本章で扱う though は、統語的には従属接続詞のように前提部に譲歩的に情報を追加するものであるが、機能的には文副詞としての性質を持つことより副詞である。

3.　相関接続詞とは

　相関接続詞とは、not only A but also B, both A and B, either A or B, neither A nor B のように「一対の語句（そのうち1つは接続詞、ほかは副詞であることが多い）が呼応して、全体として接続詞の役目をするもの」である（安井 1996: 201）。Quirk *et al.* (1985: 936) は、相関接続詞を correlatives と呼び、'composed of an endorsing item and a coordinator'（予測語と接続詞から成り立つ）と定義し、both A and B（additive, 追加）、either A or B（exclusive, 唯一）、neither A nor B（negative additive, 否定の追加）、not (only)

A but (also) B (additive, 追加) があると述べている。

現代英語には、相関接続詞の not only A but also B のうち but also だけが独立して用いられた例（八木 2006: 223ff.）[1] や、either A or B の類推により成り立ったと考えられる both A or B（八木 2011: 164ff.）[2] などの新しい相関接続詞が観察される。though A but B は、そのような例と同じように、現代英語に観察される興味深い相関接続詞の 1 つであるかどうかを本章で検証する。

4. 現代英語に観察される though A but B の実態

本節は、コーパスからの用例をもとに though A but B の実態を明らかにする。(1), (2), (3) の例を (9), (10), (15) に再録する。それぞれの訳は (1), (2), (3) を参照されたい（太字は筆者。以下同じ。）。

(9) I think it would create difficulties over the period that the the structure plan er would run, would create undue tension certainly in er er in settlements across North Yorkshire, on the basis of seeing an absence of land being allocated. Er I don't think thirty one thousand is a practical proposition for North Yorkshire. *Though* I have no instruction on that, *but* **almost certainly that would be the view**

---

[1] 八木 (2006: 223ff.) は、単独で用いられる but also は not only A but also B の用法をもとにして but also だけが独立した新しい定型表現であると述べている。その but also が単独で用いられた場合、not only A but also B の「A という情報に加えて B も」という A と B の並列的な結合の束縛から解放されて、「逆接」の意味として使用されることがある。定型表現としての but also は、2 つの統語特徴 (i) but also が not only 以外の、それに似た多様な要素に呼応している場合、(ii) not only にあたる要素が全くない場合を持ち、いずれの場合も (a)「また同時に」(in addition to that) という「順接」と (b)「しかし同時に」(on the other hand) という but の意味を受け継いだ「逆接」の意味を持つ。

[2] 八木 (2011: 164ff.) は、both A and B が規範的な使い方であり、これまでの先行研究では both A or B について触れているものはないと述べている。both A and B と同じく、either A or B は類似した 2 つのものについていう表現であり、この either A or B の類推により both A or B ができたと説明している。

of my council. (BNC)

(10) OSMOND: .... Something's wrong. So we just did tests, tests, tests. It took a couple of years, maybe three years. They didn't know what it was. I was grateful they had a name for it. I thought I might have a brain tumor. But it's something I can live with. I always say too *though* that I may have MS *but* **MS does not have me and I think that is the key for my success in whatever I've got**. Mental positive and family support, prayer, it works.

(LKL, Apr., 2002)

(11) "I've kept that bill as low as I possibly can, Miss Glover. I think of you as a special customer." Helen turned to the stove; the risotto looked to be heaving over-enthusiastically. She wished Ron would go. "Very kind of you. I'm not doing without a holiday because I'm feeling hard up *though*, *but* **because I don't particularly want one**." (BNC)

(「できる限り安く値段をつけてきましたよ、グローバーさん。私はあなたを特別な顧客と思っていますからね。」ヘレンはロンに背を向け、コンロのほうを向いた。リゾットはグツグツと煮立っているように見えた。彼女はロンが帰ってくれればいいのに、と思った。「どうも御親切さま。休みを取らないのはお金に困っているからではなくて、特にほしくないからなの。」)

(12) An incredible 83 per cent of voters quizzed in the Republic said they would say Yes to the deal. And, of the rest, three in four had not made up their minds on which way to cast their vote. There is some opposition to the deal *though* —— *but* **it is tiny**. Just over three per cent of people said they would definitely say No. (WB)

(驚いたことに、共和国内でアンケートに答えた有権者の83％はその協定に賛成票を投じると答えた。そして、それを除くと、4人に3人はどちらに投票するか決めていないと答えた。しかし、若干の反対者がいる。だが、少数だ。3％を少し超えるくらいの人は絶対に反対票を投じると答えた。)

(13) KING: One other thing, Ted, was Debbie Rowe, the mother of the

kids, there?

ROWLANDS: No. Her attorney was there, *though*, *but* **she did not make an appearance**. (LKL, Aug., 2008)

（K: テッド、もう一つ。子供たちの母親であるデビー・ロウは、そこにいますか？

R: いいえ、彼女の弁護士はいましたが、彼女は姿を現しませんでした。）

(14) Her eyes were drawn back to the set, where Dane was still holding court. Somehow he was able to dwarf everyone else around him, *not* just by his size, *though* that was considerable, *but* **by sheer presence**, so that, even though he was surrounded by half a dozen or more people, the casual onlooker would be aware only of him.

(BNC)

（彼女の眼は、デーンがまだ人々を惹きつけている場面に戻された。どういうわけか彼は周りにいるすべての人を小さく見せることができた。それは単にサイズのせいだけではなく、サイズもかなりのものだったのだが、その驚くべき存在感のためでもあった。その結果、6人もしくはそれ以上の人々に囲まれていたけれど、通りすがりの見物人は彼にしか気づかなかっただろう。）

(15) KING: Because you expect to see stripes and a number —— that doesn't exist?

BERKOWITZ: No. Not anymore. It's just green clothing, *though*, *but* drab green, *but* **this is part of the prison uniform**.

KING: Can you tell us what happened to your neck? It's so obvious. That's a nasty scar. (LKL, Aug., 1998)

(16) In addition, he wrote eight novels and a couple of dozen short stories. I think it is safe to say that he would have been more prominent as a writer of fiction if less of his energy had gone into other pursuits. His books are slight, but their charm and the skill with which they were written keep them sprightly and engaging. My own favorite, *though but* **dimly recalled**, is Nine Times Nine, a locked-room mystery investigated by Sister Ursula of the Order of

Martha of Bethany. (COCA)

(そして、彼は 8 本の小説と 20 から 30 本の短編小説を書いた。もしより少ない彼のエネルギーがほかの探求に向かっていたら、彼はフィクション作家としてもっと著名になっていたと言っても差し支えないでしょう。彼の本は薄いけれど魅力があり、そして作品の技巧は彼の作品を活発で魅力のあるものにしています。ついでながら私のお気に入りは Nine Times Nine (『9×9』) で、ぼんやりと思い出すんだけれど、Order of Martha of Bethany (『ベタニアのマルタ修道女会』) のウルスラ修道尼によって解き明かされる密室の推理小説なんです。)

(17) But in the 1950s, with the first wave of postwar affluence, young people in transition began to have money and the adman found them a place in the consumer society. This was the period which saw a revolution in popular music and the beginning of rock'n'roll. With it came *not only* new *though* ephemeral music, *but* **new clothes, magazines, books and films**. (BNC)

(しかし 1950 年代では戦後の潤沢の波とともに、過渡期の若者たちはお金を持ち始め、広告業界人は消費社会において彼らに場所を見つけてあげた。これはポピュラー音楽の革命とロックンロールの始まりを目にした時代であった。それとともに新しいが短命な音楽のほか、新しい服、雑誌、本、映画も登場した。)

上記の例より、(9) から (13)、(15) と (16) の though A but B の例、(14) の not A but B と though A but B が混交したと考えられる not A though A' but B、(17) の not only A but also B と though A but B が混交したと考えられる not only A though A' but B 例が現代英語で観察される。いずれの定型表現も、次の 2 つに分類される。though が節修飾副詞の場合と句修飾副詞の場合である。前者は (9) から (14)、後者は (15) から (17) の例が該当する。

それでは、though が節修飾副詞の場合から見ていく。基本的な統語パタンは、(9) のように though が文頭に用いられるパタンである。しかし、(10) から (14) の例よりわかる通り、though は文頭だけでなく、節中、節尾にも用いられることがあり、移動可能な要素である。

119

次に though が節修飾副詞である場合の意味的内容を述べる。(9) から (13) の though A but B は、though の前に位置する内容（前提部）に対して though A で補足情報を追加し、but B で最も伝えたい内容を伝えている。換言すると、情報の重要さは A＜B であり、それを明確にするために (9) から (13) の用例の but 以下は太字で示している。それぞれの用例を見ていこう。

　(9) は、though が節修飾副詞の場合で、それが文頭に用いられた典型的な統語パタンである。内容は、住戸 31000 戸はノースヨークシャーにとって現実的な提案ではないという前提部について、though I have no instruction on that（私からそれについて指示はないが）というように、前提部についての情報を追加している。そして、but 以降で、その前提部についての本質、確定事項を述べている。この though A but B の 2 つの事象 A, B は前提部について密接に関わり合っている情報であることから、A, B は相関関係にあると言える。

　(10) の場合、though が節中に用いられている例である。話者の Osmond は I may have MS（MS に罹患しているかもしれない）ということを though で譲歩的に追加しているが、本当に言いたいことを but 以下で **MS does not have me and I think that is the key for my success in whatever I've got**（MS が私を抱えているわけではないって。そしてこれが私がこれまでに得てきたあらゆることの成功の鍵なのです）と述べている。

　(11) の not because I'm feeling hard up though（お金に困っていると感じているからではない）は、前提部分（I'm doing without a holiday, 休みなしでやっている）に説明を加えているが、but 以下の **because I don't particularly want one**（とりわけそれを欲しているわけではないから）と比べると補足的な情報であり、話者が前提部分に対して最も言いたい理由は **but because I don't particularly want one** である。

　(12) の There is some opposition to the deal though（その協定に対しての反対はあるけれど）という箇所は、反対があることはわかっているが、どれほどの反対か不明なので、その情報を but 以下で **it is tiny**（わずか）と述べ、反対派がどれほどなのかを明示している。

120

(13) は、キング（King）の質問にローランズ（Rowlands）が No（いいえ）と答え、Her attorney was there, though（彼女の弁護士はそこにいたんですけれど）と譲歩的に補足説明をしている。その後、but she did not make an appearance（だけど彼女は姿を現しませんでした）で No（いいえ）に関連する情報を詳細に伝えている。

前述したが、(14) は not A but B と though A but B が混交したと考えられる not A though A′ but B の例である。(14) の場合、not A but B は前提部（somehow he was able to dwarf everyone else around him, 彼はどういうわけか周りにいるすべての人たちを小さく見せることができた）に対して、A（just by his size, 単にサイズだけで）で否定をし、B（by sheer presence, 驚くべき存在感によって）を強調している。though that was considerable（それはかなりのものだったが）は、A で前提部を否定したことについて補足している。このため、though A′ という記号を用いた。

(9) から (13) の though A but B よりわかることは、though A but B の though が節修飾副詞の場合、though は節頭、節中、節尾に用いられることがある。though A but B は、情報の重要性の観点から述べると、A＜B である。また、A は前提部について譲歩的に情報を追加し、B で前提部についての断定、本質を述べる。また though A but B の A, B は、前提部についての情報であり、密接に関係があることから、A, B は相関関係にある。これは (14) の not A though A′ but B でも同様のことが言える。A, A′, B の情報は、前提部に関連したものであり、互いに相関関係にある。そのほか、(9)–(14) の though A but B は、節と句を結び付ける (14) 以外、節と節を結び付けている。

次に though が句修飾副詞の例を見ていく。これに該当する例は (15) から (17) であり、(15) の though が句と節を結び付け、(16) と (17) の though が句と句を結び付けている。

(15) は、キング（King）の質問にバーコヴィッツ（Berkowitz）が No（いいえ）と答え、その答えに green clothing（緑の衣服）、緑でもどのような緑なのかを though drab green（くすんだ緑色だけれど）と補足的に説明している。その緑の服がどのようなものかを言うために but 以下で述べてい

る。

　(16) は、ある作家のこれまでの出版した本や短編小説について説明している。My favorite, though（私のお気に入りだけれど）と though を用いているのは、これまでの前提部については補足的な情報であるためである。but dimly recalled（しかしぼんやりと思い出す）以下で、その my favorite の小説をおぼろげながらに思い出して、どのような内容かを述べている。

　(17) は not only A but also B と though A but B が混交し、not only A though A′ but B となったと考えられる例である。though A′ としたのは、not only 以降の new（新しい）に though で ephemeral（短命な）を補足的に追加しているからである。though A but B と同様に、(17) の not only A though A′ but B も、最も伝えたい内容は太字部分である。

　上記の though A but B の用例の観察より、以下のことがわかった。

① though A but B は「（前提部の内容に対して）ついでながら A ではあるが、本質は B である」という追加の機能を持つ。

② though A but B の though は、節修飾副詞と句修飾副詞の場合がある。前者の場合の though の位置は、節頭に来るのが典型的な統語パタンであるが、節中、節尾と自由に移動する。句修飾副詞の場合、though の位置は節中、節尾のどちらかである。両者の場合とも、節と句、句と句、節と節を結び付ける。

③ though が節修飾副詞、句修飾副詞であろうと、though A but B の A, B の重要度は、A＜B である。A, B とも前提部の内容について密接に関わり合い、情報の量や精度を増しているということから、though A but B は相関関係にあると言える。安井（1996）、Quirk *et al.* (1985) の相関接続詞の定義と照らし合わせてみると、though A but B は接続詞と副詞から構成されており、これまでの接続詞とは大きく異なるが、節と節、節と句、句と句を結び付けるというように全体として接続詞のように振る舞う。意味的な観点からよりも、though A but B の A のみ、B のみで用いられた場合では情報の精度が低くなることより、though A but B は節と節、節と句、句と句を結び付ける新

第 5 章　新しい相関接続詞

しい相関接続詞と言える。また接続詞 but は、Quirk *et al.*（1985）によると A but B = B but A という説明があるが、though A but B ≠ though B but A である。

④　not A though A′ but B, not only A though A′ but B の場合、though A but B と同様に、情報の重要度は A＜A′＜B である。また、A, A′, B とも前提部の内容について意味的・統語的に密接につながっており、1 つの要素だけでは情報の精度が低くなる。もちろん、3 要素は入れ替え可能ではない。このことから、not A though A′ but B, not only A though A′ but B も相関接続詞化していると言える。

5. インフォーマント調査

前節で得られた結果が支持されるかどうかを調べるために英語母語話者（イギリス人 2 名、カナダ人 2 名、アメリカ人 3 名）に下記の質問をした。though A but B のうち though A は補足部分なので、(18) はその部分が欠けていても容認可能かどうかのテストをした。(19) は、but B が欠けている場合でも容認可能かどうかのテストである。インフォーマントには (18)、(19) の順番に答えてもらった。その理由は、(19) の問題を先に解いてもらうと (18) の答えがわかってしまうためである。

(18)　a.　OSMOND: . . . . Something's wrong. So we just did tests, tests, tests. It took a couple of years, maybe three years. They didn't know what it was. I was grateful they had a name for it. I thought I might have a brain tumor. But it's something I can live with. I always say too but MS does not have me and I think that is the key for my success in whatever I've got. Mental positive and family support, prayer, it works.

　　　b.　KING: Because you expect to see stripes and a number —— that doesn't exist?
　　　　　BERKOWITZ: No. Not anymore. It's just green clothing, but

123

this is part of the prison uniform.

KING: Can you tell us what happened to your neck? It's so obvious. That's a nasty scar.

c. An incredible 83 per cent of voters quizzed in the Republic said they would say Yes to the deal. And, of the rest, three in four had not made up their minds on which way to cast their vote. But it is tiny. Just over three per cent of people said they would definitely say No.

d. Her eyes were drawn back to the set, where Dane was still holding court. Somehow he was able to dwarf everyone else around him, not just by his size, but by sheer presence, so that, even though he was surrounded by half a dozen or more people, the casual onlooker would be aware only of him.

e. But in the 1950s, with the first wave of postwar affluence, young people in transition began to have money and the adman found them a place in the consumer society. This was the period which saw a revolution in popular music and the beginning of rock'n'roll. With it came not only new music, but new clothes, magazines, books and films.

(19) a. OSMOND: . . . . Something's wrong. So we just did tests, tests, tests. It took a couple of years, maybe three years. They didn't know what it was. I was grateful they had a name for it. I thought I might have a brain tumor. But it's something I can live with. I always say too though that I may have MS. Mental positive and family support, prayer, it works.

b. KING: Because you expect to see stripes and a number —— that doesn't exist?

BERKOWITZ: No. Not anymore. It's just green clothing, though drab green.

KING: Can you tell us what happened to your neck? It's so

obvious. That's a nasty scar.

c. An incredible 83 per cent of voters quizzed in the Republic said they would say Yes to the deal. And, of the rest, three in four had not made up their minds on which way to cast their vote. There is some opposition to the deal though. Just over three per cent of people said they would definitely say No.

d. Her eyes were drawn back to the set, where Dane was still holding court. Somehow he was able to dwarf everyone else around him, not just by his size, though that was considerable, so that, even though he was surrounded by half a dozen or more people, the casual onlooker would be aware only of him.

e. But in the 1950s, with the first wave of postwar affluence, young people in transition began to have money and the adman found them a place in the consumer society. This was the period which saw a revolution in popular music and the beginning of rock'n'roll. With it came not only new though ephemeral music.

(18)のインフォーマント調査の結果を表5.1, (19)の結果を表5.2に示す。

表5.1　though Aがない場合の容認度

	○	×	その他	合計
(18a)	0	5	無回答2	7
(18b)	7	0		7
(18c)	6	1		7
(18d)	7	0		7
(18e)	7	0		7

(18a)の質問に対して×(though部分がないと意味が通じない)と答え

たインフォーマントが多い理由は、いきなり but 節を従えるのは文として構造がおかしいと理解したためと考える。(18b) から (18e) は、though の部分がなくとも容認可能という答えが多く、though A but B の though A が前提部に対する補足情報として認識されていることの表れと捉えることができる。(18) の結果は、though A と but B が相関しており、かつ though A は前提部に対する断定の和らげ、一部修正などの補足的情報であるということを支持する。

表 5.2 but B がない場合の容認度

	○	×	その他	合計
(19a)	1	4	無回答 2	7
(19b)	4	3		7
(19c)	6	1		7
(19d)	6	1		7
(19e)	2	5		7

(18) の結果と比較すると、but 部分がない場合の (19) の答えのほうが文の容認可能度が低くなる。これは but 部分が最も伝えたいことであるため、その部分が欠けた文には違和感を覚えるからではないかと考える。(19e) の場合は、not only A though A′ but B の but B がない顕著な例であるので、5 人のインフォーマントが×と答えたと考えられる。(19a) から (19e) では、but 部分がないと容認できないというインフォーマントが少なくとも 1 名はいることから、though A but B が定型表現として捉えられており、本章で得られた結果がほぼ支持されたことがわかる。

次に though A but B, not A though A′ but B, not only A though A′ but B のストレスパタン調査のため、同じインフォーマントに (20) の英文を発音してもらった。ストレスパタン調査の結果は表 5.3 に示す。

(20) a. The County Council, if we're talking about Mr's erm strategy, the County Council would have severe reservations about going

第5章 新しい相関接続詞

down towards thirty one thousand dwellings, we've got twenty nine thousand dwellings erm already committed er I think it would create difficulties over the period that the the structure plan er would run, would create undue tension certainly in er er in settlements across North Yorkshire, on the basis of seeing an absence of land being allocated. Er I don't think thirty one thousand is a practical proposition for North Yorkshire. Though I have no instruction on that, but almost certainly that would be the view of my council.

b. OSMOND: . . . . Something's wrong. So we just did tests, tests, tests. It took a couple of years, maybe three years. They didn't know what it was. I was grateful they had a name for it. I thought I might have a brain tumor. But it's something I can live with. I always say too though that I may have MS but MS does not have me and I think that is the key for my success in whatever I've got. Mental positive and family support, prayer, it works.

c. "I've kept that bill as low as I possibly can, Miss Glover. I think of you as a special customer." Helen turned to the stove; the risotto looked to be heaving over-enthusiastically. She wished Ron would go. "Very kind of you. I'm not doing without a holiday because I'm feeling hard up though, but because I don't particularly want one."

d. An incredible 83 per cent of voters quizzed in the Republic said they would say Yes to the deal. And, of the rest, three in four had not made up their minds on which way to cast their vote. There is some opposition to the deal though —— but it is tiny. Just over three per cent of people said they would definitely say No.

e. KING: One other thing, Ted, was Debbie Rowe, the mother

127

of the kids, there?

ROWLANDS: No. Her attorney was there, though, but she did not make an appearance.

f. Her eyes were drawn back to the set, where Dane was still holding court. Somehow he was able to dwarf everyone else around him, not just by his size, though that was considerable, but by sheer presence, so that, even though he was surrounded by half a dozen or more people, the casual onlooker would be aware only of him.

g. KING: Because you expect to see stripes and a number —— that doesn't exist?
BERKOWITZ: No. Not anymore. It's just green clothing, though, drab green, but this is part of the prison uniform.
KING: Can you tell us what happened to your neck? It's so obvious. That's a nasty scar.

h. In addition, he wrote eight novels and a couple of dozen short stories. I think it is safe to say that he would have been more prominent as a writer of fiction if less of his energy had gone into other pursuits. His books are slight, but their charm and the skill with which they were written keep them sprightly and engaging. My own favorite, though but dimly recalled, is Nine Times Nine, a locked-room mystery investigated by Sister Ursula of the Order of Martha of Bethany.

i. But in the 1950s, with the first wave of postwar affluence, young people in transition began to have money and the adman found them a place in the consumer society. This was the period which saw a revolution in popular music and the beginning of rock'n'roll. With it came not only new though ephemeral music, but new clothes, magazines, books and films.

表 5.3 though A but B, not A though A′ but B, not only A though A′ but B の
ストレスパタン

	though	but	合計
(20a)	0	7	7
(20b)	0	7	7
(20c)	0	7	7
(20d)	0	7	7
(20e)	0	7	7
(20f)	0	7	7
(20g)	0	7	7
(20h)	1	6	7
(20i)	0	7	7

表5.3は、各定型表現のどの単語に何人のインフォーマントがストレスを置いたかを示している。though A but B, not A though A′ but B, not only A though A′ but B のどの定型表現でも but にストレスを置くインフォーマントが多いことから（ちなみに nòt A thòugh A′ bút B, nòt ònly A thòugh A′ bút B のストレスパタン）、これらの相関接続詞は but 以下の内容が意味的に重要であることがわかる。インフォーマントの中には、but の前に少しポーズを置いて、but 以下に注目を引き付けるような発音をした人もいた。また、but にストレスを置いたインフォーマントの中には、though を発音しなかった人もいた。このことから、このような新しい相関接続詞の場合も意味的に重要な単語にストレスを置き、そのストレスパタンは一定であることがわかった。

6. though A but B の成り立ち

本節は、なぜ though A but B が定型表現として成立しているのかを考える。

結論から先に述べると、though A but B は、複合、異分析、概念の範疇化により成立した新しい相関接続詞と言える。そして、句の語彙化により［though A but B］となったと考える。

　前節のインフォーマント調査の結果から、though A の部分だけでも意味が通じることがわかる。それでも but を補うのは、Quirk *et al.*（1985）にある通り、文体的に整えたり、節が長くなり意味を明確にする必要がある場合に、though は yet, still, however, nevertheless, nonetheless, notwithstanding, anyway, anyhow とともに用いられる。この選択肢の中に but は入っていないが、yet はしばしば but と置き換えられることがあるので、yet の類推で but が though と用いられるようになったと考える。また、though だけでは前提部に対して情報が未完結であるため、but を補ったとも考えられる。そしてそのように though と but が複合をし、繰り返しの共起により異分析を生じさせ、［though］...［but］から［though ... but］となり、though A but B は概念の範疇化により句が語彙化し、相関接続詞として新しい機能を持つようになったと考える。

　本章は though A but B だけでなく、not A though A′ but B, not only A though A′ but B の例も観察されることも述べた。これらの定型表現は、though A but B が相関接続詞として機能する定型表現として確立した後、意味的に類似しているが統語的な特徴が異なる a［not A but B, not only A but also B］と b［though A but B］の混合した形式として、a とも b とも異なる新たな形式 c［not A though A′ but B, not only A though A′ but B］が生じたと考える。これら2つの形式も新しい相関接続詞である。

　though A but B, not A though A′ but B, not only A though A′ but B は、本章4節の用例より、節と句を相関的に接続する表現である。このようなことは、今までの常識的な範囲では考えられなかった。しかし、概念の範疇化という観点から考えると、同じことを節形式で表現したり、句形式で表現したりすることはあり得ることなので、文法を形式だけで捉えるのではなく、表現内容（＝意味）との関係から捉えると、節と句を結び付ける though A but B, not A though A′ but B, not only A though A′ but B といった表現があることは不思議なことでない。むしろ、現代英語の興味深い新

たな特徴の1つとしてあげることができる。

7. 結語

本章は、相関接続詞として機能する though A but B の実態を明らかにしてきた。その結果、though A but B は複合により though と but がともに用いられ、異分析と概念の範疇化により相関接続詞として振る舞い、追加として機能することがわかった。そのほか、not A though A′ but B, not only A though A′ but B の例も観察され、これら2つも相関接続詞として機能していることを述べた。

本章で扱った though A but B, not A though A′ but B, not only A though A′ but B は相関接続詞として、節と節、句と句、節と句を結び付ける表現である。節と句を結び付ける接続詞というものは、これまでの英文法の常識では考えられなかった。しかしながら、本章で得られた結果は、意味に焦点を置いた研究の立場によって立つことにより得られたものであり、いかに形式が儀礼的なものであるかを新しい相関接続詞 though A but B, not A though A′ but B, not only A though A′ but B を取り上げることにより証明したものである。

第 6 章

新しい定型表現
── in and of itself と in and of

1. はじめに

　本章は、現代英語に頻繁に観察される in and of itself と in and of に焦点を当てる。次節以降で明らかにするが、in and of itself は in itself, of itself と無関係ではない。しかしながら、これまでの研究では in and of itself に触れていないもの、触れていても in itself, of itself とどのような関係になるのか明確になっていないものが多い。本章は、in and of itself と in itself, of itself との関係、in and of itself の意味、成り立ちなどを記述的に調べ、in and of itself が新しい定型表現として機能していることを論証する。そして、in and of itself とは無関係ではない in and of が複合前置詞として機能することも述べる。本章で扱う in and of は第 3 章で扱った複合前置詞として機能する定型表現であるが、in and of itself と関連したものなので本章で扱う。

　(1), (2) は現代英語に観察される in and of itself の例である（イタリックは筆者。以下同じ。）。

(1) 　.... The static, insular view ascribed to cognitive semantics is deemed incapable of handling the dynamic, intersubjective, context dependent nature of meaning construction in actual discourse. *In and of itself*, the interactive alternative is certainly correct. It is not however an alternative ── its essential ideas are in fact accepted

133

as basic tenets of cognitive semantics.　　　　　(Langacker 2008: 28)
（…認知意味論が持っているとされる、静的で偏狭な見方は、実際の談話における、ダイナミックで、相互主観的で、文脈依存的性質を持った意味を扱うことはできないと見なされている。相互的な性質を持った代案自体は確かに正しい。しかしそれは、実は代案ではない。その本質的な考え方は、実は認知意味論の基本的な考え方として受け入れられているものである。）

(2) In this writer's opinion, there are three basic reasons punishment tends to be less effective than reward. First, punishment too frequently causes learners to develop negative attitudes toward the material being studied. Second, punishment tends to disturb positive relationships (or worsen negative ones) between learners and teachers. Third, *in and of itself*, punishment does not assist students in learning or practicing correct responses.　　　　(COCA)
（この著者の意見では、罰は報酬よりも効果的ではない、ということについて3つの基本的な理由がある。第一に、罰は勉強している課題に対して、学習者に否定的な態度を起こさせることが多い。第二に、罰は学習者と教師の間の肯定的な関係をかき乱す（あるいは、否定的な関係をさらに悪化させる）傾向にある。第三に、本質的に罰は学習者が正しい答えを学んだり練習したりする手助けにならない。）

2. in and of itself の記述

　ここでは、in itself, in and of itself が先行研究においてどのように記述されているか見てみよう。*MED*[2] には in itself, of itself の記述があるが、*OALD*[9] には of itself の記述がないので、in itself, of itself の用法について英米の違いがあるかもしれない。*G*[5] は、(3) に示すように oneself の項に in and of itself を記述し、『ロングマン』は、in and of itself を (4) のように記述している。

(3)　*in oneself* それ自体では、元来、実際は《◆通例事・物についてもちいるので、itself, themselves の形》‖ ‖ The engine *in itself* is very good. エンジンそれ自体は非常にいいのです〈◆強調して in and of itself ということがある〉 (G^5)

(4) **in itself**（**of itself** とも） 本来、本質的に、それ自体
in and of itself それ自体 (『ロングマン』)

英英辞典の記述と併せて、(3), (4) の記述より in and of itself の成り立ちについて 3 つの解釈が可能である。① in and of itself は in itself を強調した形、② in itself と of itself は同じ、③ in and of itself, in itself, of itself は同じ、である。先行研究より明らかにはならなかったが、④ in and of itself は in itself, of itself のそれぞれの特徴を一緒にまとめた形として定型表現化しているのか、それとも同じ意味の表現を強調のために繰り返しているのか、という疑問が生じる。本節は、①、②、③、④ の疑問に答える形で in itself, of itself, in and of itself を検証する。

2.1 in itself, of itself の意味と再帰代名詞の機能

英英辞典、英和辞典での in itself, of itself についての記述は似ており、「(ほかのこととは関係なく) 本質的に、それ自体」という意味で、MED^2, $LDCE^6$,『ロングマン』は in itself と of itself を区別していない。MED^2 は、in itself, of itself をまとめて、"used for emphasizing that what you are saying about one particular thing is true without even considering anything else"（ほかのことを考えるまでもなく、あることについて言おうとしていることが真実であるということを強調するために用いられる）と定義している。$OALD^9$ と『ユース』には of itself の記述はない。OED^2 は、in itself, of itself のいずれも採録していない。下記に辞書の用例をあげる（訳は省略。)。

(5) a. *In itself*, it's not difficult problem to solve. ($OALD^9$)
 b. Some of the medicines were out of date, which was *in itself* dangerous. (MED^2)
 c. Using someone else's name is not *of itself* a crime, unless there

is an intention to commit a fraud. (*MED*²)
d. There is a slight infection in the lung, which *in itself* is not serious. (*LDCE*⁶)
e. The search for truth is valuable *in itself*. (『ユース』)

再帰代名詞には3つの用法がある。1つは、強調するために使う場合 (e.g. *I broke the window myself.* 私自身が窓を割ったのです。)、動詞の目的語として使われる場合 (e.g. *I will give myself a new car as a Christmas present.* クリスマスプレゼントとして自分自身に車を買うつもりです。)、最後は、前置詞＋～self (再帰代名詞) で定型表現化している場合である (e.g. *by myself* (一人で)、*beyond themselves* (我を忘れて)、*for myself* (自分のために))。in itself, of itself の場合は、3つ目の定型表現化の用法である。

2.2　in itself, of itself の機能

本節は、in itself, of itself の機能を下記の (6)–(10) の例を検証しながら述べる (太字は筆者。以下同じ。)。

(6) Liz Taylor's courage in playing a woman older and (then) fatter than herself in *Who's Afraid of Virginia Woolf?* (1966) was **enough *in itself*** to win her an Oscar. (BNC)
(1966年の「バージニア・ウルフなんか怖くない」で自身よりも年配でふくよかな女性を演じたエリザベス・テーラーの勇気は、それ自体オスカーを受賞するのに十分であった。)

(7) A late-medieval army was, essentially, composed of two groups, those who fought on horseback and those who fought on foot. *In itself*, the horse was both an arm and a sign of social distinction, as well as a means of transport. (BNC)
(中世後期の軍隊は、基本的に2つのグループから成り立っていて、1つは騎兵ともう1つは歩兵であった。本質的に、馬は移動手段であるだけでなく、武器であり、社会的な区別のしるしでもあった。)

(8) "Perhaps talking isn't enough," Charlie said. Harry fell behind

Charlie at that one. The blog *in itself* had done little damage, and in fact a couple PR reports had highlighted the blog as an innovative user-community approach to coding . . . ." (COCA)
(「恐らく、話すことだけでは十分ではない」とチャーリーは言った。ハリーはその点においてチャーリーに後れを取ってきた。そのブログは、それ自体はほとんど何の被害も及ぼさなかった。そして実際のところ、いくつかのPR報告書は、ブログをプログラミングに対する革新的なユーザーコミュニティーのアプローチとして強調した。)

(9) ". . . Books have increased in price even more than cigarettes over the past 50 years and caused a lot less harm. Indeed, the message of *Lady Chatterley's Lover*, half a century on, is that literature *of itself* does no **harm** at all . . . ." (COCA)
(「本は過去50年間、価格がたばこよりも高くなり、与える害はずっと少ないものでした。というよりもむしろ、半世紀を隔てて「チャタレイ夫人の恋人」のメッセージは、文学はそれ自体全く害を与えないということです。」)

(10) Her Majesty exchanges greetings with Patrick White and gets the name of his most famous novel wrong, is bored by the soprano's aria, but thrilled by the chance to meet "the Olympic champion" and by the post-reception fireworks over Sydney harbour. *Of itself*, John's music was less **compelling**. (WB)
(女王陛下は、パトリック・ホワイトと挨拶を交わし、彼の最も有名な小説の名前を間違えた。ソプラノのアリアに飽きていたが、「オリンピック・チャンピオン」に会う機会とシドニー湾でのレセプション後の花火を楽しみにしている。本質的に、ジョンの音楽は感動的なものではなかった。)

(6) から (10) の in itself, of itself は、イギリス英語とアメリカ英語コーパスの両方で観察されるので、英米の差はないと考えてよいだろう。頻度は、in itself が of itself より多く使用される。(6) から (10) の in itself, of itself の itself は再帰代名詞であるので、文脈中のどの名詞を指しているのかをまとめ、その再帰代名詞が前方照応、後方照応のどちらであるかを表 6.1 に明記した。

表6.1　(6)–(10) の in/of itself の itself が指すもの、照応関係と意味

	パタン	itself の指すもの	照応関係	意味
(6)	in itself	courage	前方照応	それ自体
(7)	in itself	horse	後方照応	本質的に
(8)	in itself	blog	前方照応	それ自体
(9)	of itself	literature	前方照応	それ自体
(10)	of itself	John's music	後方照応	本質的に

表6.1より、in itself, of itself の共通点を4点述べる。

（ⅰ）　in itself, of itself が前方照応、後方照応の場合でも、in itself, of itself の再帰代名詞 itself は物事を指し示す。

（ⅱ）　統語特徴として、単独で用いられる場合と、形容詞もしくは名詞の後に使用される場合の2パタンがある。単独で用いられる場合は後方照応であり、形容詞もしくは名詞に後置する場合は前方照応である。その統語特徴の違いが意味に反映されている。

（ⅲ）　後方照応の場合は、その特徴であるサスペンスを構築し、これから言おうとすることに説明を与えるという修辞的効果のために用いられている。後方照応の場合、in itself, of itself は独立して用いられる。

（ⅳ）　前方照応の場合の in itself, of itself は、形容詞もしくは名詞の後に用いられる。

4点の共通事項について説明していく。まず (ⅱ), (ⅲ) について。例えば、後方照応の例である (7) の in itself と (10) の of itself の場合、(7) は軍隊には2つのグループがあることを説明した後、その1つのグループが用いる馬について説明している。(10) の場合は、女王陛下の様子を細かく説明した後、とりわけジョンの音楽が感動的ではなかったことを of itself を使用することにより、サスペンスを与えながら説明している。

(iv) の前方照応の例を見ていこう。わかりやすい (6) の例を説明していく。(6) の itself は、女優のエリザベス・テーラーが映画で演じた役についての彼女の勇気を指しており、その勇気はオスカーを受賞するほどのものであったと強調的に使用されている。その他の前方照応の例 ((8), (9)) も、itself が指す名詞を強調するために使用されている。また、コーパスの例を観察すると、in itself, of itself とも not in/of itself の否定形で使用されることが多い。not のような否定語がない場合でも、(8) のように little などの否定を示す語が存在する。

以上の 4 点より、in itself と of itself は機能的・意味的に相違がないように思える。しかし、in itself = of itself ではない。上記の (6)–(10) の例より、in itself は単に itself が指す名詞を強調するものとして使用されている。一方 of itself は、itself が指す名詞の特徴を述べる単語が存在する。例えば、of itself の例である (9), (10) を観察すると、それぞれの itself は literature（文学）, John's music（ジョンの音楽）を指す。そして、その名詞（句）の近くに、その名詞（句）の特徴を述べる太字で示した単語（harm（害），compelling（感動的））がある。これは、of の本来の機能の 1 つである「性質・状態」の機能が保持されていると考える。このように、of itself は再帰代名詞 itself が指す物事のありさま、性質などを述べるために使用される。この特徴に照らし合わせると、G^5 の用例 The engine in itself is very good. は、in itself, of itself の違いを正しく反映した適切な用例とは言い難い。The engine of itself is very good. が好ましいと考える。しかし、(6) の例のように、in itself においても形容詞（太字の enough）が観察される場合もあるが、筆者が調べた限り、このような例は非常に稀である。

このことより、② in itself と of itself は同じであるか？ という問いに対しての答えは、in itself, of itself は、意味的違いを際立たせるのは難しいが、機能的には大きく異なるので NO である。in itself, of itself の相違・類似点をまとめたものが (11) である。

(11) a.　in itself, of itself の再帰代名詞 itself は文脈中にある物事を指し示す

b. in itself, of itself は、単独で用いられる場合と形容詞もしくは名詞の後に使用される場合がある。前者の場合は後方照応、後者の場合は前方照応である
c. 後方照応の場合、修辞的効果のために用いられる
d. 前方照応の場合、形容詞もしくは名詞の後に用いられる
e. in itself, of itself とも、否定の文脈で使用される傾向にある
f. in itself は、再帰代名詞 itself が指す名詞を強調する
g. of itself は、再帰代名詞 itself が指す名詞のありさま、性質を述べる

2.3　in and of itself の機能

本節は、コーパスに観察される in and of itself の用例を検証しながら、その機能を明確にしていく。(12), (13) は (1), (2) を再録したものである。訳は (1), (2) を参照されたい。また、英米の違いがあるのかどうかを探るため、各例の出典にはイギリス英語（British English, 以後 BrE）、アメリカ英語（American English, 以後 AmE）と使用域（レジスター、spoken か written か）を記載した。

(12) ... The static, insular view ascribed to cognitive semantics is deemed incapable of handling the dynamic, intersubjective, context dependent nature of meaning construction in actual discourse. *In and of itself*, the interactive alternative is certainly **correct**. It is not however an alternative —— its essential ideas are in fact accepted as basic tenets of cognitive semantics.

(Langacker 2008: 28, AmE, written)

(13) In this writer's opinion, there are three basic reasons punishment tends to be less effective than reward. First, punishment too frequently causes learners to develop negative attitudes toward the material being studied. Second, punishment tends to disturb positive relationships (or worsen negative ones) between learners and

teachers. Third, *in and of itself*, punishment does not assist students in learning or practicing correct responses . . . .

(COCA, AmE, written)

(14) Both are necessary. We also need some technique to earth Christian character into the situation at hand. Without some amount of what can be called "relationship skill" we will commit many "well-meaning blunders" which can cause a lot of hurt. Conversely, all of the technique or relationship skill in the world is **useless** *in and of itself* . . . . (BNC, BrE, written)

（両者とも必要である。また、クリスチャンの性格を目下の状況になじませるテクニックも必要である。「関係のスキル」と呼ばれているものの蓄積がないと、多くの痛みを引き起こす「善意から出た大失態」をおかすであろう。逆に、世の中のすべてのテクニックもしくは関係のスキルは、それ自体には意味がない。）

(15) But the question remains: why is it important? Is sexist language just an offensive reminder of the way the culture sees women, as nonentities and scapegoats? Or is it positively **harmful** *in and of itself*? (BNC, BrE, written)

（しかし、疑問は残っている。なぜそれは重要なのか？ 性差別語は、単に文化が女性を取るに足らない存在そして犠牲者として見ているということを侮辱的に気づかせるものなのか？ もしくは、性差別語はそれ自体、有害なのか？）

(16) Arabs and Israelis will meet next week in Madrid to talk about peace, an event many people consider to be **amazing** *in and of itself* regardless of the final outcome . . . . (WB, AmE, spoken)

（アラブ諸国とイスラエルは平和について話すために来週マドリッドで会談する。どのような最終結果になろうとも、多くの人々はそれ自体が驚くべきことだと考えている出来事である。）

(12)から(16)の用例より、in and of itself は AmE, BrE の両方で観察されるので、AmE と BrE における使用の差は関係ないと考えてよいだろう。前節の in itself, of itself と同様に、in and of itself の itself は再帰代名

141

詞であるので、itself は各例で何を指すのか調べ、また照応関係と in and of itself の意味をまとめたものが表 6.2 である。in and of itself は、in itself ほど頻繁に使用されないが、of itself よりは多く観察される。

表 6.2　(12)–(16) の itself の指すもの、照応関係と意味

	itself の指すもの	照応関係	意味
(12)	the interactive alternative	後方照応	本質的に
(13)	punishment	後方照応	本質的に
(14)	all of the technique or relationship skill in the world	前方照応	それ自体
(15)	sexist language	前方照応	それ自体
(16)	an event many people consider to be amazing	前方照応	それ自体

表 6.2 より、in and of itself の特徴は下記の通りである。

(17)　a.　in itself, of itself のときと同様に、in and of itself が前方照応、後方照応であろうが、in and of itself の再帰代名詞 itself は文脈中の物事を指す
　　　b.　統語特徴として、単独で用いられる場合と形容詞もしくは名詞に後続する場合がある。前者の場合は後方照応、後者の場合は前方照応である
　　　c.　後方照応の場合は、修辞的効果のために用いられる
　　　d.　前方照応の場合、形容詞もしくは名詞の後に用いられる

後方照応のわかりやすい例 (13) を説明する。(13) は、罰 (punishment) の学習における 3 つの否定的効果を述べている。最後の文の in and of itself の itself は、その後に現れる罰を示し、その 3 つ目の働きを述べている。これまで第一、第二の罰の働きで何度もその単語を使用しているので、第三でも punishment だけを用いればよいが、in and of itself を使用して、罰の 3 つ目の働きを強調的に説明していると捉えることができる。そのように強調的に説明していると考える理由は、in and of itself がなくともこの文

は容認可能であるからである。(13) の in and of itself は、punishment の近辺にそのありさまを表す形容詞が観察されないので、in itself の特徴が際立った例と考える。

(12) の in and of itself も後方照応で、the interactive alternative（相互作用的な性質を持った代案）にサスペンスを与えるという点で強調的に使われていると言える。また (12) の場合は、the interactive alternative を形容する correct（正しい、太字表記）が観察されるので、この in and of itself は of itself の特徴も兼ね備えている。

次に前方照応のわかりやすい例 (15), (16) を説明しよう。(15) は、性差別語についての文脈である。その性差別語によって引き起こされる女性の立場を述べているが、「そのような状況はその性差別語自体が有害であるからなのか」というように性差別語に着目し、それを際立たせるために in and of itself を使用している。後方照応の場合と同様に、そのように考える理由は、in and of itself がない場合でも文は容認可能であるためである。また (15) の in and of itself は、of itself の特徴が色濃く出ている。of itself の特徴である itself の内容の様態を示す形容詞（太字表記の harmful, 有害な）が存在しているからである。

(16) は、どのような結果になろうとも多くの人々が驚くべきことと考える出来事（アラブとイスラエルが平和について話すために来週マドリッドで会うこと）を強調するために in and of itself を用いていると考える。これも (13), (15) 同様に、in and of itself がなくともこの文は容認可能である。そして、この in and of itself も itself が指す名詞のありさまを表す語（amazing, 驚いて）が観察されることより、of itself の特徴も兼ね備えている。

ここで取り上げなかった (14) の in and of itself も、再帰代名詞が指す物事を強調するという in itself の特徴と、その再帰代名詞が指す内容を形容する語句（太字表記）が観察されるという of itself の特徴も持っている。上記の in and of itself については、in itself, of itself と異なり、not in and of itself のような例はあまり観察されない。

前節と本節で得られた結果をまとめたものが表 6.3 である。

表 6.3 in itself, of itself, in and of itself の実態

	機能	前方照応	後方照応	形容詞あり
in itself	itself が指す事柄を強調	○	○	×
of itself	itself が指す事柄のありさま・様子を述べる	○	○	○
in and of itself	itself が指す事柄を強調し、そのありさま・様子を述べる	○	○	○

表 6.3 より、in and of itself は in itself, of itself の特徴を兼ね備えた定型表現ということがわかる。本節の冒頭で設けた①–④への回答は (18) の通りである。

(18)　① in and of itself は in itself を強調した形 → NO
　　　② in itself と of itself は同じ → NO
　　　③ in and of itself, in itself, of itself は同じ → NO
　　　④ in and of itself は in itself, of itself のそれぞれの特徴を一緒にまとめた形として定型表現化しているのか、それとも同じ意味の表現を強調のために繰り返しているのか → in and of itself は in itself, of itself の違いを一緒にまとめた形として定型表現化

このように in itself, of itself, in and of itself は、これまでの先行研究で言われていたこととは異なり、各定型表現とも独自の機能を持っていることがわかる。

2.4　in and of itself の成立

本節は、本章 2.2 節、2.3 節で得られた結果を踏まえて、なぜ in and of itself が使用されるようになったのか述べる。

in itself と of itself は統語的に似た特徴を持つので、in itself, of itself を使い分けることは難しいが、各自の機能を持つ。そして in and of itself は、

第 6 章 新しい定型表現

in itself, of itself の両者の特徴を兼ね備えた機能を持ち、in itself と of itself の中間に位置する定型表現である。これは、語形成プロセスに当てはめると形態上は混交により成立しているが、意味上は複数の意味がひとつの統語構造で表されるという融合で説明が可能である。

2.5　インフォーマント調査

　本節は、本章で得られた結果が支持されるかどうかを調べるため、英語母語話者（アメリカ人 3 名、カナダ人 2 名、イギリス人 1 名）に下記の質問をした。その結果が表 6.4 である。

Could you fill in the blanks choosing either *in itself*, *of itself*, or *in and of itself*?

(19) a.　Liz Taylor's courage in playing a woman older and (then) fatter than herself in *Who's Afraid of Virginia Woolf?* (1966) was enough (　　　) to win her an Oscar.

　　 b.　A late-medieval army was, essentially, composed of two groups, those who fought on horseback and those who fought on foot. (　　　), the horse was both an arm and a sign of social distinction, as well as a means of transport.

　　 c.　Her Majesty exchanges greetings with Patrick White and gets the name of his most famous novel wrong, is bored by the soprano's aria, but thrilled by the chance to meet "the Olympic champion" and by the post-reception fireworks over Sydney harbour. (　　　), John's music was less compelling.

　　 d.　From this perspective, the remedy lies not so much in providing personal help as in attempting reconcile the activities of women and the values of society more effectively. Most people would agree that parenthood is not (　　　) a sufficient explanation for severe stress symptoms and degree of depression among young mothers.

e. First, punishment too frequently causes learners to develop negative attitudes toward the material being studied. Second, punishment tends to disturb positive relationships (or worsen negative ones) between learners and teachers. Third, (　　　), punishment does not assist students in learning or practicing correct responses.
f. Arabs and Israelis will meet next week in Madrid to talk about peace, an event many people consider to be amazing (　　　) regardless of the final outcome. The conflict between Israel and the Palestinian people living in the territories occupied by Israel since the war in 1967 is just about the most intractable and possibly dangerous of these times.

表 6.4　(19) の結果

	in itself	of itself	in and of itself	その他	合計
(19a)	3	0	2	both (in itself/in and of itself) 1	6
(19b)	2	0	3	both (in itself/in and of itself) 1	6
(19c)	0	3	2	no answer 1	6
(19d)	3	0	2	both (in itself/in and of itself) 1	6
(19e)	2	1	2	both (in itself/in and of itself) 1	6
(19f)	2	0	3	both (in itself/in and of itself) 1	6

表 6.4 の色付きコラムは、コーパスで使用されている答えである。この結果より次のことがわかる。

(i) 　(19a) のように itself が示す名詞（courage）を強調する場合と、(19b) のように in itself の再帰代名詞 itself の性質を表す語句がない場合は、in itself が選択される。
(ii) 　(19c) を除き of itself はあまり選択されなかったことと、コーパ

スにおける of itself の頻度の少なさより、of itself は馴染みの浅い定型表現のようである。しかし、(19c)(itself の名詞が示す物事の様子・ありさまを表す形容詞が存在)の回答より、英語母語話者は in itself, of itself を区別していることがわかる。換言すると、本章で得られた結果 (in itself ≠ of itself) が支持されたと言える。

(iii) (19e) の回答より、in itself, in and of itself のどちらの定型表現も可能と答えた英語母語話者がいる。これは、in and of itself が in itself, of itself の特徴を兼ね備えた定型表現であるという結果を支持するものである。

このような結果より、本章で得られた (18) の回答はほぼ支持されたと言える。

同じインフォーマントに (12) から (16) の英文の in and of itself を発音してもらった。その結果が下記の表 6.5 である。表 6.5 は、インフォーマントが定型表現の各構成要素のどの単語にストレスを置いたかを人数で表している。

表 6.5　in and of itself のストレスパタン

	ín and of itself	in and of itsélf	合計
(12)	2	4	6
(13)	0	6	6
(14)	1	5	6
(15)	1	5	6
(16)	0	6	6

in and of itself は、itself にストレスが置かれる傾向にある。これは表 6.3 で示した通り、in and of itself は itself が指す事柄を強調し、そのありさま・様子を述べるということが支持された結果と考える。また、一定のストレスパタンがあることがわかる。

3. in and of: in and of itself からの逆形成

本節で扱う in and of は、結論から先に述べると、in and of itself の逆形成によってできたものである。

3.1　in and of に後続する要素

COCA, BNC, WB を使用して in and of に後続する要素を調べた結果が表6.6である。

表6.6　in and of に後続する要素の数とその割合: COCA 最初の200例、BNC, WB の場合

後続する要素	数	割合
＋itself	187	76
＋themselves	45	18.3
＋名詞（句）	11	4.5
＋himself	2	0.8
＋herself	1	0.4
合計	246	100

表6.6より、in and of は itself 以外の再帰代名詞あるいは名詞（句）を従えることがわかる。次節以降で、次の2つのリサーチ・クエスチョン（i）なぜ in and of は itself 以外の再帰代名詞を従えるのか、（ii）パタン［in and of＋名詞（句）］はどのような機能と意味を持つのか、を明らかにしていく。

3.2　in and of＋再帰代名詞

ここでは、リサーチ・クエスチョン（i）に答える。また、パタン［in and of＋itself 以外の再帰代名詞］が機能的に in and of itself と同じなのかどうかも考察する。

本章2.4節で説明したように、in and of itself は in itself, of itself の混交によりできた定型表現である。この itself の影響により、in and of にその

第6章 新しい定型表現

他の再帰代名詞が後続するようになったと考える。(20)–(22) に示すように、itself 以外の再帰代名詞を従えた例が観察される。

(20) ... it becomes part of the person, almost like part of their body, and getting rid of it feels like they're losing something really significant. But neither of those behaviors are, *in and of themselves*, pathological. (COCA)
(…それはその人の一部分となり、ほとんど体の一部分のようである。それを取り除くことは何か大切なものを失う感覚である。しかし、それらの行為のどちらとも、ともにそれら自体では病的ではない。)

(21) .... His popularity was not high. It has climbed during all of this. And he made a decision *in and of himself* that they would broadcast this to the world because he was confident it was going to work. (COCA)
(…彼の人気はそれほどではなかったが、人気はこの期間中に上がっていった。そして彼は、それがうまくいくという自信があったので、彼らはこれを世界に放送するだろうと自身で勝手に決め込んでいた。)

(22) '.... You see, my dear Gerard, my toilets are all clogged up, and I desperately need you to repair them!' For Gerard, Duras was an education *in and of herself*. (WB)
(「…ご覧の通り、愛しのジェラルド、トイレが詰まっていて、是が非でもそれらを修理してほしいんだ。」ジェラルドにとって、デュラスは彼女の存在自体が教育的であった。)

(20) の themselves は those behaviors（それらの行為）を指し、(21) と (22) の himself と herself は、各文の主語と一致する。すべての再帰代名詞は、形容詞もしくは名詞の後に用いられ、前方照応である。in and of itself と類似して、パタン [in and of + itself 以外の再帰代名詞] は再帰代名詞が指す対象の根本的な性質に関わるさまを表すことがあり、意味は「〜自体」が適当かと考える。[in and of + itself 以外の再帰代名詞] の場合、itself が指す物事の様態を表す形容詞が観察されることがある。この

ことより、[in and of + itself 以外の再帰代名詞] は、再帰代名詞が指す名詞の内容を強調し、そのありさま、様子を述べるために使用されていると言える。

3.3　新しい複合前置詞: **in and of**

本節では、リサーチ・クエスチョン (ii) パタン [in and of + 名詞 (句)] はどのような機能と意味を持つのかに焦点を当て、in and of が複合前置詞化していることを述べる。

3.3.1　意味と成り立ち

本節は、コーパスより得られた in and of の例をもとに、in and of の意味と機能を明らかにする。筆者が調べた限り、これまでの先行研究で in and of を扱ったものはない。しかし、(23)–(27) に示すように in and of の例は現代英語では頻繁に観察される。

(23) As will become evident from consideration of the Japanese case, stability *in and of* capital formation is a crucial variable entering into the organizational calculations from which modes of rationality are constructed.　　　　　　　　　　　　　　　　　　　　(BNC)
(日本の事例を考慮すれば明らかになるように、資本形成それ自体の安定度が、合理的判断の方式を構築するための組織的計算の中に組み込まれる重要な変数である。)

(24) Even habits that are worrisome and possibly progressive, such as sex addiction, compulsive gambling, or overdrinking, fall within the spectrum of addictive behavior and not OCD. Like our common, everyday infatuations, says Dr. Saxena, these habits persist "because they are rewarding *in and of* their own right."　　　　　(COCA)
(セックス中毒、強迫性賭博、飲み過ぎなどの厄介かつ進行性の習慣は、中毒行為の範囲に入り、OCD ではない。よくある、日々の心酔のように、これらの習慣は、それら自体が報酬となっているので続くのです、とサクセナ博士は言う。)

(25) The national origin of the agents of media control is not the point. Many TNCs *in and of* the Third World, and even some *in and of* the Second World, have entirely independent systems of communication and, of course, more or less all sovereign states run their own mass media. (BNC)
(メディアを統括する機関の国籍は問題ではない。第三世界の、そしてその中にある多国籍企業の多く、また、第二世界におけるいくつかの多国籍企業は、コミュニケーションの確固たる独立したシステムを持っている。もちろん、おおよそすべての主権国家は独自のマス・メディアを運営している。)

(26) We should listen to people's stories and help them see the value *in and of* their life experiences. (COCA)
(人々の話を聞いて、彼らが自分の人生経験の価値をわかるのに役立つようにするべきだ。)

(27) That is, when ideas are detached from the creative and imaginative ways in which they were generated, they become stoic representations and passionless entities. They become fact without connection to the struggle *in and of* life. (COCA)
(つまり、アイデアは、それが作り出される上での創造的で想像力に富んだ方法から切り離されたとき、ストイックに見えて、情熱のない存在になる。それらは生存競争と無関係な事実となる。)

　(23)–(27) の例を観察すると、in and of は名詞（句）を従えていることより、複合前置詞として機能するとわかる。
　それでは in and of の意味を考えていこう。(23)–(27) の例より、in and of の前に位置する単語もしくは句により示された性質・状態は、意味的に in and of に後続する名詞（句）を限定している。例えば、(23) の stability（安定）は capital formation（資本形成）の限定的な属性であり、総称的に用いられているわけではない。同様に、(24) の場合、rewarding（報酬となる）は意味的に their own right（それら自体）に関連したものであり、総称的なものではない。(25) の場合、TNCs の性質は the Third World（第三

世界) と the Second World (第二世界) に限定的なものである。同様の理解が、(26), (27) に当てはまる。(26), (27) の value (価値), struggle (戦い) の性質は、their life experience (人生経験), life (生活) に限定したものである。そして、A in and of B は前置詞 concerning と似た意味、つまり「B についての A」という意味で用いられる。

　in and of はどのような過程を経て形成されたのだろうか。本来は、定型表現として [in and of itself] が使用されていた。しかし、in and of itself が頻繁に使用されるにつれて、in and of に後続する要素が変数を持ち itself 以外の再帰代名詞を持つパタンができた。そして、その変数は再帰代名詞だけではなく名詞 (句) のパタンもでき、[in and of itself] から [in and of] ＋ [変数] というように変化した。そうして、in and of が独立した1つの定型表現として使用されるようになり、独自の意味・機能を持つようになったと考える。in and of は、混交によってできた in an of itself が、その過程で誤った分析に基づいて切り詰められ、in and of になったという、語形成のプロセスの逆形成に該当する。

3.3.2　ストレスパタン

　in and of のストレスパタンを調査するため、英語母語話者7名に (アメリカ人4名、カナダ人1名、オーストラリア人1名、イギリス人1名) に (23)–(27) の英文とコーパスから得られた英文を読んでもらった結果、全員が in and óf のストレスパタンであった。これまでの [be ＋ 複合前置詞] のストレスパタンと同様に、ストレスは話者が意味的に最も重視している語に置かれる、定型表現のストレスは語と同じように一定のストレスパタンを持つ、ということがわかる。

4.　結語

　本章は、in itself, of itself の混交によりできた in and of itself の実態を明らかにすることよりはじめ、その in and of itself と無関係ではない定型表現として in and of を扱い、それが複合前置詞化していることを述べた。本

章で扱った in and of itself, in and of は、機能上の分類では機能語であるが、文脈上はそれらがないと文脈の解釈に支障をきたす、代替することが難しいという点から、機能語が内容語のように振る舞うという脱文法化現象を生じさせていると考えられる。

第7章
法助動詞から名詞への転換
—— a should, a ought, shoulds and oughts など

1. はじめに

　現代英語に観察される新しい現象は、文法規則を考えると説明がつかないことがあることはこれまでの章で扱った。例えば、第3章では、現代英語に観察される［前置詞＋（ある要素）＋前置詞］の結合から成り立つ語連結が be 動詞と共起することで、be on against, be in and out, be in to となり、各々独自の意味を持つ定型表現として確立していることを述べた。そして、各定型表現は、機能語から成立しているにもかかわらず、on against, in to は複合前置詞、in and out は複合不変化詞というように、それぞれが文脈上、必須の要素のように振る舞うことを述べた。このような新しい現象を説明するには、既存の枠組みに捉われることなく、違った視点で言語事実を観察することが必要である。

　現代英語の新しい現象は、上記に述べたものがすべてではない。本章で扱う法助動詞の名詞化もその一例である。現代英語には、musts, oughts, shoulds のような法助動詞の名詞用法が観察される。これらの意味は、法助動詞が持つ核となる機能自体が語義として意識の場に呼び起こされたもので、メタ言語的に使用されている。また、shoulds and oughts, shoulds and musts のような似た意味を持つ語同士がともに用いられて定型表現化している例も観察される。

　本章は、意味に主眼を置いた研究のもと、musts, shoulds, oughts のうちメタ言語的に使用されるものと、そうでないものの違いを明確にする。

2. 先行研究

本研究が扱う musts, shoulds, oughts は名詞であるが、must, should, ought という法助動詞がそれらに影響を与えたと考えられる。本節は、musts, shoulds, oughts と法助動詞について概観する。

2.1 musts, shoulds, oughts についての記述

これまでの先行研究を詳細に調べてみても、shoulds, oughts についての説明はない。musts のこれまでの記述をまとめると、「通例単数 a must の形でくだけた形式で使用され、必要なもの、必ず見る・聞くべきの意味」で使用されることがわかる。英英辞典より a must の用例を (1) にあげる（イタリックは筆者。以下同じ。）。

(1) a. Good binoculars are *a must* for any serious birdwatcher.

   (*MED*[2])

   （いい双眼鏡は、真剣にバードウォッチングをしている人にとって必須です。）

   b. Warm clothes are *a must* in the mountains.　　(*LDCE*[6])

   （暖かい服は、山で必須です。）

   c. His new novel is *a must* for all lovers of crime fiction.

   (*OALD*[9])

   （彼の新しい小説は、犯罪小説愛好家にとっては必須です。）

   d. If you live in the country a car is *a must*.　　(*CALD*[4])

   （もしいなかに住むのなら、車は必須です。）

小西（編）(2006: 737) は、「現在、名詞としては、くだけた表現で、通例、不定冠詞を伴い「不可欠なこと［もの］」の意を表す: Goggles are a must for skiing while it's snowing. (*LAAD*). 形容詞としては限定的に用いられるが、名詞用法よりさらにくだけた表現で使用頻度は低い。また、くだけた表現やジャーナリズム用語で、動詞 do, see, have, read などと結び

第 7 章　法助動詞から名詞への転換

ついて「必ずする［見る、持つ、読む］べき（もの）」の意を表す形容詞・名詞を形成する：this month's must-see film（*MED*）, The cashmere scarf is this season's must-have.（*CALD*）」と記述している。

　石橋（編）(1966: 267) は、a must は新聞用語であり、どうしても載せなければいけない記事の原稿に must と書いていたところから起こり、それが 1 つの名詞として取り扱われるようになった、と説明している。さらに、*OED* からの用例をあげて、18 世紀に no must, musts と複数形で使用されていた、とも説明している。その *OED* の用例を (2) に示す。

(2)　In uttering these *three terrible musts*, Klesmer lifted up three long fingers in succession.
　　（これらの 3 つのすごい要件を話しながら、クレスマーは 3 本の長い指をつづけざまにあげた）
　　　　　　　　　　（G. Elliot: *Daniel Deronda*［*OED*］；石橋（編）1966: 267）

OED[2] には、must の名詞形（意味は「必要なもの」、本来はアメリカ用法）を記述し、その用例は (3) に示すように複数形の例をあげている。

(3)　These valuable books are musts for you.
　　　　　　　　　　　　　　　（1957 R. Hoggart Uses of Literacy x. 250）
　　（これらの価値のある本は、あなたにとって必読書です。）

SOD[6] も同様に、musts の例をあげ、colloq.（くだけた会話）で使用されると記述している。

　OED[2], *SOD*[6] は should, ought の名詞用法を記述しており、should は「すべきであるもの」と義務を表し、ought も同様に義務・責任を表すとしている。

2.2　法助動詞についての記述：種類とモダリティ

法助動詞は表 7.1 にあげるようなものがある。

表7.1 法助動詞一覧

原形・現在形	過去形	分類
can	could	core modal auxiliary (core modal verbs)[1] 主要法助動詞
may	might	
shall	should	
will	would	
must	n/a	
ought to	n/a	marginal modals[2] 周辺的法助動詞
used to	n/a	
need	n/a	
dare	n/a	

　表7.1にあげた法助動詞は、2つの法性（モダリティ）に大別される。本章のモダリティの定義は澤田（2006: 2）に準拠し、「モダリティとは、事柄（すなわち、状況・世界）に関して、たんにそれがある（もしくは真である）と述べるのではなく、どのようにあるのか、あるいは、あるべきなのかということを表したり、その事柄に対する知覚や感情を表したりする意味論的なカテゴリーである。」とする。そのモダリティには様々な分類法[3]があるが、本章は、1960年代後半より最も影響力のあった、かつ広く浸透している分類法、認識的（epistemic）と根源的（root）に分類する[4]。

[1,2]　Aarts（2011）の用語を採用。

[3]　ここでは代表的な研究をあげるにとどめる。von Wright（1951）は、論理学的な観点からモダリティを5つに分類している。真理的（alethic, 必然性や可能性に関わるもの）, 認識的（epistemic, 確実性に関わるもの）, 束縛的（deontic, 義務や許可に関わるもの）, 存在的（existential, 存在性に関わるもの）, 力動的（dynamic, 能力や性向に関わるもの）の5つである。Hoffmann（1976）はrootとepistemic, Halliday（1970）はmodulationとmodality, Ota（1972）はcognitiveとepistemic, Close（1975）はprimaryとsecondary, Quirk et al.（1985）はintrinsicとextrinsicの用語を用いて区別している。Palmer（2001）は、モダリティを事象的（＝根源的）と命題的（＝認識的）の2つに分類している。

[4]　このような分類法を採用する代表的な研究として、Hoffmann（1966）, Perlmutter（1970）, Jackendoff（1972）, Ota（1972）, Jenkins（1972）, Coates（1983）,

第7章　法助動詞から名詞への転換

　認識的（epistemic）とは、事柄を（判断・推量の産物として）「あるがまま」に捉えること（＝主観的意味）であり、根源的（root）とは、事柄を（意思・能力・状況の産物として）「あるべきものとして」捉えること（＝客観的意味）である（澤田 2006: 69; Lakoff 1987: 46ff. を参照）。

　表 7.1 であげた法助動詞が、認識的モダリティと根源的モダリティに分類した際に、どのような意味を持つのか、Aarts（2011: 282ff.），Jenkins（1972: 72f.）を参考にまとめたものが表 7.2 である。

表7.2　法助動詞のモダリティごとの機能

	根源的モダリティ	認識的モダリティ
can, could	能力、中立的可能性、実存的意味	可能性、（否定文で）知識に基づく結論
may, might	許可	知識に基づく仮定
shall	規則、指示の依頼、義務、意志	未来
should	必要	根拠に基づく過程
will, would	意志、傾向、義務	未来、根拠に基づく予測と結論
must	義務、主語に関する性質、必要	知識に基づく結論、論理的必然性
ought to	必要	該当なし
used to	過去の習慣	該当なし
need	必要	該当なし
dare	予示的	該当なし

3. 実態

3.1 数的調査と質的調査

　表 7.1 であげた法助動詞の名詞形を表 7.3 にまとめた。また、その名詞形の頻度を BNC, WB, COCA を利用して調べた。その結果が表 7.4 であ

Davidsen-Neilsen (1990), Sweetser (1990), Declerck (1991), Langacker (1991), Brennan (1993), 澤田 (1975, 1993), Sawada (1995), Westney (1995) などがある。

る。なお、表7.3のうち、can（缶）, might（力）などの同形異義語が存在するものやneedなど既に名詞形が確立しているもの、needs, daresなど動詞の活用形と重なる形のものは調査対象から除外し、表7.4には列挙していない。

表7.3　表7.1であげた法助動詞の名詞形

原形・現在形	過去形	分類	考えられる名詞形
can	could	core modal auxiliary (core modal verbs) 主要法助動詞	a can, cans, a could, coulds
may	might		a may, mays, a might, mights
shall	should		a shall, shalls, a should, shoulds
will	would		a will, wills, a would, woulds
must	n/a		a must, musts
ought to	n/a	marginal modals 周辺的法助動詞	a ought, oughts, ought to's
used to	n/a		n/a
need	n/a		a need, needs
dare	n/a		a dare, dares

表7.4　コーパスごとの法助動詞の名詞形の頻度[5]

	BNC	WB	COCA	合計		BNC	WB	COCA	合計
could	0	0	0	0	must	227	276	1007	1510
coulds	0	1	6	7	musts	11	5	60	76
shall	0	0	0	0	ought	1	1	4	6
shalls	0	0	3	3	oughts	7	2	22	31
should	2	0	0	2	ought to's	0	0	1	1
shoulds	8	7	33	48					
would	0	0	0	0					
woulds	0	0	0	0					

---

[5] couldのような単数形は、a/the couldの両方の検出数である。また、名詞形の

表7.4より観察される名詞は、coulds, shalls, a/the should, shoulds, a/the must, musts, a/the ought, oughts, ought to'sである。このうち、a/the must, mustsについては先行研究より存在が認められているが、mustsには辞書の用例に記述されている以外の特徴が見られる。

下記に、mustsと表7.4で観察されたa/the must以外の名詞の用例をあげる。(4)はcoulds, (5)はshalls, (6)はa should, (7)はshoulds, (8)はa ought, (9)はoughts, (10)はought to's, (11)はmustsの例である。

また表7.4より、a/the must, musts, ought to'sは例外として、shalls, coulds, shoulds, oughtsのように法助動詞の複数名詞形もしくは過去複数名詞形になると使用頻度が増すことがわかる。この理由は以下のように考える。

複数形になると使用頻度が増す理由は、名詞であることを表す指標である-(e)sを付けることで、名詞であるということが明確になるからと考える。そして、-(e)sを付けて名詞として確立した後、その名詞が誤解を与えずに理解されるよう、近くに類似の名詞形が観察される。例えば、(4a)のcouldsには前方にmaybesが観察され(COCAではmaybesは53例観察される)、(5a)はshallsとともにshouldsが用いられ、(5b)はshallsとshouldが一緒に観察される。(6)が示すように単数形a shouldの場合も、(6a)はa shouldの前方にa want(ほしいこと)、(6b)はa shouldの後方にa must(必須であること)と同じような働きをする名詞が観察される。

過去形になると頻度が増す理由は、過去形だと法助動詞として持つ根源的モダリティの核となる機能を誤解を与えることなく語義に反映させることができるためと考える。

表7.4で観察されなかった名詞形のうち、a could, a wouldはa could-be leader of his country(彼の国の将来の指導者)、(a) would-be writer Nick Carrway arrives in NYC in 1922, . . .(将来小説家になるニック・キャラウェイは1922年のニューヨークに着いた…)のように、引用実詞[6]として働く

否定形は、肯定形と比較すると使用頻度が極端に少ないので数には入れていない。否定形は用例として提示する。

6　第3章の脚注2を参照されたい。

ものと考えられる。

(4) a. Castilla held up a hand. "We've been over this before, Larry. I'm not going to keep an entire country in the Dark Ages over a bunch of *maybes* and *coulds* . . . ." (COCA)
(カスティリャは手を挙げた。「ラリー、私たちは前にこれについて議論しました。多くの「かもしれないこと」や「できたこと」について、国全体を暗黒時代にしておくつもりはありません。」)

b. There was a lot of (complaining) going on. It was like you couldn't make a mistake without being ridiculed. There were too many *can'ts* instead of *coulds*. (COCA)
(引き続きたくさんの不満がありました。笑い者になることなく間違いをすることなんてできないような感じでした。「できたこと」の代わりに、あまりに多くの「できないこと」がありました。)

(5) a. Characters in his novels also show an awareness of language. In *Farewell, My Lovely*, the soon-to-be-murdered Lindsay Marriott, using *shalls* and *shoulds* in a formal way, takes offense at Marlowe's saying he's not particular about his job "as long as it's legitimate." (COCA)
(彼の小説の登場人物は、言葉づかいに意識的であることがわかります。『さらば愛しき人よ』では、すぐに殺害されるリンゼイ・マリオットは、格式ばって「するつもりである」と「すべきである」を使用し、マーロウの「仕事が合法的である限り」自分の仕事を選り好みしないという発言に対して立腹しています。)

b. Fully conforming implementation of the IEEE standard (all of the "*shalls*" and most of the "*should*"). Full support for both single and double formats. (COCA)
(完全に IEEE 規格の施行に合っています (すべての「しなさい」とほとんどの「するべき」について)。シングル・フォーマットとダブル・フォーマット両方に合わせた完全なサポートです。)

(6) a. "It needs to be a *want*, not a *should*," says psychiatrist Tracy Latz, M.D., coauthor of *Shift: 12 Keys to Shift Your Life*, who

uses affirmations in her North Carolina practice.　　(COCA)

（「それは「したいこと」であるべきであり「すべきこと」ではありません。」と、精神科医で『シフト：あなたの生活を変える 12 の方法』の共著者であり、「肯定」を北カリフォルニアの診療所で使用しているトレーシー・ラッツ博士は言っています。）

b. BOAZ: It might very well. (sic. It might be very well.) You know, they start out saying, it's just a *should*, and then they say, OK, it's a *must*. 　　(CROSSTALK) (COCA)

（B：それはとてもいいかもしれない。彼らは初め、「それはしたほうがいい」と言い、そのあとで「いや、やっぱり絶対にやらねばならない」と言うのです。）

(7) a. We can preach about the *shoulds* and *should nots* of sexual morality. And we can certainly say a lot about abstinence, denial, and sublimation.　　(COCA)

（性的道徳の「すべきこと」と「すべきでないこと」について説教はできます。そして、節制、自制、昇華についても間違いなく多くのことを話すことができます。）

b. What your skills are, what your abilities are, what you love. Doing what's right for you, not your *shoulds* and your *musts*.

(COCA)

（あなたの技術が何であれ、あなたの能力が何であれ、愛することが何であれ。あなたにとって正しいことをすること。「すべきこと」や「しなければいけないこと」ではなくて。）

(8) a. The bond of marriage creates "a moral *ought* inherent in the marriage union." (n104) That "*ought*" is the moral obligation to keep one's promises, to follow through on one's commitments. The *ought* is due to the person to whom the commitment is made and so is an interpersonal obligation, but the obligation is more complex because it is more than interpersonal.

(COCA)

（結婚の絆は「結婚による統合に内在する道徳的義務」を作り出す。(n104) この「義務」は約束を守り、責任は最後まで果たすという道

徳的義務である。この「なすべきこと」は責任を果たす約束をした相手に対するものであり、従って人と人との間の義務であるが、しかし、その義務は人と人との間以上のものであるから、さらに複雑になる。)

b. Tell me what is required to make one a better functioning human being, a better neighbor, and a more fully actualized person in a sustainable society and I shall know the *ought*. (COCA)
(持続可能な社会において、人がより機能的な人間になり、よりよい隣人になり、そして潜在能力を十分に発揮した人になるためには何が必要なのか教えてください。そうすれば「なすべきこと」がわかるでしょう。)

(9) a. SCARF: It's a family that's filled with what I call '*shoulds*' and '*oughts*.' They do what they should do, what they ought to do, not what they would like to do . . . . (COCA)
(S: それは、私が「主観的にすべきこと」と「客観的にすべきこと」と呼ぶもので満ち溢れた家族です。彼らは、彼ら自身が考えてすべきこと、周囲の状況によるすべきことを行い、彼らがしたいことは行わないのです。)

b. Kernis contends that we each acquire a mixed set of *should*, *oughts*, and *have-to's* while still too young to process them. (COCA)
(カーニスは、まだ若すぎてそれらを処理できない間は、私たちはそれぞれ「主観的にすべきこと」、「客観的にすべきこと」と「しなければいけないこと」を組み合わせたセットを身に着けるべきだと主張する。)

c. . . . . "I don't like my life," and then we'd say, "Yeah, but that wouldn't induce you to commit suicide. What else are you telling yourself?" And that's when clients say things like, "It shouldn't be the way it is. It's terrible that I failed. I'm no good." That's when we hear the *shoulds*, the *oughts* and the *musts*, and then we convince the client to abandon these irrational demands . . . . (COCA)

第 7 章　法助動詞から名詞への転換

(…「自分の人生が嫌いです」と患者が言うと、我々は「そう、でもそれで自殺をする気になるわけではないでしょう。ほかにはご自身に何を言い聞かせているんですか？」と言います。そして、まさにこのときに、患者は次のようなことを言います。「こんなはずじゃないんです。そうできなかったことが恐ろしい。私はだめなんです。」そして、まさにこのときに「すべき」だとか「したほうがいい」だとか「ねばならない」という言葉を聞くのです。そして我々は、患者にこれらの不合理な要求を捨てるよう確信させるのです。)

(10)　Dr-McGRAW: . . . what I want people to do when you're in these relationships is stop using *'shoulds'* and *'must'* and *'ought to's'* and start measuring it based on results. If it's working, you do it. If it's not, you don't. Measure what you're doing based on results.　　　　　　　　　　　　　　　　　　　　(COCA)

(M: あなたがこのような関係にいるとき、私はみなさんに「主観的にすべきこと」、「自らに課すしなければいけないこと」、「客観的にすべきこと」といった表現を使用するのをやめてほしいのです。そして、結果に基づいてそれを評価してほしいのです。もし、それがうまくいくなら、それをしてください。そうでなければやめてください。結果に基づいてみなさんがすることを判断してください。)

(11)　a.　They were telling themselves, "I absolutely must be loved by the person I love or I am no good as a person." And I started pointing out their irrational demands and disputing their *shoulds* and *musts*, and some of them got remarkably better quite quickly.　　　　　　　　　　　　　　　　　　　　(COCA)

(彼らは自分自身に言いました。「私は絶対に、自分が愛する人に愛されるべきであり、そうでないと人として価値がない。」そして、私は彼らの分別のない要求を指摘し始め、彼らの義務と必須に反論し始めました。そうすると、彼らのうち何人かはとても速く、著しくよくなりました。)

　　　　b.　Days I am dizzy with activity, and nights, dazed with exhaustion, I hunger for more *musts* and *have-tos* . . . .　　(COCA)

(活動でめまいがする日中、疲れでボーっとした夜、私はますます多くの「すべきこと」と「しなければいけないこと」を切望する。)

165

c. ... Ask yourself, What are my needs and values? What factors in my life are nonnegotiable? What are *musts* for my happiness in life and at work? (COCA)
(自分自身に尋ねてください。私の義務と価値は何なのか？ 私の人生において、譲れない要因は何なのか？ 人生と仕事において私にとっての幸せのために必須のものは何なのか？)

(4)から(11)の例から、各法助動詞の名詞形は、表7.2に示した根源的モダリティに分類されている機能を意味に反映させていることがわかる。換言すると、(4)から(11)の例は各法助動詞が持つ核となる特性が語義として使用されている。そして(4)から(11)の例は、次の3つのタイプに分けられる。①法助動詞の名詞形を言葉の引用として用いる、②法助動詞の名詞形を使用して述べられたある条項などの引用として用いる、③法助動詞の名詞形が完全に名詞化している。これら3つのタイプに(4)から(11)の例を分類し直したものが表7.5である。また表7.5には、3タイプの統語パタンも記載している。

表7.5 法助動詞の名詞形の3タイプと統語パタン

タイプ	統語パタン	該当用例	割合
①言葉の引用	the＋法助動詞の名詞形 φ＋法助動詞の名詞形	(5a), (9c)	16%
②条項等の引用	the＋法助動詞の名詞形	(5b), (7a), (8a, b)	21%
③名詞化	a＋法助動詞の名詞形 φ＋法助動詞の名詞形 所有格＋法助動詞の名詞形	(4a, b), (6a, b), (7b), (9a, b), (10), (11a, b, c)	63%

表7.5にあげたタイプ①とタイプ②のわかりやすい例を説明する。タイプ①に当てはまる(5a)の場合、shalls と shoulds は、リンゼイ・マリオット(Lindsay Mariott)が複数回使用した shall と should を shalls, shoulds と引用している。タイプ②に当てはまる(7a)の shoulds and should nots は、説教をする人が考える性的道徳(sexual morality)という条項の義務と

義務でないことの引用である。同様にタイプ②の (8a) の the ought は、結婚という出来事によって生じる客観的義務を示す。

(7), (9), (10), (11) の例が示すように、shoulds, oughts, musts は単独で用いられるよりも、'shoulds and oughts', 'shoulds and should nots', 'shoulds and musts', 'shoulds and must and ought to's', 'should/oughts/musts and have-to's' (COCA では have to's 単独の例が2例観察される) のようなパタンで観察される場合が多く、これらの頻度の高さから、do's and don'ts のように定型表現として確立している。shoulds, oughts, musts がともに用いられるのは、意味的に類似した表現を繰り返し用いているだけではなく、各語の持つ機能が失われることなく構成された、新しい定型表現である。

このように、定型表現として確立している (7b) your shoulds and your musts, (9a) shoulds and oughts, (9b) should, oughts, and have-to's, (9c) the shoulds, the oughts, and the musts, (10) shoulds and must and ought to's, (11a) shoulds and musts, (11b) musts and have-tos がどのような機能をするのか見ていく。should, ought, must, have to はすべて「義務」の機能を持つが、誰による義務、何による義務なのかが異なる。それを (12) にまとめた。

(12) a. should, must: 話し手が、話し手もしくは特定の誰かがしなければならないと考える主観的義務
　　　b. ought to, ought, have to: 周囲の状況、出来事、慣例からしなければいけない客観的義務

この「主観的義務」と「客観的義務」を誰 (addresser)・何 (event, situation) から誰 (addressee) に課されたものかをまとめたものが (13) である。

(13) a. should: addresser → addressee (話し手が、話し手もしくは特定の誰かがしなければならないと考える主観的義務)
　　　b. ought to/ought: event, situation → addressee (出来事・状況から受け手に対する客観的義務)

  c. must: addresser → addressee（話し手から受け手に対する主観的強制）

    addresser → addresser（話し手から話し手に対する主観的義務）

  d. have to: event, situation → addressee（出来事・状況から受け手に対する客観的義務）

　(13)に示すように、「義務」と一言で言っても、誰から誰に対する義務なのかは異なる。このような違いがあるため、(7b) your shoulds and your musts, (9a) shoulds and oughts, (9b) should, oughts, and have-to's, (9c) the shoulds, the oughts, and the musts, (10) shoulds and must and ought to's, (11a) shoulds and musts, (11b) musts and have-tos のような定型表現が観察されると考える。

　一例をあげると、(7b) の your shoulds and your musts の場合、「あなたがしなければいけない義務」と「あなた」が考える主観的なものである。(11a) の their shoulds and musts は、「彼ら」が考える義務と強制で、主観的である。(11b) の musts and have-tos の場合、話者が自分自身に課す義務と、そういう状況（めまいがする、ボーっとする）にありながらもしなければいけない客観的義務を指す。

　上記の説明より、(4)–(11)で提示した法助動詞の名詞形の機能は(14)に示す通りである。名詞形で用いられることにより、各法助動詞の名詞形は、表 7.2 で示した根源的モダリティの機能を表している。

(14) a. coulds   能力
   b. shalls   推量
   c. a/the should/shoulds 主観的義務
   d. a must/musts   主観的義務
   e. ought to/a ought/oughts 客観的義務

　(14)では、「義務」の機能を持つ名詞形が多数観察される。これは、昔

から名詞用法として確立している a must の意味的な類推により、同じ機能を持つ法助動詞の名詞形が確立したためと考える。しかしながら、(14) の「義務」を表している語は、(13) が示すように、誰・何から誰に対する義務なのかという違いが明確で、語によりどのような義務を表すのかきちんと棲み分けができている。そして、意味的に似た単語同士が、複合という語形成プロセスの1つを適応することにより、shoulds and oughts, shoulds and musts のような定型表現になったと考える。

このことから、coulds, shalls のように意味的に誤解を与えず、かつ法助動詞の名詞形（過去形・複数形）の場合、その名詞形は各法助動詞の根源的モダリティの核となる特性が使用されていると言える。

3.2 ストレスパタン調査

本節は、shoulds and oughts, shoulds and musts のような定型表現のストレスパタンを調べるために、(15) の英文を英語母語話者（アメリカ人2名、イギリス人2名、カナダ人1名、オーストラリア人1名）に読んでもらった。

(15) a. We can preach about the shoulds and should nots of sexual morality. And we can certainly say a lot about abstinence, denial, and sublimation.

b. What your skills are, what your abilities are, what you love. Doing what's right for you, not your shoulds and your musts.

c. Dr-McGRAW: ... what I want people to do when you're in these relationships is stop using 'shoulds' and 'must' and 'ought to's' and start measuring it based on results. If it's working, you do it. If it's not, you don't. Measure what you're doing based on results....

d. They were telling themselves, "I absolutely must be loved by the person I love or I am no good as a person." And I started pointing out their irrational demands and disputing their shoulds and musts, and some of them got remarkably better quite quickly.

e. Days I am dizzy with activity, and nights, dazed with exhaustion, I hunger for more musts and have-tos ....

f. .... "I don't like my life," and then we'd say, "Yeah, but that wouldn't induce you to commit suicide. What else are you telling yourself?" And that's when clients say things like, "It shouldn't be the way it is. It's terrible that I failed. I'm no good." That's when we hear the shoulds, the oughts and the musts, and then we convince the client to abandon these irrational demands ....

インフォーマント6名のストレスパタンは、(15a) の shóulds and shòuld nóts というストレスパタンを除き、いずれの用例の場合も法助動詞の名詞形をつなぐ and が弱形で発音されて、法助動詞の名詞形は同じ強さで発音されていた。つまり、第1章で述べた定型表現のストレスパタンルールの「定型表現は必ずしも1つのトーングループから成り立つわけではなく、定型表現を構成している各語はそれぞれのトーングループを持つ」ということが適応されていると考える。

3.3 a と the による違い

表7.4で観察された法助動詞の名詞形 (should, must, ought) が不定冠詞、定冠詞、もしくはその他のどれで使用されるのかを調べた結果が表7.6である。

表7.6より、単数形 must, should の頻度は「a＋法助動詞の名詞形」＞「the＋法助動詞の名詞形」であるが、それ以外の法助動詞の名詞形の使用頻度は「the＋法助動詞の名詞形」＞「a＋法助動詞の名詞形」となっている。

a should, a must のように、「a＋法助動詞の名詞形」は文中で初めて話者が言及する義務であり、「a＋法助動詞の名詞形」が初出の場合でも何ら意味の誤解を与えない。a must はその用法が既に広く知れ渡っているので、

表7.6 COCA, WB, BNCにおける「a＋法助動詞の名詞形」、「the＋法助動詞の名詞形」等の使用頻度内訳

法助動詞の名詞形	a＋法助動詞	the＋法助動詞	その他*	総数
coulds	0	2	5	7
shalls	0	1	0	3
should	2	0	0	2
shoulds	0	18	30	48
must	1505	5	0	1510
musts	0	6	70	76
ought	0	6	0	6
oughts	0	3	28	31

*その他とは、無冠詞もしくは所有格のことを指す。

a must 単独で使用される。しかし (6a) の a should は、前方に a want, (6b) は a should の後方に a must が観察されるなど、単独で文中で初めて話者が言及する義務を表すものとしてまだ確立しているとは言えない。このため、前後に類似の表現が観察される。表7.5 で示した通り、「a＋法助動詞の名詞形」の場合、法助動詞は完全に名詞化している。

一方、(8) の the ought（結婚により作り出された義務）は、表7.5 で示した通り条項等の引用であるから、一度言及された義務「the＋法助動詞の名詞形」で示している。このように、一度言及もしくは引用されたものを表す場合、その法助動詞の名詞形を意味的に誤解を与えずに伝えるために、a ではなく the とともに使用されると考える。つまり、「the＋法助動詞の名詞形」は、名詞形へと発達段階中であると言える。

表7.6 より、複数形の法助動詞の名詞形は、圧倒的に φ もしくは所有格とともに用いられることがわかる。両者の場合とも、複数形で使用されていることから、完全に名詞化している。法助動詞の名詞形の意味的帰属を明確にする場合、所有格が用いられる。

3.4　レジスター、アメリカ英語、イギリス英語調査

本節では、観察された法助動詞の名詞形が書き言葉と話し言葉のどちらのレジスターで使用されているのか、アメリカ英語（AmE）とイギリス英語（BrE）のどちらでより多く観察されるのか調べた。

先行研究の記述で、a must は新聞用語とあったが、表 7.7 が示すように、法助動詞の名詞形は書き言葉で使用されることが多い。表 7.7 のうち使用頻度が高い shoulds, a must, musts の COCA におけるレジスターごとの頻度を調べた結果、書き言葉＞話し言葉という順番になった。これは、SOD[6] の musts は colloq. で用いられるという記述が当てはまらないことを示している。

表7.7　レジスターごとの法助動詞の名詞形の数と割合[7]

	書き言葉（%）	話し言葉（%）
coulds	5 (0.000001)	2 (0.000002)
shalls	3 (0.0000006)	0 (0)
a should	2 (0.0000004)	0 (0)
shoulds	45 (0.000009)	3 (0.000002)
a must	1391 (0.003)	119 (0.0001)
musts	73 (0.00001)	3 (0.000002)
a ought	6 (0.000001)	0 (0)
oughts	29 (0.000006)	2 (0.000002)
ought to's	0 (0)	1 (0.0000008)
合計	1554 (0.003)	130 (0.0001)

次に、英米における法助動詞の名詞形の数をまとめたものが表 7.8 である。

---

[7]　各レジスターの総語数は、書き言葉 508,056,986 語、話し言葉 120,583,410 語である。

表 7.8 アメリカ英語とイギリス英語における法助動詞の名詞形の数と割合[8]

	イギリス英語 (%)	アメリカ英語 (%)
coulds	1 (0.0000006)	6 (0.000001)
shalls	1 (0.0000006)	2 (0.0000004)
a should	1 (0.0000006)	1 (0.0000002)
shoulds	10 (0.000006)	38 (0.000008)
a must	501 (0.0003)	1009 (0.0002)
musts	16 (0.00001)	60 (0.00001)
a ought	2 (0.000001)	4 (0.0000008)
oughts	9 (0.000006)	22 (0.000004)
ought to's	0 (0)	1 (0.0000002)
合計	541 (0.0004)	1143 (0.0002)

　OED^2 の記述とは異なり、法助動詞の名詞形はアメリカ英語、イギリス英語に関係なく観察されると言える。

3.5　主要法助動詞と周辺的法助動詞

　表 7.9 は、主要法助動詞と周辺的法助動詞ごとの名詞形の数を表したものである。

表 7.9　主要法助動詞と周辺的法助動詞の名詞形の数

主要法助動詞 (%)	周辺的法助動詞 (%)	合計
1646 (97.7)	38 (2.3)	1684

　表 7.9 より、主要法助動詞のほうが圧倒的に名詞形として使用される頻度が高いことがわかる。これは、表 7.3 に示したように、周辺的法助動詞は種類が少ないこと、対応する過去形や名詞形が少ないことに起因してい

---

[8]　イギリス英語の総語数は 153,138,713 語、アメリカ英語の総語数は 470,513,833 語である。

ると考える。

4. 周辺的事象

本節は、準法助動詞と言われている have to's と、コーパスに観察された maybes, haves, haves and have not's, want to's などの表現が名詞化していることを述べる。

4.1 準法助動詞： **have to's**

Jenkins (1972) によると、have to の認識的モダリティは「義務」の機能を持ち、その機能が have to's として使用されたときにも反映されている。have to's は COCA で 2 例のみ観察され、BNC, WB では観察されなかった。

(16) a. .... Well, it's time to get moving! Here's why: When your day-to-day existence gets packed with too many "*have to's*" and not enough "*want to's*," you can end up with a constant, low-grade "Is this all there is?" kind of fever. ... (COCA)
(…えーと、急がないと！ 理由は次の通りです。毎日の生活をあまりにもたくさんの「しなければいけないこと」で詰め込みすぎて、「したいこと」の量が十分でないと、最終的にはずっと続く軽度の「たったこれだけ？」という熱で終わりますから。)

b. MR-PETERSON: .... You sort of start out thinking, you know, what are the minimums, what are, you know, what do I have to do, and one of the *have to's* was to make it to get Mark out of high school. (COCA)
(P: …あなたは考え始めるでしょう。最小限は何なのか、何をしなければいけないのか。そして、しなければいけないことの 1 つは、マークを高校から追い出すようにするということでした。)

(16) の have to's は「しなければいけないこと」という意味で名詞化し

ている。(16a)の場合、名詞化した want to's (したいこと) も観察される。

4.2 その他

COCA, BNC, WB で観察された名詞形とその頻度を表 7.10 にあげる。(17) は maybes, (18) は haves and have nots, (19) は the haves and the have nots, (20) は haves, (21) は have nots, (22) は ifs, buts, or ands の例である。want to's については (16a) を参照されたい。すべて名詞化している。

表 7.10 COCA, BNC, WB で観察された名詞形とその頻度

	COCA	**BNC**	**WB**
maybes	53	6	6
haves	588	45	36
have nots	73	0	0
haves and have nots	16	0	0
the haves and the have nots	11	0	0
want to's	1	0	0
ifs	506	53	54
buts	182	47	38
ands	120	12	12

(17) "We were in East Texas," his ex-wife Josie Odoms said of the day of the crime. "That is the only thing that I know and stake my life on. There's no ifs and *maybes* about it." (COCA)
(「私たちはイーストテキサスにいました。」彼の前妻のジョシー・オドムスは事件の日について言いました。「それが私が知っている唯一のことで、私の人生を賭けてもいいです。それについては、「もしも」も「かもしれない」もありません。」)

(17) の maybes は「かもしれないこと」を意味し、名詞化している。

(18) As Republicans our first concern is for those waiting tonight to begin or resume the climb up life's ladder. We do not accept that ours will ever be a nation of *haves* and *have nots*. We must always be a nation of *haves* and *soon-to-haves*. (COCA)
(共和党員として、私たちの最初の懸念は、今晩待っている人々が、人生のはしごを登り始める、あるいは再び登り始めることです。私たちは、恵まれた人とそうでない人の国になることを受け入れません。私たちは、恵まれた人とすぐにそうなる人の国で常にあるべきです。)

(19) SCOTT-PELLEY: Another thing facing the country right now is income disparity. There has never been a wider gap between the *haves* and the *have nots*. How do you see that? (COCA)
(S: 国が現在直面しているもう一つのことは、収入の不均衡です。恵まれた人とそうでない人との格差が今以上に広がったことはありません。あなたはこれをどう思いますか?)

(18), (19) の例が示すように、haves と have nots は haves and have nots の塊として使用されることが多く、gap/difference etc. between haves and have nots のパタンが観察される。haves and have nots の意味は「恵まれた人とそうでない人」である。(20), (21) に示すように、haves, have nots もそれぞれ「裕福な人、恵まれた人」と「貧乏な人、恵まれていない人」の意味である。

(20) And you and I, Mister Stein, are extremely lucky to be paid for a subjective asset: our talent. I have always understood that the "*haves*" were greedy. (COCA)
(あなたと私とステイン氏は、個人資産、つまり私たちの才能に対して支払われたのでとりわけ幸運です。私は裕福な人は欲深いといつも考えてきました。)

(21) Indeed, in the form of sharing which is the most commonly practiced among hunter-gatherers, and which has been called "demand-sharing" (Peterson 1993), the "*have nots*" demand that the "*haves*"

share with them. That is to say, the "*have nots*" are not passive recipients; on the contrary, they initiate the giving and, in a sense, orchestrate it. (COCA)

(実際、狩猟採集民の間で最も一般的に実施されていて、「分け前の要求」(Peterson 1993) と呼ばれている分配形式において、「恵まれていない人」は、「恵まれている人」が彼らと分け合うことを要求する。つまり、「恵まれていない人」は受動的な受け取り手ではない。それどころか、彼らが授受を開始し、そしてある意味で、それを画策している。)

(22) は ifs, buts, or ands の例であるが、これらの名詞形は単独で使用されるよりも、(22) に示すように、no ifs, ands, or buts のように定型表現で使用されることが多く、意味は「言い訳無用」が適切かと思う。

(22) a. HAMMER: . . . . It's the great royal rump debate. Did Pippa Middleton pad her butt for the royal wedding? Some are saying there are *no ifs, ands or buts* about it. And the big Kardashian wedding countdown is on. (COCA)

(H: …偉大な皇室のお尻についての議論です。ピッパ・ミドルトンはロイヤル・ウェディングのためにお尻に詰め物をして膨らませたのでしょうか？ それについて言い訳無用と言う人もいます。そして、豪華なカーダシアンの結婚式はもうすぐです。)

b. Snoot sat down gratefully. 'Had room to think in the woods,' he said, 'and I can tell you this, *no ifs, ands, or buts*: Frounce was the best big-bosomed redheaded woman ever put on God's green earth' ⸺ he spoke to the ceiling ⸺ 'and that's the truth of it.' (WB)

(スヌートは感謝して座った。森の中で考える機会があった。「彼は言った。「こう言えます。言い訳無用です。フロウンスは、あらゆる所でもかつてない最も大きな胸をした赤毛の女性だった。」彼は天井に向かって言った、「それが真実です。」と。)

5. 結語

　本章は、法助動詞が名詞として働く実態について、数量的、質的に論じた。その結果、根源的モダリティの機能が法助動詞の名詞形に反映されていることを述べた。その場合、法助動詞の名詞形は法助動詞が持つ根源的モダリティの核となる機能が現れ、それに応じた意味を持つことも述べた。そのほかに、コーパスに観察された準法助動詞とその他単語が名詞として使用されていることをも取り上げた。その場合も、各語の主たる機能が意味に反映されていることがわかった。

第8章
画一化された定型表現
――人・物を表す those that

1. はじめに

　これまで長い間、人を表す際には those who, 物を表す際には those that が広く使用されてきたが、本章では、人を表す those that が規範文法の影響を受けずに綿々と使用され、人と物を表す際に those that へ表現が画一化していることを述べる。

　現代英語には、本章で扱う those that 以外にも、表現が画一化した例が観察される。一例を挙げると、第4章で取り上げた it looks that 節がある。このような現象は、規範文法にとらわれていると気づかないことであり、また規範文法では説明のつかないことである。しかしながら、言語には文法では説明しきれない、いわゆる文法から逸脱した現象は枚挙にいとまがない。そのような現象を説明してこそ、言語研究の大義を果たすと考える。文法という枠組みの中で捉えられる現象はごく限られたものであり、Widdowson (1989) が述べている通り、文法というものは言語という要素を配列する調整役にしかすぎない。本章で扱う人を表す those that も規範文法に固執していると「誤り」と見なすのみで、言語の変化を捉えることができない。コーパスの頻度に関係なく、「実例がある」ということに焦点を当てて、新たな事象を調べる必要がある。本章は、そのような立場によって立ち、who は人を、that は物を表すという規範的な考えが成り立たないことを、人を指す those that を共時的、通時的観点から調べることで明らかにする。

2. those who, those that の先行研究
2.1 八木 (2007: 77ff.)

　八木 (2007) によると、文法書や辞書に書かれている以上に who から that への移行が進んでいる。下記にその一部を抜粋する。

　「BNC を見ると、確かに those who, people who の方が圧倒的に数は多いのですが、一方で those that, people that も多く、また guys that も見られます。書きことばでも話しことばでも徐々に広まっていると考えてよいと思います。なぜこのようなことが起こるかということですが、それは、言語の画一化傾向の表れと考えています。(中略) 学校文法では、先行詞を the only などが修飾していると which よりは that を選ぶというような規則を教えたりします。そのような傾向を仮に教えられても、実際に話したり書いたりする時にはそのような規則は忘れて自由に話したり書いたりすることは起こりえることです。」

　「「先行詞が人の場合、主格の関係詞は that より who が好まれる」というのは、いろいろな文法書などが書かれている通りです。(中略) 関係代名詞を使う場合でも、人だから who, 物だから which, などという使い分けは煩わしいから、汎用性のある that ですませるという傾向が出てくることは何ら不思議なことではありません。」

(1)　If all Danish people switch to English, then they will increasingly become unable to read and understand the books that have contributed to their culture and identity. This trend has been termed cultural imperialism by *those that* view this development negatively.
　　　　　(八木 2007; John Barton, Anthony Sellick, Norio Shimamura and Kumiko Hoshi, 2005. Knowledge is Power. 成美堂. p. 24)
　　(もしすべてのデンマーク人が英語に移り替わったら、徐々に、自分たちの文化とアイデンティティに貢献してきた本を読んだり理解したりできなくなるであろう。この傾向は、この展開を否定的に見る人たちによって、文化帝国主義と名づけられてきたものである)

(中略)

「those that もそのような傾向（＝英語の変化の傾向）の表れに過ぎず、特に現象として意外であるとか珍しいというわけでもありません。そこで、どれほど those that が人を指して使われるのか調べようとしました。LKL Corpus の 1997 年 4 月から 2003 年 3 月分を使用した結果、those who が 1067、those that が 201 ありました。当然ながら those that は人以外の物を指している場合がありますから、ひとつひとつ人かそうでないかを検証しました。その結果、151 が人について使われていることがわかりました。

those who 1067: those that 151 という割合から、それほど高頻度というわけではありませんが、よく使われるということがわかります。人を指す those that を年度を追って数えた結果が下記になります。」

1997	1998	1999	2000	2001	2002
4	10	39	35	34	35

「各年度の語数はほぼ同じですから、何となく増加傾向が見られる気がします。決して科学的な判定をしているわけではありませんが、そのような傾向を感じます。」

those that が人を指している場合の用例を (2), (3) にあげる。

(2)　It's like people that are harboring *those that* are going to go out and kill and perform mayhem.　　　（八木 2007; LKL, Aug., 1998)
（それはまるで出かけては殺人を犯し、破壊行為を行う人たちをかくまっている人たちのようなものだ。）

(3)　The police have had the estate under video surveillance for many weeks. They claim to have carefully identified *those that* they wanted to arrest.　　　（八木 2007; BNC)
（警察はその地区を何週間にもわたって防犯ビデオで監視してきた。警察は逮捕したい人間を注意深く確定してきたと主張している。）

2.2　辞書、論文、文法書などの記述

　先行研究では、those who についての記述はあるが、those that についての記述はまれである。those who は、people who, used to talk about a particular type of people（*LAAD*[3]）（人々、ある特定のタイプの人々について言う場合に用いられる）と定義されている。一方、Jespersen（1954b: 99）は those that を次のように記述している：Many writers would now use *those who* in speaking of persons, and *those that* in speaking of things（where *those which* is also possible, though not natural）（人について話すとき、多くの書き手は those who を用い、物について話すときは those that を用いる（この場合、自然ではないけれど those which も可能である））。[1]

　その他の先行研究を調べたところ、those who は似たような記述であり、① those who が主語として使用される、② there are + those who で使用される、③ 前置詞の目的語として使用される、という 3 つの統語形式で用いられることがわかった。(4) に先行研究に記述されている those who の用例をあげる（イタリックは筆者。以下同じ。）。

---

[1]　BNC, WB, COCA を使用して those which を調べたところ、各コーパスで 1411 例、211 例、589 例観察された（2014 年 9 月 10 日現在）。コーパスで観察された例を 2 つほどあげる。The most difficult theoretical surveys are *those which* seem to promise to answer difficult questions about art in general, perhaps especially in the modern world.（BNC）（最も難しい理論的な調査は、とりわけ現代世界において、芸術一般についての難しい質問に答えることを約束するようなものである。）These immigrants came to Europe in order to build railroads, work in the coal mines, clean streets, and do the jobs that Europeans did not want to do. Both "push" and "pull" factors affect immigration. Push factors are those that lead the immigrant to leave his homeland while pull factors are *those which* attract him to a different country.（COCA）（移民は、鉄道を作ったり、炭鉱で働いたり、道を綺麗にしたりと、ヨーロッパ人が嫌がる仕事をするためにヨーロッパに来た。「押し」と「引き」の両方の要因が移民に影響を与える。押しの要因は移民が自国を去るのを導く要因であり、一方、引きの要因は、移民を違う国に引きつける要因である。）これらの用例からわかるように、those which は surveys, factors と物を指している。

(4) a. There are *those who* say (= Some people say) she should not have got the job. (*OALD*[9])
(彼女はその仕事に就くべきではなかったと言う人たちがいる。)

b. *Those who* could not walk were left to die by the roadside. (*MED*[2])
(歩くことができない人は道端で見殺しにされた。)

c. There are *those who* disapproval of all forms of gambling. (*LDCE*[6])
(あらゆる種類の賭博に反対の人たちがいる。)

d. *Those who* saw the performance thought it memorable. (*LDCE*[6])
(その演技を見た人たちは忘れられないと思った。)

e. There are *those who* still insist the world is flat. (*LAAD*[3])
(世界は平らだと今なお主張する人たちがいる。)

f. There are *those who* believe it, though others are more sceptical. (Jespersen 1933; 安藤 2005: 450)
(それを信じている人々もいるが、ほかの者はもっと懐疑的だ。)

g. 75 percent of *those who* returned the questionnaire were in favour of the proposal. (Leech and Svartvik 2002: 280)
(アンケートに回答した人々の75％が、その提案に賛成している。)

h. Whoever laughs last, laugh longest. = *Those who* laughs last, laugh longest. (Leech and Svartvik 2002: 328)
(最後に笑う者が最もよく笑う。)

i. *Those who* can, do. *Those who* can't, teach. (Swan 2016)
(できる人々は行い、できない人々は教える。)

j. *Those who* broke the law could expect no leniency. (Huddleston and Pullum 2002: 1504)
(法を犯した人々は寛大さを期待することができなかった。)

k. *Those who* obtain a score of 90% will win a prize. (Huddleston and Pullum 2002: 1504)

(90%のスコアを獲得した人が賞を得るだろう。)

l. The council will show no leniency towards *those who* break its law. (Huddleston and Pullum 2002: 1510)
(委員会は、その法律を犯した人々に対して寛大さを示さないだろう。)

m. *Those who* try hard deserve to succeed. (Quirk *et al.* 1985: 373)
(一生懸命努力した人が成功に値する。)

n. The following multilingual counseling services are available for *those who* want to work in the nursing care business.
(こんにちには神奈川, Hello KANAGAWA, Vol. 22, No. 2, Winter 2013)
(次の就職相談会や相談窓口では、外国語で介護の仕事について相談することができます。)

o. All things to come to *those who* wait.
(待てば海路の日和あり。)

本章は、八木 (2007) と先行研究を踏まえて、以下の (5) について量的・質的側面から明確にする。

(5) a. those that は those who と同じ「人々」を表すのか？
b. a. の場合、those that と those who の頻度は？
c. 「人々」を表す those that は、those who と同じ統語形式を取るのか？
d. 人を指す those that は、話し言葉と書き言葉、アメリカ英語とイギリス英語のどちらで多く観察されるのか？
e. people who, guys who と同等の表現として、people that, guys that も存在するのか？ その場合、people that, guys that は「人々」の意味で使用されるのか？

第8章 画一化された定型表現

3. those that の実態：共時的観点から

3.1 量的調査

3.1.1 頻度

図 8.1 は BNC における those who と those that の頻度である。

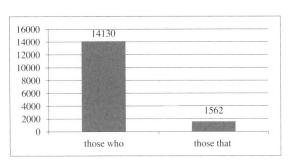

図 8.1　those who と those that の頻度：BNC の場合

図 8.1 の those that 1562 例のうち 500 例を無作為に抽出し、それが「人」として使用されるかどうかを調査した結果が図 8.2 である。

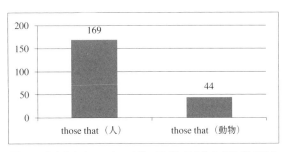

図 8.2　人を表す those that の数：BNC, 無作為の 500 例の場合

図 8.2 から、人を指す those that は頻度 169（33.8%）で、高頻度でも低頻度でもない（なお、169 例のうち 1 例は「神」を表す。）。また興味深いことに、those that は動物を指すことがあり、その頻度は 44 回（8.8%）である。

次に、WB の those who と those that の頻度を示したものが図 8.3 である。

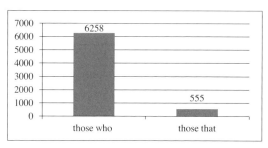

図 8.3　those who と those that の頻度：WB の場合

WB で観察された those that 555 例のうち、「人」として使用される頻度を表したものが図 8.4 である。

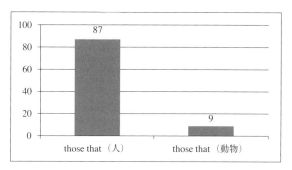

図 8.4　人を表す those that の数：WB の場合

BNC で観察された those that と同じように、WB で観察された人を指す those that 87 例（15.6％）も、those who と比較すると頻度は低いが存在する。また、動物を示す those that が 9 例（1.6％）観察された。

図 8.5 は、COCA の those who と those that の頻度である。

COCA は、現代英語のうち 1990 年から 2012 年の現代英語を収集している。図 8.5 の those that 8077 例のうち、各年から 100 例（書き言葉 50 例、話し言葉 50 例）を無作為に抽出し、人を意味する those that の頻度を

第 8 章 画一化された定型表現

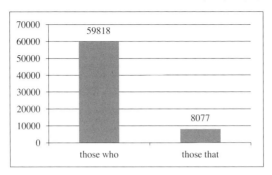

図 8.5 those who と those that の頻度：COCA の場合

調査した。それが表 8.1 と図 8.6 である。

表 8.1 より、COCA で使用されている人を指す those that は 641 例である。表 8.1, 図 8.6 より、各年で 2 割から 3 割程度が人を指す those that として使用されることがわかる。また、人を指す those that の使用が際立って多い年があるわけではないこともわかる。

各コーパスの頻度の結果から、どのコーパスでも、人を指す those that は those who より頻度が低いことがわかる。

表 8.1 人を表す those that の数：COCA の場合

年	頻度	年	頻度	年	頻度
1990	20	1998	33	2006	31
1991	35	1999	11	2007	32
1992	29	2000	24	2008	27
1993	32	2001	34	2009	22
1994	36	2002	33	2010	29
1995	33	2003	30	2011	24
1996	28	2004	21	2012	28
1997	23	2005	26	合計	641

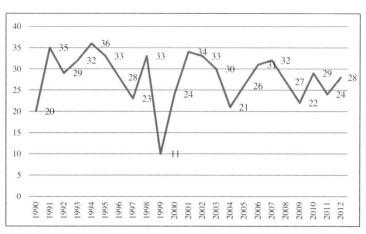

図 8.6　人を表す those that の数: COCA の場合

3.1.2　レジスターごとの比較

　前節で観察された人を指す those that について、書き言葉 (written) と話し言葉 (spoken) のどちらでの使用が多いのかを調べた結果が図 8.7, 8.8, 8.9 である (なお、図 8.7 の written のうち 1 例は「神」を指す。)。

　図 8.7, 8.8, 8.9 から、現代英語コーパスでは、人を指す those that は話し言葉 (spoken) で多く観察されることがわかる。これは、きびきびとしたスピード感のある会話では、who, that の区別をしていないからと考えら

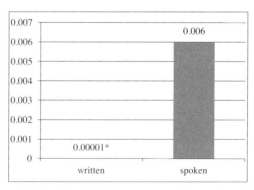

図 8.7　レジスターごとの人を指す those that の割合: BNC 169 例の場合

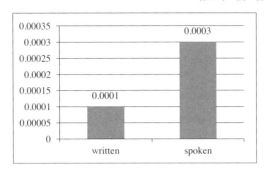

図 8.8　レジスターごとの人を指す those that の割合：WB 87 例の場合

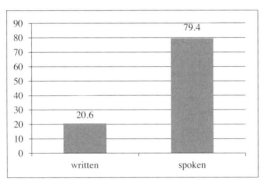

図 8.9　レジスターごとの人を指す those that の割合：COCA 641 例の場合

れる。また、人を指す those that は書き言葉（written）でも観察されることより、誤植ではない。人を指す those that はアメリカ英語とイギリス英語の両方で観察され、英米の差はないものと考えられる。

　本節の結果から、人を指す those that は those who と比較すると頻度は低いものの、現代英語で観察されることがわかる。

3.2　質的調査

　先行研究より、those who には 3 つの統語形式、① 主語として用いられる、② there are + those who、③ 前置詞の目的語として用いられる、が存在するということがわかっている。これと同じ統語形式が人を指す those that でも観察された。各統語形式の例を (6), (7), (8) に示す。

(6) a. She said that those who believe in God stay in Bible class, and *those that* don't go somewhere else. (COCA)
(彼女は、神を信じている人々は聖書のクラスに残り、信じていない人々はどこかほかのクラスに行くと言った。)

b. Her friends, *those that* were well-traveled, had marked on a map the stations close to the museums. (COCA)
(彼女の友達で、よく旅をする人々は、地図上で美術館に近い駅に印を付けていた。)

c. ... most policemen and women at Easton have not even drawn their gun, let alone fired it. *Those that* have did so while stationed elsewhere, ... (BNC)
(イーストンのほとんどの警察官は、銃を抜いたことすらなかった。ましてや発砲したことなどなかった。発砲したことのある警察官は、ほかの場所に駐在している間にしたのだった。)

(7) a. There are over protective parents and there are *those that* will defend the indefensible as far as their children are concerned. (BNC)
(過保護な両親がいて、我が子に関する限り、弁解の余地がない者でも守ろうとする両親がいる。)

b. Look at the most recent Fox News poll. Your unfavorability rating was still very high at 56 percent. And there are *those that* have worked with you, *those that* know you in the establishment who describe you as erratic or risky. (COCA)
(Fox News の最新の世論調査をご覧ください。あなたの不支持率は、56％ と依然とても高かった。そして、あなたと一緒に働いた人々や、設立時からあなたを知っている人の中にはあなたを変人あるいは危険と評している人々がいます。)

c. Ms-TORSOK: (Voiceover) There's some people who can't pay and then there are *those that* we continue to track down.

第 8 章　画一化された定型表現

(COCA)

(T: 支払うことができない人々がいて、そして、私たちが探し続ける人々がいます。)

(8) a. DAVID HOGAN: Forrest, the survivors are pretty badly injured. The majorities of *those that* were admitted to hospitals have been admitted with severe head injuries, ...　　(COCA)

(D: フォレスト、生存者はかなりの重傷を負っています。病院に受け入れられた人の多くは、頭にひどい傷を負っていました。)

b. RUDIN: I am not in a habit of talking to people about my life.
UNIDENTIFIED-MALE: She would just come in and she would say hello.
DOW: To *those that* knew her, Lee was a sweet quiet woman.
(COCA)

(R: 私の生活について他人に話す習慣はありません。)
(U: 彼女はただ入ってきて、挨拶をするでしょう。)
(D: 彼女を知っていた人々にとって、リーは優しくて物静かな女性でした。)

c. . . . ; but, there was no marked difference between *those that* heard Mozart or those who heard Schubert.　　(COCA)

(…しかし、モーツァルトを聞く人もしくはシューベルトを聞く人の間で顕著な違いはありませんでした。)

d. Writers, poets, lawyers and speakers are among *those that* Howard Gardner sees as having high linguistic intelligence.
(COCA)

(作家、詩人、弁護士、演説家は、ハワード・ガードナーが高い言語的知性を持つと見なす人々の一部です。)

(6) から (8) で使用されている those that は人を指すが、those that の近くに明確に人を表す語句が観察される。
　上記の 3 つの統語形式以外に、動詞の目的語として用いられる those that、be 動詞の補語となる those that が観察された。それぞれの例を (9), (10)

191

に示す。

(9) a. BETH NISSEN: (voice-over) It was a day for celebration and commemoration.
MARCHER: Remember *those that* have died of AIDS.
(COCA)
(B: お祝いと記念の日でした。
M: AIDSで亡くなった人々を忘れないで下さい。)

b. Germaine wrote Victoria a stinking letter saying that those born with titles should respect *those that* earn them. (WB)
(ジャーメインはビクトリアに、生まれながらに称号を持った人々は、称号を獲得した人々を尊敬すべきだというひどい手紙を書いた。)

(10) a. These customers are typically *those that* will be most likely to purchase your product. (COCA)
(このような顧客は、あなたの製品を最も買いそうな人たちの典型である。)

b. And so you have a really perverse situation where the people that you wanted most to help are *those that* are then most hurt.
(COCA)
(あなたは、あなたが最も助けたかった人々は最も傷ついた人たちであるという、本当に皮肉な事態を経験する。)

(11)は、人と事の両方を示すthose thatである。このような例の頻度は高くないが、数例観察される。

(11) a. There were vehicles and pedestrians everywhere and most didn't pay any attention when she blew the horn. *Those that* did react didn't have anywhere out of the way to go, anyway.
(COCA)
(至るところに車両と歩行者がいて、彼女がクラクションを鳴らした

第 8 章 画一化された定型表現

とき、ほとんどが気づいていなかった。反応した車両と歩行者は、どのみち逃げ場がなかった。)

b. Most agree that indigenous communities and peoples are *those that* demonstrate historical continuity (and have occupied land) before colonization or invasion, ... (COCA)

(先住民のコミュニティーと諸民族は、植民地化されたり侵略される以前からの歴史的連続性を示す(そして占領された土地を有する)人々であるということに、ほとんどの人は同意する。)

(11a) の those that は、車両 (vehicles) と歩行者 (pedestrians) を指している。(11b) の those that は、コミュニティ (communities) と諸民族 (peoples) を指す。those that が人と物を指すのは、I made notes of *the people and places that* excited my interest. (私の興味をかき立てた人と場所を書き留めておいた。)(『ユース』)の例が示すように、先行詞が人と物を含む場合は that が用いられるという規則により、those that が使用されたと考える。

上記の例以外に、(12) に示すように、定型表現として確立している for those that~ (~する人々のために) が観察された。

(12) a. ROOK: .... Joining us now, CNN Special Assignment Correspondent Art Harris. Art, *for those that* did not see that news conference, kind of summarize it, if you would.
(COCA)

(R: CNN の特命特派員のアート・ハリスさんに加わってもらいます。アート、記者会見を見なかった人々のために、よろしければ記者会見の内容をまとめてください。)

b. SPRINGER: OK. Let's see what they've —— what they've been up to since the last time they were on. Here are Tony and Marisa. Welcome back. T —— Tony, you —— *for those that* didn't see the show the last time, you are an adult film actor. (COCA)

(S: わかりました。前回出演して以来、彼らがどうしていたのか見

193

ましょう。トニーとマリサです。おかえりなさい。トニー、前回番組を見なかった人たちのために、あなたは成人向け映画の俳優ですね。)

 c. HANNITY: And you were able to sneak out. And then you wrote a book about your experience, also. You know, *for all those that* say that we talk show hosts are stubborn, don't have an open mind, we have closed minds, ... (COCA)

  (H: あなたは抜け出すことができたんですね。そして、あなたの経験についての本も書いたんですね。我々トークショーの司会は頑固で、広い心を持っておらず、閉鎖的な考えの持ち主だと言う人々のために…。)

(13) は、one of those that ～（～する人々の 1 人）の例である。

(13) a. FMR-GOV-BARBOUR: . . . . Romney had a big victory in Illinois on Tuesday. I'm not *one of those that* thinks that you should say to people, "you got to get out." (COCA)

  (B: ロムニー氏は、火曜日イリノイ州で大勝利を収めました。私は、あなたが人々に「出ていけ」と言うべきだと思っている者たちの 1 人ではありません。)

 b. The fans in the seats cannot see whether he is there or not, but he is. No. 44 played the game the right way, and he watches it the right way. "I'm not *one of those that* leaves in the sixth inning," he says. (COCA)

  (席についているファンは、彼がそこにいるかどうかわからなかったが、彼はそこにいた。44 番の選手は正しいやり方で試合をして、彼は試合をきちんと見た。「私は、6 回で去った人たちの 1 人ではありません。」と彼は言った。)

人を指す those that は、集合名詞を表す場合がある。それが (14) の例である。

(14) a. For many families, best as I can understand, *those that* have insurance want to make sure that it's affordable in the future and .... (COCA)
(多くの家族にとって、私が理解できる限り、保険に入っている家族は、将来それが支払い可能な価格かどうか確かめたがっていて…。)

b. Erm and the difference in appraisal between the groups of people that knew about the speaker before and *those that* didn't know anything, they say it is important to the similarity attraction. (BNC)
(以前に話者を知っていた人々の集団と何も知らなかった集団の評価における違いは、類似性と魅力にとって重要だということだ。)

(14a)の those that は家族（families）を指し、(14b) の those that は人々の集団（the groups of people）を指す。

(15) は、all those that~（~する人々すべて）の例である。

(15) a. "Do you say Hands up *all those that* feel that they are better today than they were yesterday, or do you apply some perhaps more objective criteria of describing that?" (BNC)
(昨日よりも今日のほうがよいと感じる人たちは全員手をあげなさいと言いますか、もしくは、それを言語化するためにより客観的な基準を適用しますか？)

b. VERJEE: All right. Well, what we are hearing now is that *all those that* were holed up in the prison in Jericho, in the West Bank, have given up. (COCA)
(V: わかりました。えーと、私たちが今聞いてる情報によると、ヨルダン川西岸地区のエリコの刑務所で潜伏しているすべての人々があきらめたということです。)

(16) は、those who can, do; those who can't, teach （「できる人はやる。できない人は教える。」）という諺が変化した例である（用例の訳は省略）。

(16) Their argument is the old saying: *those that* can, do, *those that* can't, preach. (WB)

　(6) から (16) の例から、人を指す those that は多岐にわたる統語形式で使用されることがわかった。これは、those that が人を指すという用法が定着していることの表れと捉えることができる。
　本章 3.1 節で、現代英語には動物を指す those that があることを明らかにした。その例が (17) である。

(17) a. Although many species of sharks do not need to swim to breathe, *those that* do suffocate in nets. (COCA)
　　　　（鮫の多くの種類は呼吸のために泳ぐ必要がないけれども、呼吸のために泳ぐ鮫は、網の中で窒息する。）
　　b. We know from other free-ranging sharks, especially *those that* migrate hundreds or thousands of miles, ... (COCA)
　　　　（放し飼いの鮫、とりわけ何百、何千マイルを移住する鮫から、…ということがわかっています。）

　上記の例から、現代英語では those that は、物・人・動物を表す場合に用いられることがわかる。人を指す those that は、those who と同じ使われ方をするが、物・動物を指す場合と混同しないように、those that の近辺に those who 〜 などの人を表す語句が観察される。動物を表す場合の those that は、(17) の例が示しているように、those that の近くに必ず動物を意味する単語が観察される。
　では、なぜ those that が物・人・動物を指すのだろうか。これは、関係代名詞 that の影響によると考える。関係代名詞では、先行詞が人と物、または人と動物を含む場合は who でも which でもなく that が選択される。このような規則の類推により、先行詞が人の場合でも that が使用されるようになり、those that で人を指すようになったと考えられる。使用したコーパスの結果から、those that は書き言葉（written）よりも話し言葉（spoken）

で多く観察されることから、スピードがあり、きびきびとした発話では、who, which の選択で迷うより、人・物・動物すべてを表すことができる無標の those that を選択するのではないかと考える。つまり、規範文法で言われていた「those who は人を指し、those that は物を指す」というルールは必ずしも成り立たない。本章で述べた人を指す those who を図式化すると、(18) のようになる。

(18)　those who ─────▶ those that ◀───── those that, those which
　　　　人　　　　　　　人・物・動物　　　　　　　物

(18) に示すように、those that は、chairperson（議長）が chairman と chairwoman の間に位置する中立的な表現であるのと同様、those who（人）と those that/which（物）との間の中立的な表現であることがわかる。

3.3　ストレスパタン調査

人・物・動物を表す those that のストレスパタンを調査するため、英語母語話者（アメリカ人2名、イギリス人2名、カナダ人1名、オーストラリア人1名）に (19) の英文を読んでもらった。(19a, b) は人、(19c, d) は物・人と事・人、(19e, f) は動物を表す those that である。その結果が表 8.2 である。

(19) a. There are over protective parents and there are those that will defend the indefensible as far as their children are concerned.
　　 b. but, there was no marked difference between those that heard Mozart or those who heard Schubert.
　　 c. There were vehicles and pedestrians everywhere and most didn't pay any attention when she blew the horn. Those that did react didn't have anywhere out of the way to go, anyway.
　　 d. Most agree that indigenous communities and peoples are those that demonstrate historical continuity (and have occupied land)

before colonization or invasion, ...
e. Although many species of sharks do not need to swim to breath, those that do suffocate in nets.
f. We know from other free-ranging sharks, especially those that migrate hundreds or thousands of miles, ...

表 8.2　those that のストレスパタン

	thóse that	those thát	thóse thát	その他	合計
(19a)	3	1	2	0	6
(19b)	3	1	2	0	6
(19c)	2	1	3	0	6
(19d)	4	0	1	1 (that 省略)	6
(19e)	3	1	2	0	6
(19f)	5	0	1	0	6

　表 8.2 に示す通り、人、人と物、動物を表す場合の those that は、those にストレスが置かれる、もしくは those, that ともにストレスが置かれるというストレスパタンが観察された。thóse thát とも発音されることから、定型表現は必ずしも 1 つのトーングループから成り立つわけではなく、定型表現を構成している各語はそれぞれのトーングループを持つことがわかる。また、those that のストレスは、語と同じように一定のストレスパタンを持つ。

4. those that の実態：通時的観点から

　COHA, MEC を利用して人を表す those that を検索したところ、COHA では (20a) に示す例が初出であった。

(20) a. He mourned with those who mourned, and wept with *those*

　　　　that wept. 　　　　　　　　　　　　　　　　　（COHA）
　　　　（彼は、悲しんでいた人たちとともに悲しみ、泣いていた人たちと一緒に泣いた。）
　b.　To all *those that* observe dayes, moneths, times and years, this is written, that they may see whether they follow the example and doctrine of the Apostle, or whether they are such as the Apostle testified against. 　　　　　　　　　　　（MEC）
　　　　（日々、月々、季節ごと、年々、自分が使徒の先例と教えに従っているかどうか、もしくは自分が不利な証言をされた使徒のようであるかどうか確かめることを心がける人たちのために、これは書かれた。）

　COHAでは、1810年代に使用されていたthose thatは（20a）の例を除き、すべて物を指すものであった。MECでは、1500年代後半から人を表すthose thatが観察された。（20b）のようなMECの用例が示すように、人を表すthose thatは1500年代後半から使用されていたということから、人を表すthose thatは決して現代英語に観察される新しい定型表現ではなく、規範文法以前に使用されていた定型表現であることがわかる。
　規範文法の成立は1760年代以降と見るのが一般的である。1761年にJoseph Priestleyの *The Rudiments of English Grammar, Adapted to the Use of Schools* が、1762年にLowthの *A Short Introduction to English Grammar with Critical Notes* が出版されている。MECのthose thatの例とCOCAの1810年代の例を見ると、1700年後半もしくは1800年頃から、those who＝人、those that＝物を指す用例が観察される。つまり、those who＝人、those that＝物を指すというのは、規範文法により作られた用法ではないかと考えられる。
　そこでCOHAを使用して、人もしくは動物を指すthose thatの使用割合を調べた結果が図8.10である。

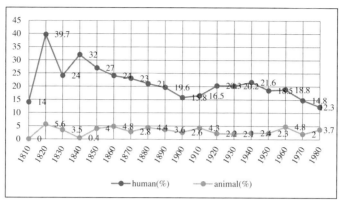

図 8.10　COHA における年代別の人もしくは動物を表す those that の割合

　図 8.10 から、人を指す those that は 1820 年代を除き、ほぼ横ばいで使用されていることがわかる。those that が動物を指す場合にも同じことが言える。図 8.10 の結果とこれまで述べたことから、人・動物を示す those that は、MEC の用例からもわかる通り、規範文法成立以前から使用されていたと言える。そして、規範文法により those who は人を指す、those that は物を指す、というルールができたにもかかわらず、人を指す those that は廃れることなく綿々と使用され、現在まで続いていることがわかる。換言すると、人を指す those that は古くから使用されていたが、規範文法により誤りとされたため、長い間認識されていなかった定型表現と言える。しかし、現在は規範文法のしばりから離れて、本来の姿を取り戻し、関係代名詞 that の類推により、人・物を表す those that へと画一化している。

5.　people that, guys that について

5.1　people that

　本節は、リサーチ・クエスチョン（5e）にあげた people that, guys that の実態を明らかにする。図 8.11 から図 8.16 は、各コーパスの people who と people that の頻度とレジスターごとの頻度である。

第 8 章　画一化された定型表現

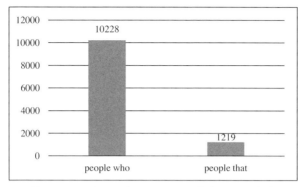

図 8.11　people who と people that の頻度：BNC の場合

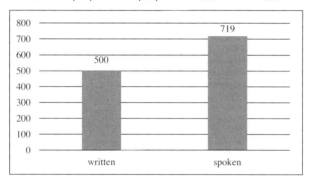

図 8.12　レジスターごとの人を指す people that: BNC 1219 例の場合

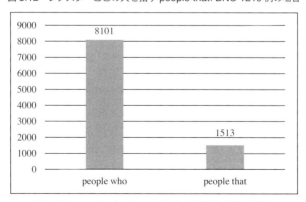

図 8.13　people who と people that の頻度：WB の場合

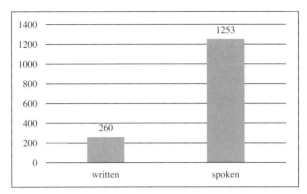

図 8.14　レジスターごとの人を指す people that: WB 1513 例の場合

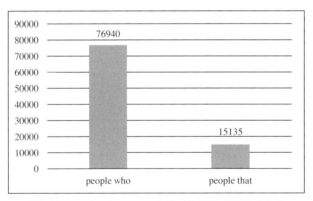

図 8.15　people who と people that の頻度： COCA の場合

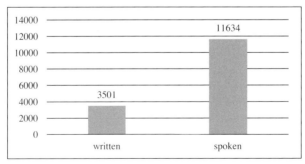

図 8.16　レジスターごとの人を指す people that: COCA 15135 例の場合

第 8 章 画一化された定型表現

図 8.11–8.16 の結果から、people that の場合も those that と同じく、people who と比較すると頻度は低い。また、話し言葉で多く観察されることから、スピード感のある会話では、人・物を表すことができる無標の that が選択されることがわかる。

COHA では people that の初出の例は 1810 年代に 4 例あり、それ以降増加の一途をたどっていることから、people that は古くから存在する定型表現と言える。

(21) LAUER: Donny, what do you think's going happen?
　　　Mr-DEUTSCH: Yeah, look. This is a man who was a great man by many standards. You talk to the *people that* came through and he affected them, who obviously made a bad judgment call.

(COCA)

(L: ドニー、何が起こると思いますか？
 D: そうですね、見てみましょう。こちらは、多くの基準では、素晴らしい男性だった方です。経験をした人々と話して、彼は明らかに間違った個人的判断をした彼らに影響を与えました。)

5.2 guys that

図 8.17 から図 8.22 は、各コーパスの guys who と guys that の頻度とレジスターごとの頻度である。

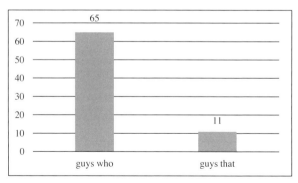

図 8.17　guys who と guys that の頻度：BNC の場合

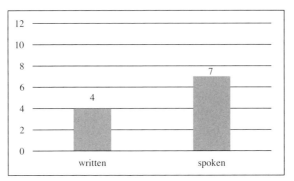

図 8.18　レジスターごとの人を指す guys that: BNC 11 例の場合

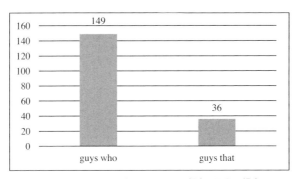

図 8.19　guys who と guys that の頻度：WB の場合

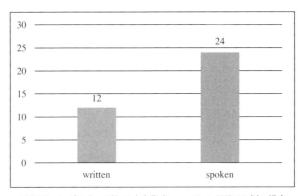

図 8.20　レジスターごとの人を指す guys that: WB 36 例の場合

第 8 章　画一化された定型表現

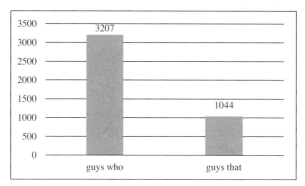

図 8.21　guys who と guys that の頻度：COCA の場合

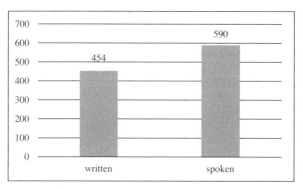

図 8.22　レジスターごとの人を指す guys that: COCA 1044 例の場合

　図 8.17 から 8.22 より、guys that は guys who と比較すると使用頻度は低いものの、those that, people that と同じく、どのコーパスでも話し言葉（spoken）で多く使用されていることがわかる。COHA で最初に観察された例は 1872 年に 1 例のみで、それ以降は 1910 年代になるまでは使用されていない。1910 年代から増え始めていることから、guys that は現代英語に観察される新しい定型表現と言える。

(22)　a.　VAN-SUSTEREN: And we should probably emphasize the subpoena is not going out for the president. It's going out

> for people who work at the White House, right?
> STEPHENS: Right. They have to talk to the *guys that* do the work at the White House, the Office of Management and Budget. (COCA)

（VS: そして恐らく私たちは大統領に対して召喚礼状が出されないことを強調すべきです。それは、ホワイトハウスで働いている人々に対して出されるものですよね？
　　S: その通りです。彼らはホワイトハウスの行政管理予算局で仕事をしている人々と話すべきです。）

b. Mark Mulder and Dan Haren (each with two years of club control remaining) were dealt for prospects. But even Haren, traded in December 2007 from Oakland to the Diamondbacks, is stunned at the state of affairs. "It's amazing that two or three years later after I left, I couldn't name two or three *guys that* I played with that were still on the team . . . ." (COCA)

（マーク・マルダーとダン・ハレンは（それぞれチームとの契約が2年残っている）、見込みがあるものとして扱われた。しかし、2007年12月にオークランドからダイヤモンドバックスにトレードされたハレンでさえ、現状に驚いた。「私が去った後の2年もしくは3年後には、まだチームにいた、かつて一緒にプレーをした2, 3人の名前を言うことができなくなっていたのは驚きだった。」）

6. 結語

本章は、共時的、通時的観点から、人を指す those that について概観した。その結果、人を指す those that は規範文法以前から使用されており、規範文法設立後も日の目を見ることがないながらも長い間使用されてきた定型表現と言える。しかし、現代英語では、those who から人・物・動物を表す those that へ画一化している傾向が見られることを述べた。

本章が掲げたリサーチ・クエスチョン (5) への回答は下記の通りである。

(23) a. those that は those who と同じ「人々」を表すのか？
→ 表す。
b. a. の場合、those that と those who の頻度は？
→ those that＜those who
c. 「人々」を表す those that は、those who と同じ統語形式を取るのか？
→ 取るが、それ以外の統語形式（動詞＋those that, be 動詞＋those that）も認められる。
d. 人を示す those that は、話し言葉と書き言葉、アメリカ英語とイギリス英語のどちらで多く観察されるのか？
→ 話し言葉。英米の差はない。
e. people who, guys who と同等の表現として、people that, guys that も存在するのか？ その場合、people that, guys that は「人々」の意味で使用されるのか？
→ 存在する。「人々」の意で使用されるが、people that は古くからある定型表現で、guys that は新しい定型表現である。

第 9 章
仮定法 were の変化
──定型表現 as it were から as it was へ

1. はじめに

　仮定法の were（以後 *were*-subjunctive）が was（以後 *was*-subjunctive）に取って変わると言われていることは広く知られている（e.g. If I *were/was* rich, I would buy you anything you wanted.（Quirk *et al.* 1985: 158）（私が裕福だったら、あなたがほしいものを何でも買うだろう。））[1]。これは、(1)

---

[1] Quirk *et al.* (1985) 以外の記述として次のものがある。*Webster's Dictionary of English Usage* (1989) は、'historically, the *was*-subjunctive, instead of the *were*-subjunctive, began to be used at the end of the 16th century and was frequently used at the end of the 17th century. The dictionary also mentions that the *was*-subjunctive was used for emphasis, but actually, the examples of the *was*-subjunctive appeared in a less formal style.'（歴史的に、仮定法 was は、仮定法 were の代わりに 16 世紀終わりから使用され始め、17 世紀終わりには頻繁に使用された。本辞典も、仮定法 was は強調のために使用されていたと述べているが、実際は仮定法 was の例はよりくだけた文体において見られた。）と述べている。また、Schibsbye (1970) は、'the degree of uncertainty greatly influences the choice of either *is*, *was* or *were* and changes depending on *is/was/were*. For example, let us consider the sentence *'If it is/was/were true, I should know it'*. When the *is*-indicative is used, e.g. *if it is true*, it implies that it is obvious that it is true. On the other hand, *if it was true* implies that it is difficult to say whether it is true, and *if it were true* shows that it is not true at all.'（不確かさの度合いは is/was/were の選択に大きな影響を与え、そして is/was/were によって変化する。例えば、*'If it is/was/were true, I should know it'*（もしそれが真実ならば、私はそれを知るべきだ）を例にとって考えてみよう。直説法 is が使用された if it is true の場合、それが真実であるということが明らかだと伝える。一方、if it was true は、それが真実か

に示すように定型表現 if I were you から if I was you に変わった例にも見られる現象である（イタリックは筆者。以下同じ。）。

(1) a. The woman looked at her friend and back to Charlotte. "*If I was you*, I wouldn't be out walking in this weather unless I had somewhere I had to get to," the woman said. (COCA)
（女性は友達を見て、シャーロットに目を戻した。「もし私があなただったら、どこか行かなければならないところがない限り、こんな天気の日には外に出歩かないでしょう。」と女性は言った。）
b. I'd get out *if I was you*. (Fowler 2004)
（もし私があなたなら出ていくよ。）

COCA と BNC を使用して if I were you と if I was you の頻度を比較した結果、表 9.1 のようになった。この if I was you には、直説法の was が使用された例は含まれていない。

表 9.1 BNC, COCA で観察された if I were you と if I was you の頻度

	if I were you	if I was you
BNC	152	37
COCA	378	59

表 9.1 からわかるように、if I was you は if I were you よりも頻度は低いけれど観察される。換言すると、定型表現の場合も、それが使用されているレジスターにかかわらず、*were*-subjunctive から *was*-subjunctive へ移行していると考えられる。つまり、were と was の融合が起き、was に統一されつつあるということである。

if I was you のほかに、定型表現 if it were not/weren't for についても *was*-subjunctive の例がレジスターにかかわらず観察される。下記の例を参

どうか述べるのが難しいことを意味し、if it were true は、それが全く真実でないということを意味する。）と説明している。

照されたい。

(2) *If it was not for* family, friends and a great law partner, I probably would be in the exact situation as Mr. Schultz. (COCA)
（もし家族、友達、偉大な法律家のパートナーがいなかったら、恐らく私もシュルツさんと全く同じ状況になるでしょう。）

(3) And *if it was not for* Title IX, I don't think I'd be in the position that I'm in today and be able to encourage other young girls who want to get into sports. (COCA)
（もし初等中等教育法タイトル IX がなければ、私は今日の立場にはいなかっただろうと思いますし、スポーツに参加したい若い女性を勇気づけることもできなかっただろうと思います。）

(4) Nothing would get done *if it wasn't for* her. (COCA)
（彼女がいなければ何もできないだろう。）

if I was you と if it was not/wasn't for と同様のことが、定型表現の as it were にも見られる。これまでの先行研究（2 節で詳述）によると、as it were の場合、were-subjunctive から was-subjunctive の変化は認められていない。というのは、as it was の場合、*I left it as it was.*（それをそのままにしておいた。）のように、直説法との混同が起きるからである。しかしながら、(5)、(6) に示すように、as it were から was-subjunctive へ移行した as it was が観察される。

(5) MORGAN: Will Justin Bieber have that, do you think? Is it inevitable?
D. OSMOND: He's got it now. He's got it now. You know, that kind of success at that age can really bite you in the shorts, *as it was*, the proverbial shorts.
MORGAN: What would you say to him? (COCA)
（M: ジャスティン・ビーバーはそれを持つだろうと思いますか？ それは必須ですか？

D: 彼は今、それを持っています。ほら、あの年齢でのあのような成功は、危険になりうることがありますよね。例えば、諺的な表現ですけどね。
M: あなたは彼に何と言うでしょうか?)

(6) The journal had been intended as the perfect Austenesque birthday gift for my vintage-obsessed younger cousin. I'd found it lying alongside a worn copy of *Pride and Prejudice* in a quirky antiques shop down on South Congress and simply couldn't pass it up, hobnobbing, *as it was*, with greatness. (COCA)
(その雑誌は、ビンテージに心を奪われている従妹のための完全なオースティン的な誕生日プレゼントとして意図されたものだった。サウス・コングレスを下ったところにある風変わりな骨董品店でぼろぼろの『高慢と偏見』の隣にあったそれを見つけて、まるで偉大な人と近づきになるかのように、それを見逃すことはできなかった。)

(5) の as it was は、ジャスティン・ビーバー(Justin Bieber)の成功を 'that kind of success at that age can really bite you in the shorts' (危険になりうることがある)と言い、その shorts は諺的なものであるということを as it was を用いて比喩的に説明している。(6) の as it was は、筆者が『高慢と偏見』(*Pride and Prejudice*)の隣で見つけた雑誌について、偉大な人と近づきになるようだという喩えを誇張するために使用されている。

本章は、コーパスから得られたデータをもとに、as it were が as it was に移行していることを示し、as it was の実態を述べる。

2. as it were, as it was について

これまでの as it were に関する先行研究は、枚挙にいとまがない。またそれらは、*was*-subjunctive である as it was を誤用とするか、もしくはその存在を認めていない(Jespersen (1954c), Greenbaum and Whitcut (1988), Aarts (2011), Quirk *et al.* (1985), 石橋(編)(1966), 渡辺(編)(1995), 安井(1996), 安藤(2005), 小西(編)(2006))。*OED*[2] は、as it were は as if it were so, if one might so put it, in some sort（もしそうなら、誰かがそう言うのなら、ある意味では）という意味であり、a parenthetic phrase used to indicate that a word or statement is perhaps not formally exact though practically right.（ある発言や意見は事実上正しいけれど、正式には恐らく正確ではないことを示すために使用される、挿入句的な定型表現）と説明している。これまでの先行研究と同様に、*OED*[2] も *was*-subjunctive である as it was は認めていない。

　as it were については、英英辞典を含む欧米の先行研究と、英和辞典を含む日本の先行研究では扱いが異なる。(7), (8) は英英辞典の定義と用例、(9), (10) は英和辞典の定義と用例である。

(7) 　a.　used for making a description sound less definite or less exact. 　　　　　　　　　　　　　　　　　　　　　　(*MED*[2])
（記述があまり明確でないもしくは正確でないと思われるようにするために使用される。）

　　b.　You say *as it were* in order to make what you are saying sound less definite. [VAGUENESS] 　　　　　　(*COB*[8])
（as it were は、言っていることが正確でないように思わせるために使用する。[曖昧性]）

　　c.　sometimes said after a FIGURATIVE（＝not meaning exactly what it appears to mean）or unusual expression. 　(*CALD*[4])
（時折、比喩的（＝意味すると思われることをその通りに意味しない）もしくは珍しい表現の後に使用される。）

　　d.　SPOKEN FORMAL used when describing someone or something in a way that is not completely exact. 　(*LAAD*[3])
（[会話・格式] 誰かもしくは何かを、完全には正確でない方法で説明するときに使用される。）

　　e.　used when a speaker is giving his or her own impression of a situation or expressing sth in a particular way. 　(*OALD*[9])
（話者が状況の印象を述べる、もしくはある方法で何かを表現する際に使用される。）

        f. used when describing someone or something in a way that is not quite exact. (*LDCE*[6])
            (誰かもしくは何かをあまり正確ではない方法で表現するときに使用される。)

(8)   a. Mandela became, *as it were*, the father of the nation. (*MED*[2])
            (マンデラは、いわば、国の父となった。)

        b. I'd understood the words, but I didn't, *as it were*, understand the question. (*COB*[8])
            (言葉は理解したけれど、言ってみれば、質問は理解していなかった。)

        c. If he still refuses we could always apply a little pressure, *as it were*. (*CALD*[4])
            (もし彼がそれでも拒むのなら、私たちはいつでもいわば、少しプレッシャーをかけることもできる。)

        d. He became famous, *as it were*, for never having a hit record. (*LAAD*[3])
            (彼は、いわばヒットレコードがないからこそ有名になった。)

        e. Teachers must put the brakes on, *as it were*, when they notice students looking puzzled. (*OALD*[9])
            (教師は、学生が困っていることに気づいたときには、いわば、ブレーキをかけなければいけない。)

        f. Jim Radcliffe became our idol, *as it were*, the man we all wanted to be. (*LDCE*[6])
            (ジム・ラドクリフは、私たちのアイドル、いわば私たちがなりたかった男性になった。)

(9)   a. ［副］文修飾語［挿入語句として］Ⓢ《格式》いわば、まるで (so to speak) (『ルミナス[2]』)

        b. 《挿入的》言わば、言ってみれば (▶ so to speak よりも堅い表現) (『ユース』)

        c. 《フォーマル，話》いわば、言ってみれば (『ロングマン』)

        d. 〘かたい話〙［挿入的に］いわば (! as if it were so を短縮した

もの：×as it was としない）　　　　　　　　　　（『ウィズダム³』）

(10) a. Mr. Brown is, *as it were*, a walking encyclopedia.

（『ルミナス²』）

（ブラウンさんはいわば生き字引きみたいなものだ。）

b. He is, *as it were*, a walking dictionary.　　　（『ユース』）

（彼は、まるで歩く辞書だ。）

c. Ideas are the food for thought, *as it were*.　（『ロングマン』）

（アイデアは、いわば思考の糧である。）

d. A son is, *as it were*, a part of his father. = A son is a part of his father, *as it were*.　　　　　　　　　　　　（『ウィズダム³』）

（息子は、いわば父親の一部である。）

　(7), (8)の英英辞典の定義と用例から、as it were は主に文中で使用され、確証、正確さはないけれど何かもしくは誰かを比喩的に描写する際に使用されていることがわかる。これは日本語の「まるで、あたかも」に相当すると考えられる。一方、(9), (10)の英和辞典の定義、用例から、as it were は主に文中で使用され、単に事象 A を事象 B に言い換える、もしくは喩えるために使用されることがわかる。また、as it were の日本語訳には「言わば、言ってみれば」という訳が与えられているが、英英辞典が説明しているような as it were の意味の根底にある考え方（確証、正確さが欠けていること）は、英和辞典の日本語訳には反映されていない。

　このような現状を踏まえて、本章は 3 節で as it were を再検証することから始め、4 節で as it was について論じる。

3. as it were の実態

　コーパスを使用して as it were を検索した結果、BNC では 1005 例、WB では 523 例、COCA では 1733 例観察された。これらの例は、... although she has said that she would support a public option *as long as it were* something that was only triggered under certain circumstances.（COCA）（彼女

は、公的医療保険の導入が、ある状況下においてのみ引き起こされるものである限り、それを支持するだろうと言ったけれども）のような本章の対象外の例も含んでいる。このような例を取り除いた COCA の as it were の1000 例をその統語特徴により分類したところ、表 9.2 に示すような結果となった。

表 9.2 as it were の用法とその特徴

	用法	特徴的な共起語句等	文中での位置	使用割合	比喩のタイプ	用例
①	具体的な語句を用いた喩え	like, 名詞（句）	文中、文末	13.6%	隠喩・直喩	(11)
②	喩えの言い換え	or	文末、文中	3.6%	隠喩	(12)
③	主語の喩え	be 動詞、連結動詞	文中（be 動詞、連結動詞の後）	6.9%	隠喩	(13)
④	確証のない喩え	sort of, kind of, if 節、仮定法の文脈	文中、文末	6.2%	隠喩・直喩	(14)
⑤	これまでの内容を受けた喩え		文末、文中	26.7%	隠喩	(15)
⑥	強調的な喩え		文中、前置詞の前後	42.9%	隠喩	(16)
⑦	言いにくいことを言う		文中	0.1%		(17)

表 9.2 より、as it were は英英辞典の記述の通り「比喩」の機能を持つが、何をどのように喩えるかにおいて細分化され、各用法に応じた統語特徴が観察される。また、*CALD*[4] の記述で figurative（比喩的）とあるように、「隠喩」と「直喩」の両方で使用される。表 9.2 の結果を踏まえると、as it were の日本語訳は「（確証はないけれど）まるで、あたかも、例えば〜のようである」が適当かと考える。

BNC, WB の as it were を調べた結果[2]、BNC では ② の用法は観察され

2 　BNC, WB の検索でも同様に、後続に節を従える as it were は除外した。

なかったが、WBではすべての用法が観察された。表9.2の①から⑥の用法の例を（11）から（16）にあげる。

(11) a. Spanglsh and Espangls can only exist when engendered by the two mother tongues and so the play has two settings —— two stations *as it were*: there is the Real World, where characters speak whatever they speak, and then there's the Translated World, where light and sound sort of turn the dial up on the English. (COCA)
(スパングリッシュとエスパングルスは、2つの母語によって産み出されたときにのみ存在することができ、そしてその劇は2つの設定——いわば2つのチャンネルを持っている。1つは実世界で、そこでは登場人物が彼らの話すことを何でも話し、もう1つは翻訳された世界で、そこでは光と音が英語にダイヤルを合わせる。)

b. Since you are a wizard of sorts, you are of course aware that we live upon a world shaped, *as it were*, like a disc? (BNC)
(あなたはある種の魔法使いなので、あなたはもちろん、私たちがまるで円盤のような形をした世界に住んでいることに気づいていますよね？)

(12) a. KAYE: That is such a great story. The question is, though, did the phone ever ring for C.J.?
GRIFFIN: Once. The New York Mets called him down to Florida, had him try out, and they never called back. But he got a different call. This is a different —— a role call, *as it were*. (COCA)
(K: それはなんてすばらしい話なんでしょう。だけど問題は、C.J.への電話は鳴りましたか？
G: 1回だけ。ニューヨークメッツは、フロリダまで電話してきて入団テストを受けさせて、再び電話することはなかった。けれど、彼は違う電話を受けた。これは違って、いわば出席を取る電話でした。)

b. Mr-ZAKHEIM: . . . . You simply don't have the same kind of,

217

what the military calls, situational awareness, what normal human beings *as it were* or people speaking English would call knowing what's going on.　　　　　　　　　(COCA)

(Z: …あなたは、軍隊で言えば「現状認識」、あるいはいわばまともな人間、あるいは英語を話す人だったら「何が起こっているか知っている」と呼ぶものと同じ認識を持っていない。)

(13) a. As Bowlby argues, while a child lacks the "rudiments of conscience," the mother diverts the child from socially negative actions, even while allowing him some freedom; acting on the child's behalf, as Bowlby phrases it, "She is, *as it were*, his personality and his conscience."　　　　　　(COCA)

(ボウルビーが議論するように、子供は「良心の芽生え」が欠けている一方で、母親は子供にいくらかの自由を与えながらも、子供を社会的に否定的な行為からそらす。つまり、子供の代わりに行動する。ボウルビーはそれを次のように言い表す。「彼女はまるで、彼のパーソナリティであり、良心である。」)

b. Is this just a temporary ― temporary hiccup? Is it a, *as it were*, a routine rather savage adjustment to the Japanese economy or are we seeing the unraveling of the Japanese economy?
　　　　　　　　　　　　　　　　　　　　　　　　(WB)

(これは単に一時的なしゃっくりですか？ それは、いわばお決まりの日本経済のかなり乱暴な調整ですか、もしくは私たちは日本経済の破綻を目にしているのですか？)

(14) While this might appear to "balance the books", *as it were*, and to make for equal exchange, what George Steiner innocently terms "exchange without loss", in fact it reaps dividends for the West's own humanism, as Derrida argues, and as Lienhardt and Malinowski prove.　　　　　　　　　　　　　　　(WB)

(これはいわば「帳尻を合わせる」ように見えるし、また、ジョージ・スタイナーが何気なく「損失なき交換」と呼んだ「等価な交換」を目指しているように思えるが、実はそれは、デリダが論じ、そして、ラインハルトとマリノフスキーが証明したように、西洋自身のヒューマニズムのための

分け前を得ているのである。)

(15) a. BAIER: . . . . This evening we welcome our guest, former New Mexico Governor Gary Johnson. Governor, thanks for being here.
GARY-JOHNSON-1R: Great being on here, Bret.
BAIER: Sure. Jonah, let's start with you.
GOLDBERG: I drew the short straw, *as it were*. (COCA)
(B: 今晩は、前ニューメキシコ州知事ゲーリー・ジョンソン氏をゲストにお迎えしています。知事、ご出演ありがとうございます。
G: 出演できて光栄です、ブレット。
B: こちらこそ。ジョナ、始めましょう。
G: 私は、まるで貧乏くじを引いたみたいですね。)

b. Mr-PRYCE: Well, I'm Welsh, so my basic accent is —— well, it was before I went to drama school —— was a Welsh accent. And I've learned how to speak English, *as it were*.
(COCA)
(P: えーと、私はウェールズ人です。なので私のなまりは、演劇学校に行く前までは、ウェールズのなまりでした。私はいわば英語の話し方を学んだんです。)

(16) a. I looked at him quizzically. "'Night and Fog,'" Danforth translated. "The German policy of sending prisoners to camps where they would disappear into, *as it were*, night and fog."
(COCA)
(私は彼をいぶかしげに見ました。「『夜と霧』」とダンフォースは訳しました。「囚人を収容所へ送り、そこでは囚人がまるで夜と霧の中へ消えるという、ドイツのやり方です。」)

b. He didn't understand the implications of his actions, but he soon would. He'd later explain that something was tugging at his spirit, begging him, *as it were*, to stay. (COCA)
(彼は彼の行動の含意を理解していなかったけれど、すぐに理解するだろう。何かが彼の精神を引っ張って、まるで彼にとどまるように頼んだことを彼は後に説明するだろう。)

c. Well, thank you very much indeed, er, the resolution is er, carried. Erm, we're coming *as it were* to the end of the first part of the proceedings, er, but, I'd like to give a brief thanks to the er, C R group, that's the Charities Recruitment Group, for the part sponsorship of this A G M Conference.　（BNC）
（本当にありがとうございます。決議案は採択されました。私たちは、まるで、議事の第1部の最後に来ました。この年次総会のスポンサーであるCRグループ、つまり慈善事業募集団体に簡潔にお礼を述べます。）

d. He used laser beams actually to, *as it were*, lift an experimental train onto a track inside a cell.　（WB）
（彼は実は、いわば試験的な列車をセルの中の線路に載せるためにレーザー光線を使用した。）

e. Intelligent design is really a stand-alone science. It's looking for the engineering features, *as it were*, of biological systems.
　（COCA）
（インテリジェント・デザインは、本当に独立型の科学である。それは、いわば、生物のシステムの工学的特徴を求めているのだ。）

f. His miracles of building this new perspective, conformed to the biblical miracles in both Testaments, are truly the work of God. Yet Benedict becomes so addicted, *as it were*, to these displays of power that he grows deaf to the simplest request of charity, ...　（COCA）
（この新しい視点を築く彼の奇跡は、両聖書にある奇跡に一致しているもので、本当に神の業である。しかし、ベネディクトは、いわば、これらの力の誇示に夢中になるあまり、最も単純な博愛の要求に耳を傾けなくなる。）

g. The religionists of our time are occupying about the same ground occupied by heretics and infidels of one hundred years ago. The church has advanced in spite, *as it were*, of itself.
　（COCA）

第 9 章　仮定法 were の変化

(私たちの時代の狂信家たちは、100 年前の異端者と異教徒と同じ領土を占めている。教会は、いわば、おのれ自身に抗して進歩を遂げた。)

h. This would, I think, lead to a quite implausible account of ordinary knowledge of your own thoughts on which you had, *as it were*, a "double awareness" of their contents, ...

(COCA)

(私が思うに、これはあなたがそれらの中身の、いわば「二重の認識」について持っているあなた独自の考えの普通の知識についての本当に信じがたい説明につながるだろう。)

i. "What about the storage space business? Where did that come from?" "I figured I hadda (sic. had to) do something when the roofing trade fell in. '*As it were*,'" he added with a wink at me. "I decided to try salvage. I had some cash tucked away the wife and the creditors didn't know about so I used that to get started . . . ."

(COCA)

(「収納スペース事業はどうですか？　それらはどこから来たのですか？」「私は屋根ふき材事業が落ち込んだとき、何かしなければいけないと理解しました。つまり」彼は私にウィンクをして付け加えました。「私は海難救助を試みることを決めました。私には妻や債権者が知らない隠された現金があったので、始めるためにそれらを使いました…。」)

(17) . . . "I may, provided you don't feel that I'd be, *as it were*, trespassing in your territory, sir, be able to be of some assistance."

(COCA)

(…「もし、私がいわば、あなたの領地に不法侵入しているとあなたがお感じにならなければ、私はあなたの助けになることができます。」)

(11a) の as it were は、脚本がまるで 2 つの駅を持っているようだというように、具体的な喩えを言うために使用されている。(11b) は、私たちがまるで円盤 (disc) のような形をしている世界で生活しているというように、as it were は世界が円盤のような形であるという喩えを直喩的に述べて

221

いる。

　(12a) は、「彼は違う電話を受けた。これは違って、いわば、出席を取る電話でした。」というように、a different call を a roll call と言い換えるために as it were が使用されている。a roll call は、出席確認と出席の電話という call に2つの意味を込めた地口 (pun) が使用されている。(12b) の as it were は、「いわばまともな人間、あるいは英語を話す人」というように、喩えの言い換えのために用いられている。

　(13) の as it were は、主語の性質・状態を、補語に位置する具体的な語句で喩えている。この用法の as it were は、表9.1で記述した通り、be 動詞の後に位置する。

　(14) の as it were は、確証のない喩え、もしくは現実世界では偽とされる反事実な内容を喩えて言うために使用されている。この用法は、仮定法の文脈で使用される傾向にある。

　(15) で使用されている as it were は、これまでの内容を受けて生じた感情、出来事を喩えている。(15a) の場合、ゴールドバーグ (Goldberg) が最初に質問を受けることを「まるで貧乏くじを引いたみたいだ」と喩えている。(15b) もプライス (Pryce) は、本来のなまりはウェールズで、演劇学校に行く前まではウェールズのなまりだった。英語が母語であるにもかかわらず、その演劇学校で「いわば英語の話し方を学んだ」と喩えを言っている。

　(16) の as it were の用法は、すべての用法の中で一番頻度が高い。典型的な統語特徴は、(16a, c, e, f) が示すように、as it were が前置詞の前後に挿入句的に使用される場合である。これらは、as it were が使用されることにより一種のサスペンスを与え、それ以降に続く内容を強調している用法である。一例をあげると、(16b) の場合、begging him to stay (彼にとどまるように頼む) の begging のうち、例えば滞在すること (to stay) を強調するために as it were が使用されている。また (16g) では、定型表現 in spite of の前置詞 of の前に as it were が挿入句的に使用されている。この場合は、喩えではなく、単に itself を強調していると考える。(16h) の as it were は、had の目的語である "double awareness" (二重の認識) を強調してい

る。(16i) は、as it were が単独で使用された例で、as it were の前に位置する内容 (when the roofing trade fell in, 屋根ふき材事業が落ち込んだとき) が事実であれば、I decided to try salvage (海難救助を試みることを決めた) を強調するために使用されている。

(17) の as it were は、1 例のみ観察された例で、trespassing in your territory (領地に不法侵入する) という口にしにくいことを as it were をクッションにして言っている。

このように as it were は、比喩の機能を持つが、確証のない反事実の喩えを言う場合 (表9.2 の ④ の用法) と、具体的な喩えを言う場合 (表9.2 の ①、②、③、⑤、⑥ の用法) の2つのタイプに大別されることがわかる。この2つのタイプは、隠喩と直喩の両方で使用される。それを (18) に示す。

(18)　as it were (figuratively used)　　　確証のない反事実的な喩え
　　　　　　　　　　　　　　　　　　　　　具体的な喩え

OED^2 の記述を考えると、この2つの用法のうち、確証のない反事実的な喩えが as it were の本来の用法で、それが具体的な喩えに発展したと考えられる。

4.　as it was の実態

COCA で as it was を検索した結果、as it was は 6534 例観察された。その用例の多くが、as odd as it was もしくは as it was impossible . . . のような例だった。そのような例を除外して最初の 2000 例を調べたところ、as it was (実際のところ) の約 90% が直説法の was (以後 was-indicative) として使用されていた。その例を (19) に示す。

(19)　No one would ever be friends with her if they remained in that town. *As it was*, no one wanted to be her friend later, either, once they found out who she was.　　　　　　　　　　　　(COCA)

（もし彼らがこの街に残ったとしても、誰も彼女とは友達にならないだろう。実際のところ、いったん彼女がどういう人物かわかったら、後で誰も彼女の友達になりたがらなかった。）

この was-indicative の as it was は、仮定法過去もしくは仮定法過去完了の文の次の文の文頭で使用されることが多い。意味は、その仮定法過去もしくは仮定法過去完了の内容を受けて「実際は…だった」という意味を表す。本章は was-indicative の as it was を研究対象とはせず、用例の残りの約 10% の as it was（was-subjunctive）の質的調査を行う。その結果、as it was では表 9.2 に示した ① から ⑦ の用法のうち ①、②、④、⑥ の用法が観察された。① の例を (20)（(5) を再録）、② の例を (21)、④ の例を (22)、⑥ の例を (23) に示す。

(20) MORGAN: Will Justin Bieber have that, do you think? Is it inevitable?
　　 D. OSMOND: He's got it now. He's got it now. You know, that kind of success at that age can really bite you in the shorts, *as it was*, the proverbial shorts.
　　 MORGAN: What would you say to him?　　　　　　(COCA)

(21) It was Ramadan, they would go home for dinner. Go home and have, you know, descend from the mountains and come back and fight another day. It was not a professional fighting force, even if it was, you know, not taking bribes or not sort of also internally in conflict, *as it was*.　　　　　　　　　　　　　　　(COCA)

（ラマダンだったので、彼らは夕食のために家に帰るだろう。家に帰って、山から下り、帰って来て、もう一日戦う。たとえ賄賂を受け取っていなくても、もしくは内部で衝突のようなものが起きていなくても、それはプロの戦闘部隊ではなかった。）

(22) We'd learned our trades from our uncles, who never felt like fathers, but who taught us how to be men. Without ever saying as much, my uncle taught me that any of us could become my father, and if

we faulted him, we'd have less grace for ourselves. And that grace would be hard to find in this life, *as it was*. (COCA)

（私たちは叔父から家業を学んだ。私たちは、叔父を父親のようには感じなかったけれど、叔父は私たちに男になる方法を教えてくれた。多くを言わなくても、叔父は私たちの誰もが私の父のようになる可能性があることを教えてくれ、もし父のあら捜しをしたら、私たち自身の品位をなくすだろうと教えてくれた。その品位はいわばこの生活の中で見つけるのが難しいものだろう。）

(23) "It's her body," Helen had said to Nathan, in defense of the Germany plan. The word "body" sank to the ground the minute she said it, weighted, *as it was*, with the idea of his body and his desires, which had managed so casually to reject hers. (COCA)

（「彼女の身体です。」とヘレンはドイツの計画を守るためにネイサンに言った。「身体」という言葉は、彼女がそれを言ったときに地面に沈んでいった。それはまるで、彼の身体と願望で重くなったようであり、彼女の願望をさりげなく拒否した。）

(20) から (23) の as it was は、表 9.1 で示した各用法の統語的特徴を保持しており、隠喩として使用されている。(20) の as it was は、(5) で説明した通り、that kind of success at that age can really bite you in the shorts（あのような成功は危険になりうることがある）を the proverbial shorts（諺的な表現）というように具体的な喩えを言うために使用されている。(21) の場合、as it was は賄賂を受け取る、もしくは内部での衝突を喩えている。(22) では、品位を見つけるのが難しいという話者の確証のない喩えを as it was を使用して述べている。(23) は、「身体」という言葉を彼女がそれを言ったときに地面に沈んでいく様子を weighted with 以下で強調的に喩えるために as it was を使用している。

BNC と WB で as it was を検索したところ、BNC では 1997 例、WB は 1554 例あったが、本章の調査対象に該当する as it was は各コーパス 1 例のみで、(24) に示す通りである。

(24) a. He had got bored with cars and the business with Lucky Lady Firelight seemed more challenging. The prospect of Sam's motorbike, mouth-watering *as it was*, was too far off coming true to be worth thinking about yet, if ever. (BNC)
(彼は車に飽きていて、幸運な女性ファイアーライトとの仕事はよりやりがいがあるように思えた。サムのバイクの見通しは、それはまるでのどから手が出るほどほしいくらい魅力的であったが、到底叶うものではなかったので、間違いなく考える価値はなかった。)

b. ..., the town never could have sheltered the surrounding farmers, with all their families and livestock, for these last weeks of waiting. Things would soon be bad enough inside the walls *as it was*. (WB)
(…待っている間のこの数週間、その町は決して周りの農民、彼らの家族と家畜を一緒にかくまうことはできなかっただろう。状況は、まるで壁の中ですぐに悪くなるようだった。)

(24a) は表9.2の①の用法で、サムのバイクの見通しが、まるでのどから手が出るほどほしいくらい魅力的であることをas it wasを使用して説明している。(24b) の as it was は表9.2の④に該当し、これまでの出来事を踏まえて、状況を喩えるために使用されている。(24) の例は隠喩である。

上記の例から、*was*-subjunctive の as it was は、as it were と同じように比喩の機能を持つが、(25) に示すように、as it were が持つすべての用法を持つわけではない。現代英語では、*was*-subjunctive の as it was の例はそれほど多くないが、今後はそのような例が増えると予測される。また、if I were you と if I was you の場合と同様、were と was の融合が起きた結果生じた表現と考えられる。

(25) as it was (figuratively used)
　　 a. 具体的なものを用いた喩え
　　　　(ⅰ) 喩えの言い換え

第 9 章　仮定法 were の変化

　　　（ii）強調的な喩え
　　b. 確証のない反事実的な喩え

5. インフォーマント調査

　前節で得られた結果をもとにして、英語母語話者（オーストラリア人1名、カナダ人1名、アメリカ人2名、イギリス人2名）に (26) の質問に答えてもらった。その結果が表 9.3 である。元の英文で使われていた表現のほうを網かけで表示している。

(26)　Could you fill in the blank by choosing either *as it were* or *as it was*?
　①　Since you are a wizard of sorts, you are of course aware that we live upon a world shaped, (　　　　), like a disc?
　②　KAYE: That is such a great story. The question is, though, did the phone ever ring for C.J.?
　　　GRIFFIN: Once. The New York Mets called him down to Florida, had him try out, and they never called back. But he got a different call. This is a different —— a role call, (　　　　).
　③　Is this just a temporary —— temporary hiccup? Is it a, (　　　　), a routine rather savage adjustment to the Japanese economy or are we seeing the unraveling of the Japanese economy?
　④　BAIER: Tonight, we bring you the second addition of our special visits with the Republican presidential candidates. This evening we welcome our guest, former New Mexico Governor Gary Johnson. Governor, thanks for being here.
　　　GARY-JOHNSON-1R: Great being on here, Bret.
　　　BAIER: Sure. Jonah, let's start with you.
　　　GOLDBERG: I drew the short straw, (　　　　).

227

⑤ "I looked at him quizzically." "'Night and Fog,'" Danforth translated. "The German policy of sending prisoners to camps where they would disappear into, (   ), night and fog."

⑥ Intelligent design is really a stand-alone science. It's looking for the engineering features, (   ), of biological systems.

⑦ This would, I think, lead to a quite implausible account of ordinary knowledge of your own thoughts on which you had, (   ), a "double awareness" of their contents, ...

⑧ "What about the storage space business? Where did that come from?" "I figured I hadda (sic. had to) do something when the roofing trade fell in. '(   ),'" he added with a wink at me. "I decided to try salvage. I had some cash tucked away the wife and the creditors didn't know about so I used that to get started . . . ."

⑨ . . . "I may, provided you don't feel that I'd be, (   ), trespassing in your territory, sir, be able to be of some assistance."

⑩ MORGAN: Will Justin Bieber have that, do you think? Is it inevitable?
D. OSMOND: He's got it now. He's got it now. You know, that kind of success at that age can really bite you in the shorts, (   ), the proverbial shorts.
MORGAN: What would you say to him?

⑪ The journal had been intended as the perfect Austenesque birthday gift for my vintage-obsessed younger cousin. I'd found it lying alongside a worn copy of Pride and Prejudice in a quirky antiques shop down on South Congress and simply couldn't pass it up, hobnobbing, (   ), with greatness.

⑫ It was Ramadan, they would go home for dinner. Go home and have, you know, descend from the mountains and come back and fight another day. It was not a professional fighting force, even if it was, you know, not taking bribes or not sort of also internally in conflict, (   ).

⑬ We'd learned our trades from our uncles, who never felt like fathers, but who taught us how to be men. Without ever saying as much, my uncle taught me that any of us could become my father, and if we faulted him, we'd have less grace for ourselves. And that grace would be hard to find in this life, (   ).

⑭ "It's her body," Helen had said to Nathan, in defense of the Germany plan. The word "body" sank to the ground the minute she said it, weighted, (   ), with the idea of his body and his desires, which had managed so casually to reject hers.

表9.3 インフォーマント調査の結果

	as it were	as it was	合計
①	6	0	6
②	6	0	6
③	1	5	6
④	6	0	6
⑤	6	0	6
⑥	6	0	6
⑦	6	0	6
⑧	6	0	6
⑨	6	0	6
⑩	3	3	6
⑪	3	3	6
⑫	2	4	6
⑬	2	4	6
⑭	2	4	6

表9.3の結果で、③の主語の喩えを言う場合に as it was を選択した理由は、この英文を実際の出来事を問う疑問文と捉えたためと考える。⑩から⑭で as it were が選択された理由は、これらの英文が比喩を表しており、比喩を表すときは were-subjunctive を用いるという考えが反映したものと考えられる。また表9.3のすべての結果において、as it was の選択された数が少ないことから、as it was (was-subjunctive) はなじみが浅いことがわかる。

同じインフォーマントに (26) の ⑩–⑭ の as it was の英文を読んでもらった結果が表9.4である。

表9.4　as it was のストレスパタン

	as it wás	その他	合計
⑩	6	0	6
⑪	5	1 (as it were)	6
⑫	6	0	6
⑬	6	0	6
⑭	6	0	6

表9.4の結果から、as it was は was にストレスが置かれることから、内容語もしくは機能語に関係なく、定型表現のストレスは語と同じように一定のストレスパタンを持つことがわかる。なお、協力してもらったインフォーマントのうち、⑪に示すように as it was を as it were と言い換えたインフォーマントがいた。また、ストレスパタン調査終了後、⑩から⑭の as it was は as it were の間違いではないかと指摘をしたインフォーマントもいた。

6.　such as it was

BNCとWBでは観察されなかったが、such as it was (was-indicative) の例が COCA で 130 例観察された。本章4節の (19) で触れた as it was

第 9 章　仮定法 were の変化

(was-indicative) とは異なり、① 名詞（句）の後、② 文末、③ 前置詞の前、という 3 つの統語パタンが観察された。その例を (27) にあげる。

(27) a. And to add insult to injury, Stan Wykoff's reputation, *such as it was*, was enhanced by his being the agent of best-selling author Jack Henry.　　　　　　　　　　　　　　　(COCA)
(そしてさらに追い打ちをかけるように、スタン・ウィコフの評判は、実際のところ、ベストセラー作家のジャック・ヘンリーのエージェントとなることによって高められた。)

b. "Pass' em," Pounds ordered. "I'll wait for them in the lobby." Jessica Kincaid leaned close to whisper, "What did he say?" "Tell you later." Janson sat back and watched the scenery, *such as it was*. Outside the taxi window Houston looked hot and dry, a flat, new land empty of people and full of cars.
　　　　　　　　　　　　　　　(COCA)
(「彼らに渡してください。」パウンズは命じた。「ロビーで彼らを待っています。」ジェシカ・キンケイドは囁くために体を近くに寄せてきた。「彼は何て言ったの？」「後で言うよ。」ジェイソンは、実際のところ、深く腰掛けて景色を見た。タクシーの窓の外で、ヒューストンは暑くて、乾燥して、平坦な、人がいなくて車でいっぱいの新しい土地に見えた。)

c. I lay in bed surrounded by briefs and documents and books that looked like detritus the tide brought in. I worked, *such as it was*, until about eleven o'clock and then I took a pill.
　　　　　　　　　　　　　　　(COCA)
(概要と文書と波がもたらした残骸のような本に囲まれたベッドに私は横たわった。私は実際のところ、11 時頃まで働いて、それから薬を飲んだ。)

as it was と異なり、仮定法過去もしくは仮定法過去完了の文の次の文で such as it was が使用されているわけではない。(27a) のように、名詞（句）

231

の後に such as it was が使用される場合は、such as it was の前にある名詞（句）の内容について、such as it was 以降の内容を「実際のところは」というような意味で強調している。(27b) の文末に such as it was が使用される場合は、これまでの行為や出来事を強調して「実際にそうした」という意味になる。(27c) の前置詞の前に such as it was が使用される場合は、前置詞の後に来る内容を強調するために使用されている。

この such as it was は、COHA を調べる限り 1823 年が初出の例なので、現代英語に観察される新しい定型表現というわけではない。

7. 結語

本章は、実証的に次のことを明らかにした。(i) 比喩の機能を持つ as it were の用法、(ii) were と was の融合によってできた比喩機能を持つ as it was の実態、(iii) such as it was という定型表現の実態、の 3 点である。今後は、定型表現の場合も were と was の融合が当たり前になってくるのではないかと考える。本章で述べた 3 点は、これまでの先行研究では述べられていないものであり、英語定型表現研究の発展に貢献できたと考える。

第10章
既存の枠組みの説明を超えた定型表現
── the way how を例として

1. はじめに

　これまでの章でも扱ったように、現代英語に観察される定型表現を観察すると、これまでの規則や現代英語の変化では説明できない現象が散見される。そこで筆者は、これまでそのような現象に焦点を当て、それらの実態を明らかにしてきた。そのような定型表現の1つとして、規範文法では間違いとされてきた the way how が観察される。この表現の場合、the way が先行詞、how が関係副詞として働いている。このような現状を踏まえて、本章は the way how に焦点を当てることにより、現代英語に観察される定型表現に起きている変化の一端を紹介する。

　以下の例からもわかるように、これまでの研究では、規範文法の影響により、関係副詞として認められているのは (1) に示す where, when, why, how である。その関係副詞は、先行詞がある場合 ((1a, b, c)) とない場合 ((1d)) に分けられる。the way how (*This is the why how it happened.) は容認されていない。

(1)　a.　This is the place where I was born.
　　　　（ここが私が生まれた場所です。）
　　b.　I don't know the exact time when it happened.
　　　　（それが起こった正確な時間はわかりません。）
　　c.　This is the reason why I asked you.

>   (これが、私が質問した理由です。)
>   d. This is how I did.
>   (私はこのようにしました。)

しかし、現代英語コーパスから得られたデータでは、(2) に示すように the way how が観察される (イタリックは筆者。以下同じ。)。

> (2) I mean, Stradivari's instruments were famous at the time when he built them, right from the rack, so age had nothing to do with it. It's just *the way how* he knew he could influence the sound.
>
> (COCA)
>
> (つまり、ストラディバリの楽器が有名なのは製作当初から、つまりできたての頃からであり、時を経たためではない。彼が音色に影響を与えるすべを心得ていたということに尽きる。)

2. the way と how の先行研究

本節は、way と how についての先行研究をまとめたものである。前節でも述べたが、本章で扱う the way how の how は関係副詞である。関係副詞とは、副詞と接続詞の働きを合わせ持つもので、where, when, why, how がある。通常、それらは制限用法の形で用いられる。その関係副詞は、(3) に示すように先行詞のある場合と、(4) に示すように先行詞のない場合がある (日本語訳は省略。)。

> (3) a. Sunday is the day **when** (= on which) they go to church.
>   b. This is the market **where** (= in which) we buy vegetables.
>   c. I know the reason **why** (= for which) he was so angry.
>
> (安井 1996: 263)
>
> (4) a. Friday is **when** I'm busiest. That's **why** I refused to go.
>   b. This is **where** the accident occurred. This is **how** it happened.

第 10 章 既存の枠組みの説明を超えた定型表現

　　c. That's **how** the money goes!（Cf. That's *the way* the money goes!）
　　　　　　　　　　　　　　　　　　　　　　　　　　　　　（安井 1996: 265）

　次に、文法書に書かれている the way と how の記述について取り上げる。Swan (2016) は、'Note that the way and how are not used together'（the way と how は一緒に用いられないことに注意しなさい。）と記述し、用例として Look at **the way** those cats wash each other. OR Look at **how** those cats . . . .（NOT . . . the way how those cats wash . . .）, **The way** you organise the work is for you to decide. OR How you organise . . . .（NOT The way how you organise . . . .）をあげて、the way と how はともに用いられないことを述べている。

　Celce-Murica and Larsen-Freeman (2015: 604) も同じく、'Finally, the fact that *the way that* but not *the way how* can occur in modern English'（最後に、*the way that* が現代英語では生じることがあるが、*the way how* は使われない）と述べ、*Can you show me the way* (*that*/**how*) *this corkscrew works*? の例をあげ、the way how は容認不可としている。

　また、Huddleston and Pullum (2002: 1053) は (5) のような記述をしている（用例の訳は省略。）。

(5)　When the antecedent is *way*, in either the path or the means sense, we have non-*wh* relatives or *wh* relatives introduced by preposition + *which*:
（先行詞が *way* のとき、それが道や方法の意味のどちらであれ、wh 以外の関係詞、もしくは前置詞と *which* によって導入された wh の関係詞が用いられる。）
　　a.　*Go back the way* [(*that*)/*by which you came*].
　　b.　*I admired the way* [(*that*)/*in which she handled the situation*]. *How* does not belong to the class of relative words (except very marginally in the fused construction, §6.4), so we cannot have *the way how she handled the situation (Some non-standard dialects

235

differ; hence the line '*It ain't what you do, it's the way how you do it* in a rock 'n' roll song.).

(*How* は関係詞の分類には属さないので (6.4 の融合構文で辛うじて分類される以外は)、*the way how she handled the situation* は認められない (いくつかの非標準の方言では異なり、'*It ain't what you do, it's the way how you do it* のような例がロックンロールの曲にある。)

(5) の Huddleston and Pullum (2002) も、これまでの研究と同様に基本的に the way how は認めないが、非標準の方言として the way how を認めている。

Quirk *et al.* (1985: 1253f.) は、The preposition + pronoun can be replaced by special adverbs. (前置詞と代名詞は特別な副詞に置き換えられることがある。) と述べ、(6) の例をあげている (用例の日本語訳は省略。)。そして、(7) のように説明している。

(6)　a.　That's *the place* { *in which* / *where* } she was born.　[1]

　　　b.　That was *the period* { *during which* / *when* } she lived here.　[2]

　　　c.　That's *the reason* { ? *for which* / *why* } she spoke.　[3]

(7)　Note that *for which* in [3] has limited acceptability. However, there are considerable and complicated restrictions on these *wh*-forms which operate in relative clauses expressing place, time, and cause. Many speakers find their use along with the corresponding antecedent somewhat tautologous —— especially the type *the reason why* —— and prefer the *wh*-clause without antecedent, *ie* a nominal relative clause:

([3] の for which は限定的な容認であることに注意。しかし、場所、時、原因を表す関係節で機能するこのような wh 形には、かなりの複雑な制限がある。多くの話者は、類似した先行詞をともに用いるというそのような

使用がいくらか同語反復的であると感じる——とりわけ the reason why のようなタイプの場合。そして先行詞なしの wh 節、つまり名詞句の関係節を好む。)

a. Is this *where* she was born?　　　　　　　　　　　[1a]
b. That was *when* she lived here.　　　　　　　　　　[2a]
c. That's *why* she spoke.　　　　　　　　　　　　　　[3a]

There is no relative *how* parallel to *where*, *when*, and *why* to express manner with an antecedent noun [4], but only [4a]:

(where, when, why に相当するような、[4] の先行詞の名詞を伴った、振る舞いを表すための関係詞 how は存在せず、[4a] のみである。)

d. *That's *the way how* she spoke.　　　　　　　　　[4]
e. That's $\begin{Bmatrix} how \\ the\ way\ (that) \end{Bmatrix}$ she spoke.　　　　　[4a]

　Quirk *et al.* (1985) も、that's the way に続く関係詞は省略される、もしくは that's how として用いられ、the way how は容認不可としている。

　安井 (1996: 265) は、That's how the money goes!（そんな風にお金はなくなるんです。）の例をあげ、「Cf. That's the way the money goes!〈同上〉関係副詞 how は先行詞なしで用いられ、今日では the way how ... の形は全く見られない。」と説明している。

　小西（編）(1989: 917) は、「how は、関係副詞としても用いられるが、他の when, where, why に比べて用法上の制限が多い。先行詞は the way をとるが That is *the way how* he writes. のように言うのは古風か方言。現代標準英語では the way か how を省略して That is *the way* [*how*] he writes とするのが普通。」と述べている。

　次に、辞書の the way と how の記述を見ていこう。

　OED[2] では、*the way how* の例は 1 例のみ観察され、最後に使用された用例として、1765 年に使用されたものをあげている[1]。

---

[1]　1734 Swift Yahoo's Overthrow xi. Wks. 1765 XIII. 291 On this Worrier of Deans whene'er we can hit, We'll shew him *the way how* to crop and to slit.

『ユース』は、［the way to do と how to do］と「語法ノート」というコラムを設けて、(8) のように説明している。

(8) a. ［the way to do と how to do］いずれも「…する方法」の意味の類似表現で、それぞれの do の部分にはほぼ同じ動詞がくる。ただし使い方の面ではおおよその役割分担がある。(1) how to do は多くの動詞の目的語になるが、the way to do は find, learn, show, teach 以外の目的語になることは《まれ》: I don't know「how to [ˣthe way to] solve the problem. (その問題の解決法がわからない)。How to Swim (泳ぎ方) のように用いることもある。(2) 一方 the way to do は主語になるが be 動詞の補語になるのが普通。形容詞をとり、there 構文で使われることも多い: 「The best way to [ˣHow to] save money is not to use it. (お金をためるいちばんの方法は使わないことだ)。This is「the way to [how to] be happy. (こうすれば幸せになります) はいずれも可能だが、the way の方が普通。
   b. 語法ノート…(2)《略式》では関係詞のない形が普通。「彼はそれをそういう風にやりました」は That's the *way* (that) he did it. が標準的。That's the *way* in which he did it. は《形式》。ˣThat's the way how he did it. は今は《非標準》。
   c. 語法ノート　関係副詞の how は、今では This is *how* he did it. のように先行詞をとらない形で用いるのが普通。This is the way how he did it. のような先行詞 the way をとるのはきわめて《まれ》。manner を先行詞とする場合も、ˣI don't like the manner how he speaks. とはせず、I don't like the manner in which he speaks. または I don't like the manner he speaks. (彼の話し方は好きではない) などが普通。

『ルミナス²』は、the way how を容認しておらず、「the way + 主語 + 動

詞」として「the way が節を導いて「…のしかた」という内容を表わすことがある。これは the way の後に in which または that が省略されたもの: That's *the way* the money goes. お金はそういう具合になくなっていく《英国の童謡集 *Mother Goose's Melodies* のことば》。」と説明している。

上記の先行研究の調べより、(9) のことがわかった。

(9) a. the way how は、容認不可、非標準もしくはまれであり、現代英語では使用されない。
b. 先行詞 the way が関係副詞 how とともに用いられないのと同様に、the manner も how とともに用いられない。

本章では、先行研究で述べられていた (9) のことが実際に当てはまるのかを通時的・共時的観点を取り入れて質的・量的側面から調査をし、the way how と類似の現象の実態を明らかにする。

3. 結果と考察

本節は、コーパスを使用して得られたデータから the way how の実態を明らかにしていくが、(10) で示す the way how は [all/along the way] [how ~] と構造が異なり、how が疑問副詞なので本章の研究対象とはならない。

(10) a. "... we began the walk home, gradually realizing *along the way how* cold it was and how little our soaking wet colds helped the situation." (COCA)
(「私たちは家に向かって歩き始めた。その途中で、どんなに寒いか、ずぶ濡れになった寒さがこの状況にいかに役に立たないかを徐々に理解した。」)
b. Raed stayed in their room with them for a few hours before driving back home to Brooklyn alone, wondering *all the way how* his cousins could have been so calm. (COCA)

（レードは、一人でブルックリンの家に車で帰る前に数時間彼らと彼らの部屋で過ごした。彼のいとこたちはどのようにしてそんなに穏やかでいることができたのだろうとずっと不思議に思った。）

3.1 量的調査
3.1.1 共時的視点から

COCA, BNC, WB を使用して the way how の量的調査をしたところ、表 10.1 の結果となった。

表 10.1 COCA, BNC, WB における the way how の使用回数

	COCA	BNC	WB	合計
the way how	13	1	5	19

表 10.1 から、使用回数はアメリカ英語（American English、以後 AmE）＞イギリス英語（British English、以後 BrE）であることがわかるが、the way how は AmE もしくは BrE の際立った特徴とは言えない。表 10.2 は表 10.1 の 19 例の話し言葉もしくは書き言葉の内訳である。

表 10.2 レジスターごとの使用頻度

	話し言葉	書き言葉	合計
the way how	15	4	19

話し言葉での使用が書き言葉に比べて約 4 倍であるため、口語英語に観察される新しい定型表現と考えられる。言語の変化は話し言葉から起こるということを考慮に入れると、the way how が口語英語においてより多く観察されつつも書き言葉にも観察されるということは、これが新しい定型表現であり徐々に書き言葉に浸透しつつあると考えられる。

3.1.2 通時的視点から

the way how は現代口語英語でより頻繁に観察されることが前節からわかったが、COHA を利用していつ頃から使用され始めたのか調べた。その

第 10 章　既存の枠組みの説明を超えた定型表現

例が (11) であるが、(11) には用例の年代と使用域も表示する。

(11)　a.　His hiding-place from the tyranny of circumstances and time; *the way how* always to be of good cheer, naturally yet also supernaturally, not by a hard-won indifference to life, but by living, amidst everything external, ...　　(1897, nonfiction)
（状況と時間の専制からの彼の隠れ場所、すなわち、いつも上機嫌でいる方法、自然にだけれどもまた超自然的に、苦労して得た生活への無関心によるのではなく、生きることによって、それも外部世界の中で…。）

　　　b.　I think, I have said enough to explain *the way how* this sickness is produced with us, ...　　(1958, nonfiction)
（この病気が私たちの体の中に作られる方法を説明するのに十二分に話したと思います。）

　(11) に示すように、the way how は 1890 年代に 1 例、1950 年代に 1 例のみ観察され、古くから使用されていたわけではないことがわかる。(11) と前節で提示した表 10.2 のレジスター調査と the way how（合計 21 例）の時代ごとの使用回数を表 10.3、図 10.1 に示す。

表 10.3　the way how のレジスターと時代ごとの使用回数

the way how	話し言葉	書き言葉
1890 年代	0	1
1950 年代	0	1
1990 年代	8	1
2000 年代	6	0
2010 年代	1	1
その他*	2	

*1 例は話し言葉で使用されていたが使用年代が不明、もう 1 例は使用域、使用年代ともに不明。

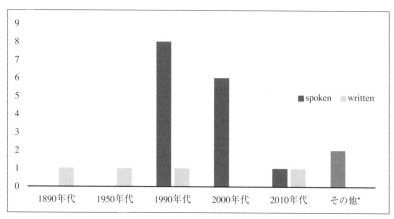

図 10.1　the way how の時代ごとの使用回数

　表 10.3, 図 10.1 からわかるように、the way how の年代を通しての全体の使用頻度は低いが、1990 年代の話し言葉から目立って用いられるようになり、2010 年代に入って書き言葉でも用いられるようになった。

3.2　質的調査

　本節は、コーパスから得られた the way how の用例を意味的・統語的に探ることにより、その実態を明らかにする。その用例の一部を統語パタンごとに分類すると、(12) の be 動詞の補語 (10 例、(12a) は (2) の再録なので日本語訳は省略)、(13) の動詞の目的語 (4 例)、(14) の主語 (3 例) の 4 つのパタンが観察された。

(12)　a.　I mean, Stradivari's instruments were famous at the time when he built them, right from the rack, so age had nothing to do with it. It's just *the way how* he knew he could influence the sound.　　　　　　　　　　　　　　　　　　(COCA)

　　　b.　NAYEM: You know, the resigning of government and Yanukovych it's just instruments, it's just *the way how* we want to change the rule of governing, change the rule in the coun-

第 10 章　既存の枠組みの説明を超えた定型表現

try, that's why people went out in November, not because they don't like Yanukovych or don't like Asarov, our prime minister, but they don't like the rule country is leading.
(COCA)

(N: あのね、政府とヤヌコーヴィチの辞職は単なる手段ですよ。そうやって支配のルールを変えたい、国のルールを変えたいと思ったのです。だから 11 月に辞職したんですよ。ヤヌコーヴィチが嫌いだとか、首相のアザロフが嫌いだとかいうんじゃなくて、国家が向かっている支配の在り方が嫌だったんです。)

c. Mrs. BOBBITT: It was just beautiful and pink. That's *the way how* I always look at it. And I saw the Monument of Washington and it was just beautiful. (COCA)

(B: それはまさに美しくてピンクでした。いつも私はそういうふうに見ます。そしてワシントン記念塔を見たのですか、それはまさに美しかった。)

d. FISCHBACHER: The magic box is life. Life is like a magic box. It's what you make out of it, what you bring out of it, you know. And that's what it's all about. And very interesting is *the way how* Roy grow up in the north Germany, ...
(COCA)

(F: 魔法の箱は人生なんです。人生は、魔法の箱のようなんです。人生は、そこからあなたが作り上げるもので、そこから取り出すものなんですよ。そして、それがすべてのことなんです。そして、とても興味深いのは、ロイがどのようにして北ドイツで育ったかということなんです。)

e. MS-BELYAEVA: When I was watching that I was speaking to myself. This is exactly *the way how* the central power bringing people the idea that seceding is the only way to build up democracy in their own land, their own Republic.
(COCA)

(B: それを見ているときに私は考えていたのです。これはまさに中央権力が分離独立することが、自分たちの土地に民主主義、つ

243

まり自分たちの共和国を打ち建てる唯一の方法であるという考え方を人々に伝えるやり方です。)

  f. One very distinguishable talent of Dickens is *the way how* he can so easily move from a very serious solemn scene to an extremely comical one. (BNC)

   (ディケンズの傑出した才能は、いとも簡単に、とても深刻で重苦しい場面から極めておかしな場面に移ることができることなんです。)

  g. This is absolutely not *the way how* we normally do it, but I must start somehow. (WB)

   (これは私たちが通常それをする方法では断じてないのですが、どうにかして始めなければいけません。)

(13) a. But when I saw Kline, and all those like Louis, like Frankenthaler, they really showed me *the way how* to become an artist. (COCA)

   (しかし私がクラインや、ルイスや、フランケンサーラーといった人たちすべてを見たとき、彼らはいかにして芸術家になるかを私に教えてくれました。)

  b. I want to wait until after I marry to have sex. He got the disease (＝AIDS) through having many women. My mother told me *the way how* my father got it. She advised me to take very much care and not to tamper with girls until I'm ready for marriage. (COCA)

   (私は結婚するまで性交渉を待ちたかったんです。彼は多くの女性と関係を持つことでその病気（＝AIDS）にかかりました。母はどのようにして父がAIDSになったかを私に言いました。彼女は、私にとても気を付けるように、結婚の準備ができるまで女性に干渉しないように忠告しました。)

(14) KING: We notice when we showed that shot of him, it's hard for you to look at him.

  FISCHBACHER: Yes. Well, you know what happens is it was 44 years we have been together. And it was just unbelievable, you know? It was a relationship. It is a relationship second to none.

第 10 章　既存の枠組みの説明を超えた定型表現

And I always say, boy, the strength and *the way how* all the things happen, it's magic.　　　　　　　　　　　　　　　　　　　　（COCA）
(K: 彼の写真をお見せしたときに気づいたのですが、あなたにとって彼を見るのはつらかったのではないですか。
F: はい。えーと、実際のところ、私たちが一緒になって 44 年だったのです。まさに信じられないことでした。それは大事な結びつきで、何にも負けない関係でした。いつも言っているのですが、すべてのことが起こる力と方法、それはマジックなんです。)

(12) から (14) の全体の用例を通して、the way how は (i) the way how S + V と (ii) the way how to do の 2 パタンに分けられるが、この 2 つは同じ成り立ちではない。(i) に該当するのは (12), (13b), (14) であり、これは the place where S + V, the time when S + V, the reason why S + V のような「先行詞 + 関係副詞」の類推によりできたものと考えられる。例えば、That's the way she spoke. と That's how she spoke. が「先行詞 + 関係副詞」の類推により融合して That's the way how she spoke. となったと考える。(ii) に該当するのは (13a) であり、これは the way to do と how to do の融合によりできたものと考える。(i) は「S は V のようにした」という意味で、(ii) は「〜する方法」の意である。

(12) に示した the way how が be 動詞の補語のパタンの場合、① it's just the way how S + V, ② that's the way how S + V, ③ this is (not) absolutely/exactly the way how S + V, ④ 〜 is the way how S + V の統語パタンが観察された。各パタンで意味の差異はないが、① の just, ③ の absolutely, exactly がある場合は、the way how S + V の主語が行った行為を強調している。

(13) の動詞の目的語となっている the way how to do は、共起する動詞を調べると、the way to が共起しやすい動詞とともに用いられることもあるが、そうでない場合もあるため、the way to と how to の両方の特徴を併せたものと考えられる。

(14) の主語として使用されている the way how については、先行研究の記述にあったように、the way to do のほうが主語になりやすいという性質が残っていると考えられる。

このように、the way how はそれが取るパタンから2つの成り立ちがあり、意味が異なる。また、各パタンが文中で観察される位置は、その成り立ちによって異なることがわかった。

3.3 the way how の成り立ち

本節は、前節で得られた量的・質的調査を踏まえて、the way how の成り立ちについて述べる。

前節でも述べた通り、the way how は従える構造により the way how S + V, the way how to do に分類される。これら2つは、同じ形成過程を経て成立しているわけではない。the way how S + V は、the place where, the exact time when などの「先行詞＋関係副詞」の類推によりできたもので、the way how to do は the way to do と how to do の融合によりできたものと考える。両者とも意味に重きを置いた現象によりできたとも考える。

3.4 ストレスパタン調査

英語母語話者（アメリカ人2名、イギリス人2名、カナダ人1名、オーストラリア人1名）に (15) の英文を読んでもらい、the way how のストレスパタンを調べた。その結果を表10.4に示す。

(15) a. I mean, Stradivari's instruments were famous at the time when he built them, right from the rack, so age had nothing to do with it. It's just the way how he knew he could influence the sound.

b. NAYEM: You know, the resigning of government and Yanukovych it's just instruments, it's just the way how we want to change the rule of governing, change the rule in the country, that's why people went out in November, not because they don't like Yanukovych or don't like Asarov, our prime minister, but they don't like the rule country is leading.

c. One very distinguishable talent of Dickens is the way how he

第 10 章 既存の枠組みの説明を超えた定型表現

can so easily move from a very serious solemn scene to an extremely comical one.

d. This is absolutely not the way how we normally do it, but I must start somehow.

e. But when I saw Kline, and all those like Louis, like Frankenthaler, they really showed me the way how to become an artist.

f. I want to wait until after I marry to have sex. He got the disease through having many women. My mother told me the way how my father got it. She advised me to take very much care and not to tamper with girls until I'm ready for marriage.

g. KING: We notice when we showed that shot of him, it's hard for you to look at him
FISCHBACHER: Yes. Well, you know what happens is it was 44 years we have been together. And it was just unbelievable, you know? It was a relationship. It is a relationship second to none. And I always say, boy, the strength and the way how all the things happen, it's magic.

表 10.4　the way how のストレスパタン

	the wáy how	the way hów	その他	合計
(15a)	0	3	3 (the way)	6
(15b)	0	4	2 (the way)	6
(15c)	0	3	3 (the way)	6
(15d)	1	5	0	6
(15e)	0	4	2 (the way)	6
(15f)	0	5	1 (the way)	6
(15g)	0	5	1 (the way)	6

247

the way how は、the way hów が一定のストレスパタンであることがわかる。数名のインフォーマントは how を省略した the way、もしくは way を省略した the how で発音したことから、the way how をなじみのない、もしくは間違いの定型表現と認識したと考える。the way how と発音したインフォーマントは、the way と how の間に少しポーズを置いて発音した。

4. the manner how

本節は、先行研究の記述にあった "×I don't like the manner how he speaks." がコーパスにおいて観察されるかどうか検証する。

the manner how は、(16) に示すように現代英語には 2 例観察された。その 2 例の内訳は COCA 1 例、BNC 1 例で、WB では観察されなかった。

(16) a. ..., tactical training is important to the coach determine the best system of game and the best model of game (is *the manner how* the soccer team plays) for the soccer team. (COCA)
(…戦術訓練は指導者にとって試合の最もいい体制とサッカーチームにとって最もいい試合のモデル(サッカーチームがどのように試合をするかという方法)を決めるのに重要である。)

b. "... I wish that men would give themselves to meditate in silence on what we have by the Sacrament, and less to discuss *the manner how*." (BNC)
(「…私は、人々が、どのように瞑想するかという方法をあまり議論せず、聖礼典によって私たちが得たものについて静かに瞑想にふければよいと思います。」)

(16b) の the manner how の後に「彼らは瞑想する (they mediate)」が省略されていると考えられる。the way how と同様、the manner how S + V のパタンが観察されることから、the manner how もこれまでに認められている「先行詞+関係副詞」の類推によりできたものと考える。しかし、the manner how は現代英語では 2 例しか観察されなかったことから、定型表

第10章　既存の枠組みの説明を超えた定型表現

現として確立しているわけでなく、ほとんど使用されない言語現象と考える。

　COHA を使用して the manner how の時代ごとの使用回数を調べたところ、1820 年代 1 例、1830 年代 1 例、1850 年代 1 例、1860 年代 2 例、1880 年代 1 例の合計 6 例が観察された。1900 年以降の現代英語では (16) に示す 2 例のみであり、19 世紀には観察されたが現代英語では観察されにくいことがわかる。(17) に COHA からの用例を示す（各例に年代と使用域も表示する）。

(17) a. .... But it is comfortable to know that the time when, the place where, and *the manner how*, each of us is to die is known to him, to whom belong the issues of death, ...

(1829, nonfiction)

(…しかし、私たちのそれぞれがいつ、どこで、どのようにして死ぬかを、死の問題を扱っている彼に知られているとわかることは心地よい…)

b. He becomes a solitary being, avoiding and avoided by all, and is at last the prey of remorse and madness. lie (sic. Lie) is conveyed to the poor-house, where The (sic. the) priest attending found he spoke at times As (sic. as) one alluding to his fears and crimes: "It was the *he muttered," I can show *The manner how*, ... (1834, magazine)

(彼は世捨て人となり、すべてのものを避け、みなから避けられた。そしてついに後悔と狂気のえじきとなる。うそは司祭が面倒を見る救貧院に伝えられ、そこで時折彼はおのれの恐怖や罪をほのめかしながら話したことに担当の司祭が気づいた。それは「彼はぶつぶつ言ったこと」であり、それがどのようであったかを見せることができます。)

c. We have, in the former part of our letter, certified you of the good hopes we have of the love and unanimous agreement of our ministers, they having declared themselves to us to be of

249

one judgment, and to be fully agreed on *the manner how* to exercise their ministry; which we hope will be by them accordingly performed. (1851, magazine)

(手紙の前半で、牧師たちの愛と全員一致の合意がきっと得られるという希望を保証しました。彼らは私たちに判断はひとつだと宣言しましたし、教会の仕事のやり方についても十分に合意を得るとも宣言しました。このやり方はしかるべく実行されることと願っています。)

d. And one in particular demanded that the first charter, which had been in trusted to me, might be produced. Then I related, as above, that it was lost, and *the manner how* it was lost; but the party, instead of believing this, very rudely suggested that I had secreted the charter, ... (1864, nonfiction)

(そして、とりわけ一人が、私に預けられていた第一の勅許状を出せと要求した。そのとき私は、上述のように、それは紛失したと述べ、そしてどのように紛失したかを述べた。しかし、一同はこれを信じず、無礼にも私がそれを隠したと言い出し…。)

e. In effect, his countenance discovered that he was in much pain, which, he said, was insupportable, in regard of the extreme inflammation. I told him I would willingly serve him; but if, haply, he knew *the manner how* I could cure him, without touching or seeing him, it might be that he would not expose himself to my manner of curing; . . . . (1869, nonfiction)

(実質的に、彼の顔つきから、彼が痛みの中にいることがわかった。その痛みは、彼曰く、激しい炎症については耐え難いものだった。私は彼に喜んで彼の役に立つと言ったけれど、もし偶然に、私が彼を見ずにもしくは触らずにどのようにして治療するかを彼が知ったなら、私の治療方法に彼自身をさらすことはないかもしれない。)

f. *The manner how* they used and delivered him, is as followeth.
 (1881, nonfiction)

(彼らがどのように使用したか、彼をどのように救ったかは、以下の通りです。)

上記の用例から、the manner how は the way how と同じように the manner how S + V（(18a, b, d, e, f)）が該当、(17b) は the manner how の後に he muttered が省略されている）と the manner how to do（(17c)）の2パターンが観察され、主語、動詞の目的語、前置詞の目的語として使用されている。the manner how S + V は「S が V する方法」という意味で、the manner how to do は「do するための方法」という意味である。

(17a) では the manner how の前に the time when, the place where が観察されることから、the manner how は前述した「先行詞 + 関係副詞」の類推によりできたものであることがわかる。

(16) と (17) に示した通り、the manner how は19世紀には観察されたが現代英語ではほとんど観察されず、the way how とは反対の現象を生じさせている。これは、the manner how の意味と the way how の意味が同じであることと、the way how の容認度に起因すると考えられる。同じ意味である the manner how が存在することにより、the way how との意味的区別がつきにくくなり、また the way how は非標準ながらも使用されることがあるということから、the manner how の使用は減少したと考える。

5. 結語

本章は、これまでの規範文法では間違いとされてきた the way how が現代英語に観察されることを示し、その実態を量的・質的観点および通時的・共時的観点から明らかにした。また、the way how は従える構造により2つの形成過程を経て成立していることを述べた。現代英語に観察される定型表現はこれまでの既成概念の枠組みを超えた説明が必要であり、今後も様々な定型表現を検証することにより、現代英語に観察される定型表現に起きている変化を捉えることが必要である。

251

第 11 章
英語定型表現への道
——形成方法、形成タイプ、形成過程、形成条件、ストレスパタンルール

1. はじめに

　本節は、英語定型表現研究の体系化を目指して、これまでの章を含めて筆者が取り扱ってきた既存の語同士から成り立つ語連結がどのように定型表現になっているかを明らかにする。その際に、第 1 章で説明した語形成プロセスを活用して、定型表現になるための形成方法、その形成タイプ、その形成過程、定型表現のストレスパタンルールを提示する。

2. 形成方法、形成タイプ、形成過程

　筆者が、本書を含めてこれまで扱った定型表現のすべてを (1) に示す。

(1)　you know what, here we go/here we go again, let's say, go and do/go to do/go do, and yet/but yet/yet, how come . . . ?, until to/up until to, from A until to B, it looks that 節, -ed 形から φ 形, in and of itself, in and of, be on against, be in and out, be in to, as it was, 人を表す those that, 法助動詞の名詞形 (should and oughts, musts and shoulds, etc.), though A but B, not A though A′ but B, not only A though A′ but B, the way how

　これらは、① 既存の語同士が一緒になり好ましい語と語の組み合わせと

なっている、② 文法規則では説明がつかない、③ 繰り返し使用される、④ 既存の語同士が連続して使用される場合（連続：until to, be on against のように定型表現間に何の要素も入らない）とそうでない場合（非連続：though A but B, from A until to B のように定型表現間に任意の要素 A, B などが入る）がある、という 4 つの特徴がある。このように既存の語と語の組み合わせは、私たちに馴染みがあるため、一見理解しているように感じる。しかし、実際にそれらが使用されている文脈を観察すると、多様な使われ方をしており、その実態は正確に理解されているとは言い難い。また、この語と語の組み合わせが定型表現である、と指摘をされない限りそれらは見過ごされる可能性もある。

　(1) の定型表現の形成方法を、各定型表現の統語形式や意味をもとに語形成プロセスもしくは第 1 章で説明した基本概念のどれに当てはまるかを示したものが表 11.1 である。表 11.1 の you know what, here we go/here we go again, let's say, go do, and yet/but yet, how come . . . ? は Inoue (2007) もしくは八木・井上 (2013) で外面的特徴を述べた定型表現であるが、それらの内面的特徴は明らかになっていないので、本書ではそれらの内面的特徴のみを述べる。

　表 11.1 より、定型表現の形成は (2) に示す 3 タイプに分類される。

(2)　a.　語形成の方法：複合 (3), 省略 (5), 混交 (5), 異分析 (2), 逆形成 (1)
　　　b.　言語一般的な形態論的方法：倒置 (1), 短縮 (1)
　　　c.　意味論的方法：類推 (3), 融合 (2)

　(2) の各形成方法の後に示している数字は、その方法が表 11.1 において何回適応されているかを示したものである。(2a) より、定型表現の形成は、語形成プロセスで生産性の高かった複合、派生、頭文字語、逆形成とは少し異なることがわかる。(2b) より、倒置、短縮という方法は言語一般的な形態論的方法である。(2c) は意味論的側面からの定型表現の成り立ちの方法を示している。(2b, c) のような方法は、(2a) と比較すると数は少ない

第 11 章 英語定型表現への道

表 11.1 筆者がこれまで扱った定型表現の形成プロセス一覧

定型表現	形成方法	理由	連続性
you know what	省略	you know what actually happened などの命題部分の省略	連続
here we go (again)	倒置	注意喚起のため here が文頭へ	連続
let's say	短縮	let us say	連続
go do	省略	go to do の to の省略	連続
and yet/but yet	複合	[and/but] [yet, still, then など]	連続
how come ...?	省略	how did/does it come that/about S + V? の did/does it の省略	連続
-ed 形から φ 形	省略	n/a	連続
until to/up until to	混交	until, to, up	連続
be on against	異分析	[be on] [against]	連続
be in to	異分析	[be in] [to]	連続
be in and out	省略	be in and out of の of の省略	連続
it looks that 節	類推	it seems that 節	連続
in and of itself	混交	in itself, of itself	連続
in and of	逆形成	in and of itself	連続
as it was	融合	仮定法 were	連続
人を表す those that	類推	物を表す those that	連続
shoulds and oughts など	複合	musts などと意味的に類似	連続
the way how S + V	類推	先行詞 + 関係副詞	連続
the way how to do	融合	the way to do と how to do	連続
though A but B	複合	[though] ... [but]	非連続
not A though A′ but B	混交	not A but B, though A but B	非連続
not only A though A′ but B	混交	not only A but B, though A but B	非連続
from A until to B	混交	from A to B, until to	非連続

が、文法規則の枠組みを超えてこのような形成方法により定型表現が生じても、何ら誤解を与えずにその定型表現の意味を伝えることができるという点で、意味を重視して定型表現が構成されていることの証拠となる。(2)の結果から、定型表現の形成方法はほとんどが語形成の方法を応用しているが、言語一般的な形態論的方法と意味論的方法という独自の形成特徴を持っていることがわかる。そして、定型表現が連続しているかもしくは非連続かに関係なく、その形成方法は一定の過程を経ていることがわかる。

表11.1 の定型表現のうち、本書で扱った定型表現 (until to/up until to 以下) が (2) のどれに当てはまるかを示したものが表 11.2 である。

表11.2 本書で扱った定型表現の形成方法

	形成タイプ	定型表現
語形成の方法	複合	shoulds and oughts など、though A but B
	省略	-ed 形から φ 形、be in and out
	混交	until to/up until to, in and of itself, not A though A′ but B, not only A though A′ but B, from A until to B
	異分析	be on against, be in to
	逆形成	in and of
形態論的方法	倒置・短縮	該当なし
意味論的方法	類推	it looks that 節、人を表す those that, the way how S + V
	融合	as it was, the way how to do

表11.2 より、本書で扱った定型表現については、語形成のプロセスのうち、既存の単語もしくは句の混交が最もよく使用されるプロセスであることがわかる。それだけでなく、類推、融合というプロセスも観察されることから、本書で扱った定型表現は意味を中心に据えたプロセスを活用して成立していることもわかる。

(3) は定型表現の形成をそのプロセス別に示したものである。

(3)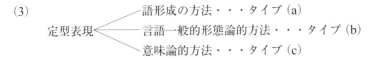

　(3) に示した3タイプの定型表現の形成方法は、どれが上位で下位かという立体的な構造の捉え方ではなく、タイプ (a)、タイプ (b)、タイプ (c) が並列的に並ぶ線的な捉え方をしたものである。

　(2), (3) の結果を踏まえて、既存の語同士が組み合わせられた結果、定型表現になる過程をまとめたものが (4) である。

(4)　英語定型表現化への過程
　　① 既存の語 (句) と語 (句) が、タイプ (a) 語形成方法、タイプ (b) 言語一般的形態論的形成方法、タイプ (c) 意味論的形成方法のどれかにより1つの塊となり、繰り返し使用される
　　　　↓
　　② 繰り返し使用されることにより独自の意味と機能を発展させる
　　　　↓　　← 句の語彙化
　　③ 定型表現化

　(4) に示すように、現代英語に観察される定型表現は、OE 時代のケニングのように既存の語 (句) と語 (句) が一緒になっているが、ランダムではなくある一定の過程を経て形成され、繰り返し使用される。次に、語形成の方法のうち、ハイフンでこそ繋がれていないが句の語彙化を生じさせている。そして、定型表現として確立する。このような一連の過程は、定型表現が連続であるか非連続の構成であるかに関係なく観察される。

3.　定型表現になる条件

　前節で得られた定型表現への形成過程をもとに、定型表現かどうかの判断基準を (5) のように決めた。

(5) a. frequency（頻度）
　　 b. dispersion（分散）
　　 c. fixedness (i.e. no variables)（固定性）
　　 d. consistency of existing words（既存の語使用の一貫性）

　(5a, b) の頻度と分散は、定型表現が偶然の結果できたものでないことを示す基準である。これは、使用するデータでどれほどの頻度であるか、話し言葉や書き言葉のレジスターでどれほど使用されているかを調べることで明確になる。(5c) の固定性は、定型表現が文脈や状況に応じて変化しない、つまり決まりきった塊で使用されるために必要となる基準である。(5c) の条件を満たさない場合の語結合は、偶然の結果によりできたもので、定型表現ではない。またそのような語結合は、独自の意味、多義、多機能を持たない。(5d) は、OE 時代のケニングのように、新しい定型表現が既存の語と語を組み合わせて作られるということである。そうでない場合、そのような定型表現は頻度も低く、分散もしないということで、定型表現として浸透しない。

　では、なぜ定型表現は既存の語と語、とりわけ機能語を組み合わせることによってできるのだろうか。まず、既存の語同士を組み合わせる理由は、次のように考えられる。

　時代とともに文化は変化し、新しい技術が生まれる。それに伴い新しい概念が生まれる。その際に、既存の語を利用することで説明ができる場合には、そちらに傾く。既存の語を活用することなく新しい表現を作るには手間がかかる。たとえ新しい表現ができたとしても、浸透するのに時間がかかる。かつてキリスト教の布教が始まったころ、これまでの言葉で新しい概念を説明することができなくなった場合には、言葉を借用する、既存の語同士を組み合わせて新しい概念を説明するなどの対処がなされたが、同じことが現代英語で観察される定型表現にも起きている。以上のことは、第 3 章で提示した Makkai (1975: vi) でも述べられている。

　次に、なぜ機能語同士を組み合わせるのか考える。内容語を合わせて使用すると、それぞれの語彙的意味が薄れるのに時間がかかり、1 つの塊と

なることで生じる意味をなかなか発展させにくい。一方、機能語は意味的に無色透明性を持つので、それらを組み合わせることにより、1つの塊となった場合に塊として独自の意味を発展させることが容易である。そして、ケニングのように既存の単語と単語を（2）で示した形成プロセスのどれかを用いて、（4）で示した形成過程と（5）で示した条件を満たして成立していることがわかる。そのように形成した定型表現は、言語使用者にとってはなじみのある語同士の連結であるため、意味的にも理解しやすく、浸透しやすいものと考える。

　表11.1で各定型表現の形成プロセスを提示したが、それらのプロセスを成立させるために根底にあるものは言語経済の法則の冗漫と労力節減である。（6）は、表11.1の各プロセスが冗漫と労力節減のどちらに分類されるかを示したものである。

(6)　冗漫：　複合、混交、異分析、類推、融合
　　　労力節減：省略、倒置、短縮、類推、逆形成、融合

　（6）のプロセスのうち、類推と融合のプロセスは冗漫と労力節減のどちらにも当てはまる。これは、類推と融合により形成された結果生じた定型表現を分析すると、類推と融合の場合、冗漫の結果できた定型表現と労力節減の結果できたものに分けられるからである。例えば、第4章で扱ったit looks that 節は、it seems that 節の類推により look の補文構造が画一化したものであることを述べた。この背景には労力節減が働いている。同様に、第9章で扱った as it was は、仮定法 were が was に融合され、この背景にも労力節減が働いていることを述べた。それに対し、第10章で扱った the way how S + V と the way how to do は、それぞれ the time when などの「先行詞＋関係副詞」の類推と the way to do と how to do の融合によりできたと述べた。これらの定型表現の成立に働いている原理は冗漫である。このように、同じプロセスでも、成立した定型表現を観察すると、そのプロセスの根底に働く原理は異なることがわかる。このように、定型表現を成立させる屋台骨として、言語経済の法則がうまくバランスを司って

いることがわかる。

4. 定型表現のストレスパタンルール

　これまでの研究と前章までに扱った定型表現のストレスを調べた限り、第 1 章で述べた定型表現のストレスパタンルールは何ら問題なく適応されることがわかった。

5. 結語

　本章は、筆者がこれまで取り組んできた定型表現と本書で扱った定型表現の内面的特徴を述べ、これまでの研究に欠けていた、定型表現になるための体系化への説明を行った。また、内面的特徴を支える屋台骨として、言語経済の法則が働いていることをも述べた。本章で明確にした体系的説明は、すさまじいスピードで国際化が進んでいる現代社会で次々と産出されている定型表現の形成に理論的説明を与えるものであり、今のところどのような定型表現にも適応可能である。またその体系的説明は、英語学習者が使用する辞書に定型表現を記述するか否かの判断や、記述方法の改善にも役立つのではないかと考える。このように記述基準や記述方法が明確になった定型表現は、学習者にとってその存在や習得が身近なものになり、使用しやすくなると考えられる。それにより、英語学習者がより自信を持って、英語らしさを兼ね備えた英語で国際化社会を生き抜いていくことができるとも考える。今後、次々と生まれる定型表現に対し、本章で明らかにした体系的説明が適応できるかどうかさらに研究を進めていき、定型表現研究の発展に貢献していきたい。

あとがき

　本書は、形態論、意味論、音響音声学の観点から、現代英語に観察される種々の定型表現の振る舞いを明らかにして、その結果から得られたことをもとに、これまでの定型表現研究に欠けていた体系的説明を行った。本書で述べた定型表現化への体系的説明は、体系化への一歩を踏み出したものであり、ゆるぎないものではなく、筆者がこれまで扱ってきた定型表現から得られた知見に過ぎない。このため、本書で述べた体系的説明が、これまでの定型表現や次々と生み出されている定型表現の個別の事象に適応できるかどうか検証し、体系的説明の精緻さを高めていく必要がある。また本書が、定型表現研究がブラックボックス化することなく、興味を持つ研究者にどのような研究方法があるのかという一端を紹介し、独自の研究手法を築くきっかけになればと思う。今後は、このような研究を通して定型表現研究を実証的および理論的側面から取り組むことで、定型表現研究の新たな側面を提示できることを目標とする。

　本書で得られた体系的説明は、教育や辞書学への応用が期待できる。筆者がこれまで大学での英語教育に携わった経験によると、学生は必要最低限の文法知識は持っている。それをうまく言語化できない、つまり体系的に文法を理解できていないため、英語で読解や作文、発話をする際にどこか不安げである。とりわけ作文や発話の際には、英語らしさや社会言語学的適切さに欠ける。しかし、学生にそうした適切さを兼ね備えた定型表現を教え、それに自己の専攻分野で得られた知識を併せれば、英作文や英会話は内容が充実するだけでなく、英語らしさを伴ったものとなる。読解の場合、ある程度の分量の英文の正確な把握を阻んでいるのは、文法知識の不足ではなく、単語や定型表現がわからないということである。そこで、学生に読んでいる英文のトピックに関連した単語や定型表現を教えると、内容の理解が深まり、読解問題も容易に解けるようになる。このような教

育を行っていると、学生が英語らしさを伴った作文や発話をするには定型表現が有効であり、英文読解を阻んでいたのは単語や定型表現の知識不足であるということがわかり、英語学習のベクトルを文法ではなく定型表現に向け、その定型表現同士を結び付けるために文法が存在することを理解できる。このような教育方法は、確実に英語力を向上させるには有効である。

　では、どのような定型表現が学生に有益かというと、Altenberg (1998) で述べられている平均3.15語程度の定型表現であり、中学や高校で学習した単語を組み合わせた定型表現である。このような平易かつ短い語数から成り立つ定型表現は、学習者にとって覚えやすく、理解しやすいものであり、その結果自信を持ってそれらを使用することができる。このように、定型表現研究を教育へ応用することで、情報化、グローバル社会で求められる人材、つまり学習者が何のフラストレーションも感じずに英語を理解し、自己の意見や知識などを述べることができるグローバルな人材を養成することができる。

　辞書学への応用であるが、現在出版されている辞書の真価は、現代英語のありのままの姿を忠実に反映しているかどうかである。単語についてはこれまでの研究成果が余すことなく記述されている。しかし、定型表現の記述については、量的・質的に不十分な印象がある。そこで、本書で提示した体系的説明を用いて、何が定型表現なのかということから始まり、それがどのような意味、機能、ストレスを持つのかを正確に記述できると考える。辞書は、英語学習者にとって欠かせない道具である。その道具が単語だけでなく定型表現の記述が充実したものであれば、英語学習者がそれらのインプットの学習を円滑に進めることができると考える。そして、その道具を活用して行われたインプットの学習は、アウトプットの学習も円滑に行われることに有益であると考える。

　本書は定型表現研究の発展に貢献するとともに、それを教育に還元することにより、学習者の英語力向上にも貢献できることを切に願う。

　2018年11月

井上亜依

参 考 文 献

[辞書]

CALD[4]: *Cambridge Advanced Learner's Dictionary*. 4th edition. 2013. Cambridge: Cambridge University Press.

COB[8]: *Collins COBUILD Advanced Learner's Dictionary*. 8th edition. 2014. Glasgow: HarperCollins Publishers.

G[5]: 『ジーニアス英和辞典』第5版. 2014. 東京: 大修館書店.

LAAD[3]: *Longman Advanced American Dictionary*. 3rd edition. 2013. London: Longman.

LDCE[6]: *Longman Dictionary of Contemporary English*. 6th edition. 2014. London: Longman.

『ロングマン』: 『ロングマン英和辞典』2007. 東京: 桐原書店.

『ルミナス[2]』: 『ルミナス英和辞典 第2版』2005. 東京: 研究社.

MED[2]: *Macmillan English Dictionary for Advanced Learners*. New edition. 2007. Oxford: Macmillan Education.

OALD[9]: *Oxford Advanced Learner's Dictionary*. 9th edition. 2015. Oxford: Oxford University Press.

OED: *Oxford English Dictionary*. 1928. Oxford: Oxford University Press.

OED[2]: *Oxford English Dictionary on Historical Principle 2nd edition on CD-ROM*. (Version 2.0) 2000. Oxford: Oxford University Press.

SOD[6]: *Shorter Oxford English Dictionary*. 6th edition. 2007. CD-ROM version 3.0. Oxford: Oxford University Press.

『ウィズダム[3]』: 『ウィズダム英和辞典 第3版』2013. 東京: 三省堂.

『ユース』: 『ユースプログレッシブ英和辞典』2004. 東京: 小学館.

［コーパス］

BNC: British National Corpus（小学館コーパスネットワーク（https://scnweb.japanknowledge.com/BNC2/）を使用）

COCA: The Corpus of Contemporary American English（http://corpus.byu.edu/coca/）

COHA: The Corpus of Historical American English（http://corpus.byu.edu/coha/）

DANTE: Database of Analysed Texts of English（http://www.webdante.com/index.html.）

LKL: Larry King Live Corpus

MEC: Modern English Collection（https://etext.lib.virginia.edu）

OEC: Oxford English Corpus

Sketch Engine（https://the.sketchengine.co.uk/open/）

WB: WordBanks*Online*（小学館コーパスネットワーク（https://scnweb.japanknowledge.com/WBO2/）を使用）

［著書・論文］

Aarts, B. 2011. *Oxford Modern English Grammar*. Oxford: Oxford University Press.

Akimoto, M. 1999. 'The Idiomatization and Grammaticalization of Complex Prepositions.' In Shin Ja J. Hwang & Arle R. Lommel（eds.）*The Twenty-second LACUS Forum XXV*, 389–397.

秋元実治 2002.『文法化とイディオム化』東京: ひつじ書房.

秋元実治 2005.「シンポジウム 複合前置詞について」『英語語法文法研究』第12号. 東京: 開拓社, 5–18.

Allen, M. 1978. 'Morphological investigation' Ph.D. dissertation, University of Connecticut.

Altenberg, B. 1998. 'On the phraseology of spoken English.' In Cowie, A. P.（ed.）*Phraseology: Theory, analysis, and application*. Oxford: Oxford University Press, pp. 101–122.

安藤貞雄 2005.『現代英文法講義』東京: 開拓社.

荒木一雄・安井稔（編）1992.『現代英文法辞典』東京: 三省堂.

Bauer, L. 1983. *English Word Formation*. Cambridge: Cambridge University Press.

Biber, D. 2006. *University Language: A Corpus-Based Study of Spoken and Written Registers*. Amsterdam: John Benjamins Publishing Company.

Biber, D., S. Johansson, G. Leech, S. Conrad, and E. Finegan. 1999. *Longman Grammar of Spoken and Written English*. Harlow: Longman.

Brennan, V, M. 1993. 'Root and Epistemic Modal Auxiliary Verbs.' Doctoral dissertation submitted to University of Massachusetts.

Burger, H, D. Dobrovol'skij, P. Kühn, N. R. Norrick. 2007. *Phraseology: An International Handbook of Contemporary Research*. Berlin: Walter de Gruyter.

Bybee, J. L. 1985. *Morphology*. Amsterdam: John Benjamins Publishing Company.

Carter, R. and M. McCarthy. 2006. *Cambridge Grammar of English*. Cambridge: Cambridge University Press.

Celce-Murcia, M. and D. Larsen-Freeman. 2015. *The Grammar Book*. Third edition. U.S.: Heinle & Heinle Publishers.

Close, R. A. 1975. *A Reference Grammar for Students of English*. London: Longman.

Coates, J. 1983. *The Semantics of the Modal Auxiliaries*. London: Croom Helm.

Davidsen-Neilsen, N. 1990. *Tense and Mood in English: A Comparison with Danish*. Berlin: Mouton de Gruyter.

Declerck, R. 1991. *A Comprehensive Descriptive Grammar of English*. Tokyo: Kaitakusha.

Fowler, H. W. 2004. *Fowler's Modern English Usage*. 3rd edition. Oxford: Oxford University Press.

Greenbaum, S. and J. Whitcut. 1988. *Longman guide to English usage*.

Harlow: Longman.

Halliday, M.A.K. 1970. 'Functional diversity in language as seen from a consideration of modality and mood in English.' *Foundations of Language*. 6, pp. 322–361.

Hoffmann, S. 2002. 'In (hot) pursuit of data: complex prepositions in late modern English.' In Collins, P. and A, Smith (eds.) *New Frontiers of Corpus Research*. Amsterdam: Rodopi, 127–146.

Hoffmann, S. 2004. 'Are low-frequency complex prepositions grammaticalized?: On the limits of corpus data——and the importance of intuition.' In Lindquist, H. and C. Mair. (eds.) *Corpus Approaches to Grammaticalization in English*. Amsterdam: John Benjamins Publishing Company, 171–210.

Hoffmann, S. 2005. *Grammaticalization and English Complex Prepositions: A Corpus-Based Study*. London: Routledge.

Hofmann, T. R. 1966. "Past tense replacement and the modal system" *National Science Foundation*. 17–VII, 1–21.

Hofmann, T. R. 1976. 'Past tense replacement and the modal system.' *Syntax and Semantics*. 7, 85–100.

細江逸記 1933.『動詞叙法の研究』東京: 泰文堂.

Huddleston, R. and G. K. Pullum. 2002. *The Cambridge Grammar of the English Language*. Cambridge: Cambridge University Press.

今井邦彦 1989.『新しい発想による英語発音指導』東京: 大修館書店.

Inoue, A. 2007. *Present-day Spoken English: A Phraseological Approach*. Tokyo: Kaitakusha.

Inoue, A. 2009. 'A problem of phonetic notation——stress patterns of set phrases including "day" in dictionaries'『英語音声学』(*English Phonetics*)(日本英語音声学会) 第 13 号, pp. 125–134.

Inoue, A. 2014. 'Actual behaviors of newly observed phraseological units comprising two prepositions.' *International Journal of English Linguistics*, Vol. 4. No. 4, pp. 74–87.

参考文献

井上亜依・八木克正 2008.「英語音声表記の問題点——英和辞典における前置詞・不変化詞を伴う成句のストレスについて」『英語音声学』(*English Phonetics*)(日本英語音声学会)第 11 号、12 号合併号, pp. 55–69.

石橋幸太郎(編). 1966.『英語語法大事典』東京: 大修館書店.

伊藤たかね・杉岡洋子 2002.『語の仕組みと語形成』(英語モノグラフシリーズ)東京: 研究社.

Jackendoff, R. 1972. *Semantic Interpretation in Generative Grammar*. Cambridge: MIT Press.

Jenkins, L. 1972. "Modality in English Syntax." Doctoral dissertation submitted to Massachusetts Institute of Technology.

Jespersen, O. 1933. *The Essentials of English Grammar*. London: Allen & Unwin.

Jespersen, O. 1954a. *A Modern English Grammar on Historical Principles* PART II——SYNTAX.(First Volume)London: Allen & Unwin.

Jespersen, O. 1954b. *A Modern English Grammar on Historical Principles* PART III——Syntax.(Second Volume)London: Allen & Unwin.

Jespersen, O. 1954c. *A Modern English Grammar on Historical Principles* Part IV——Syntax.(Third Volume)London: Allen & Unwin.

Johansson, S. 1985 'Grammatical tagging and total accountability.' In Bäckman, S. and Kjellmer, G.(eds.) *Papers on Language and Literature: Presented to Alvar Ellegård and Erik Frykman*.(*Gothenburg Studies in English 60*). Göteborg: Acta Universitatis Gothoburgensis, 208–219.

Kajita, M. 1977. 'Towards a dynamic model of syntax' *Studies in English Linguistics*. 5, p. 44–66.

小西友七(編)1989.『英語基本形容詞・副詞辞典』東京: 研究社出版.

小西友七(編)2006.『現代英語語法辞典』東京: 三省堂.

Lakoff, G. 1987. *Women, Fire, and Dangerous Things: What Categories Reveal about the Mind*. Chicago: Chicago University Press.

Langacker, R. W. 1991. *Foundations of Cognitive Grammar*. vol. 1. Stanford, California: Stanford University Press.

Langacker, R. W. 2008. *Cognitive Grammar: A Basic Introduction.* Oxford: Oxford University Press.

Leech, G. 1992. 'Corpora and theories of linguistic performance.' In J. Svartvik (ed.) *Directions in Corpus Linguistics: Proceedings of Nobel Symposium* 82, Stockholm, 4–8 August 1991, Berlin; New York: Mouton de Gruyter 105–126.

Leech, G. and J. Svartvik 2002. *A Communicative Grammar of English.* 3rd edition. London: Longman.

Levin, M. and H. Lindquist. 2015. 'Like I said again and again and over and over: On the ADV 1 and ADV 1 construction with adverbs of direction in English.' In Hoffmann, S. and B. Fischer-Starcke, and A. Sand. (eds.) *Current Issues in Phraseology.* Amsterdam: John Benjamins Publishing Company, pp. 7–34.

Lieber, R. 1983. '*Argument Linking and Compounds in English.*' *Linguistic Inquiry*, 251–285.

Makkai, A. 1975. *A Dictionary of American English Idioms.* New York: Barron's.

Murphy, C. A. 2015. 'On "true" portraits of Letters to Shareholders——and the importance of phraseological analysis' In Hoffman, S. and B. Fischer-Starcke, and A. Sand. (eds.) *Current Issues in Phraseology.* Amsterdam: JohnBenjamins Publishing Company, pp. 57–82.

西川盛雄 2013.『英語接辞の魅力——語彙力を高める単語のメカニズム』東京: 開拓社.

Ota, A. 1972. "Modals and some semi-auxiliaries in English." *The ELEC (English Language Education Council) Publications* 9, 42–68.

O'Connar, J. D. and G. F. Arnold. 1973. *Intonation of Colloquial English*, 2nd edition. London: Longman.

Palmer, F. R. 2001. *Mood and Modality.* Cambridge: Cambridge University Press.

Perlmutter, D. M. 1970. "The two verbs *begin*." In Jacobs, R. A. and P. S.

Rosenbaum (eds.) *Readings in English Transformational Grammar*. Waltham: Ginn and Company, 107–119.

Pinker, S. 1994. *The Language Istinct: How the Mind Creates Language*. New York: William Morrow.

Plag, I. 2003. *Word-Formation in English*. Cambeidge: Cambridge University Press.

Quirk, R. and J. Mulholland. 1968. 'Complex prepositions and related sequences.' In Quirk, R. *Essays on the English Language, Medieval and Modern*. London: Longman, 148–160.

Quirk, R., S. Greenbau,. G. Leech, and J. Svartvik. 1985. *A Comprehensive Grammar of the English Language*. London: Longman.

Sampson, G. R. 2001. *Empirical linguistics*. London: Continuum.

澤田治美 1975.「日英語主観的助動詞の構文論的考察: 特に『表現性』を中心として」『言語研究』68, 75–103.

澤田治美 1993.『視点と主観性: 日英語助動詞の分析』東京: ひつじ書房.

Sawada, H. 1995. *Studies in English and Japanese Auxiliaries: A Multi-Stratal Approach*. Tokyo: Hitsuji Syobo.

澤田治美 2006.『モダリティ』東京: 開拓社.

Schibsbye, K. 1970. *A Modern English Grammar*. Oxford: Oxford University Press.

Siegel, D. 1979. *Topics in English Morphology*. New York: Garland.

Swan, M. 2016. *Practical English Usage*. 4th edition. Oxford: Oxford University Press.

Sweetser, E. 1990. *From Etymology to Pragmatics*. Cambridge: Cambridge University Press.

Tottie, G. and S. Hoffmann. 2001. 'Based on: From dangling participle to complex prepositions.' In Aijimer, K. (ed.) *A Wealth of English*. Göteborg: Acta Universitatis Gothoburgensis, 1–12.

渡辺登士(編). 1995.『英語語法大事典 第4集』(*A Dictionary of Current English Usage*・IV.) 東京: 大修館書店.

Wells, J. C. 2000. *Longman Pronunciation Dictionary*, 2nd Edition. Harlow: Longman.

Westney, P. 1995. *Modals and Periphrastics in English*. Tübingen: Max Niemeyer Verlag.

Widdowson, H. G. 1989. 'Knowledge of language and ability for use.' *Applied Linguistics*, Vol. 10, No. 2, 128–137.

八木克正 1999.『英語の文法と語法──意味からのアプローチ』東京: 研究社出版.

八木克正 2006.『英和辞典の研究──英語認識の改善のために』東京: 開拓社.

八木克正 2007.「人を指す those that」『英語教育』12 月号, pp. 77–79.

八木克正 2011.『英語の疑問 新解決法──伝統文法と言語理論を統合して』東京: 三省堂.

八木克正・井上亜依 2004.「譲歩を表す成句表現にともなう省略現象と機能転換」『英語語法文法研究』第 11 号, pp. 158–173.

八木克正・井上亜依 2013.『英語定型表現研究──歴史・方法・実践』東京: 開拓社.

山内信幸・北林利治(共編著) 2014.『現代英語学へのアプローチ』東京: 英宝社.

安井稔 1996.『改訂版 英文法総覧』東京: 開拓社.

von Wright, G. H. 1951. *An Essay in Modal Logic*. Amsterdam: North-Holland Publishing Company.

索　引

1. 英語・日本語ともアルファベット順に配列した。
2. ～は見出し語を代用する。
3. 数字はすべてページ数を示す。f. は次ページに続く、ff. は次ページ以後にも続くという意味。fn. は脚注。

用語

ボトムアップ分析　11
文中で使用される位置　3
文修飾（語）　113, 214
直説法　93, 95f., 103f., 209fn., 211
直説法の was（was-indicative）　210, 223
中立な表現　197
colligation（コリゲーション）　2
コロケーション研究期　6
コーパス活用期　6
断定　92f., 95, 97f., 107, 110, 112, 121, 126
断定的表現　86
-ed 形　14, 17ff., 253, 255f.
婉曲的　93
EUROPHRAS　6
φ 形　14, 17ff., 253, 255f.
付加詞　115
不規則な現象（irregularities）　2, 7
複合　11, 130f., 169, 254ff., 259
複合語　8, 12, 24f., 28
複合不変化詞　32, 67, 84, 155
複合語化　17
複合前置詞（complex preposition）　7fn., 29ff., 50f., 56, 61f., 70, 78, 84, 133, 150ff., 155
副詞　6, 13f., 30fn., 33, 52, 56, 61, 67, 82, 111, 113ff., 122, 234, 236
副詞節　88, 111f., 115
副詞的不変化詞　67
外面的特徴　4, 7, 9f., 254
概念の範疇化　11, 13f., 130f.
ガラパゴス化　4, 6
言語学的立場　5, 7
言語経済の法則　10f., 14, 17, 27, 84, 95, 259f.
限定用法　25
義務　157ff., 163ff., 174
語形成プロセス　11, 27, 84, 145, 169, 253f.
群前置詞　30f.
具体的な語句を用いた喩え　216
具体的なものを用いた喩え　226
具体的な喩え　221, 223, 225
逆形成　12, 148, 152, 254ff., 259
逆接　116fn.
汎用性　180
平板調　3
補文構造　2, 85ff., 93, 95, 97f., 103, 105, 107, 259
本質　17, 110, 120ff.

271

補足的に（情報を）追加 / 補足的情報追加 110ff., 122
補足情報 / 補足的な情報 120, 122, 126
法助動詞 155ff., 166, 168ff., 178, 253
法性（モダリティ） 157ff.
異分析 12, 61f., 83, 130f., 254ff., 259
idiomatic and fossilized expression（イディオマテックで化石化した表現） 30
意味の拡大・拡張 27
意味的統語論 11
引用実詞（quotation substantive） 34, 48, 161
事実の主観的断定 97
実践的研究 1
実証的 8f., 11, 15, 57, 232
自由連結 21
叙述用法 25
上昇調 3
上昇下降調 113
譲歩 13, 111, 113
冗漫 11, 14, 104, 259
順接 116fn.
従属接続詞 112ff., 114f.
下降調 3
画一化 11, 13f., 85, 95, 98, 107, 179f., 200, 206, 259
核音調 3
確証のない反事実な喩え 223, 227
関係副詞 233f., 237ff., 245f., 248, 251, 255, 259
簡略化 17f., 27f.
下接詞 115
仮定法 88fn., 89, 95, 101, 216, 222, 224, 231
仮定法 was（was-subjunctive） 15, 209fn.
仮定法（の）were（were-subjunctive） 209, 255, 259
継続動詞 40ff., 49, 50, 83

研究細分化期 6
ケニング（代称法） 9, 12, 84, 257ff.
規範文法 179, 197, 199f., 206, 233, 251
規範的 116fn., 179
機能語 5, 9, 30, 61, 64, 70, 84, 152f., 155, 230, 258f.
帰納的 11
規則性 2
古英語（時代） 9, 12
後方照応 137f., 140, 142ff.
根源的（root） 158f.
根源的モダリティ 159, 161, 166, 168f., 178
混交 12, 51, 83, 119, 121f., 145, 148, 152, 254ff., 259
句の語彙化 12, 61f., 83, 130, 257
句修飾副詞 119, 121, 122
客観的義務 167f.
客観的意味 159
教育学的立場 5
共時的（観点 / 視点 / 側面） 6, 8, 179, 185, 206, 239, 240, 251
look の視覚的判断 93
名詞化 155, 166, 171, 174f.
メタ言語的 155
無標 88, 97, 197
内面の特徴 7, 9f., 254, 260
念押し 34f., 45f., 50
認識的（epistemic） 158f.
認識的モダリティ 159, 174
能力 158fn., 159, 163f., 168
phraseological units（PUs） 2
レジスター 2, 6, 48, 114, 140, 172, 188f., 200ff., 210, 240f., 258
連結副詞 114f.
離接詞 115
労力節減 11, 14, 17, 27f., 84, 95, 104, 259
類推 11, 13, 86, 97f., 103, 105, 107,

索　引

116, 130, 169, 196, 200, 245f., 248, 251, 254ff., 259
ロシアの国家政策　6
量的調査　9f., 185, 240
再分析（reanalysis）　14, 82
再帰代名詞（reflexive pronoun）　135ff., 142f., 146, 148f., 152
サスペンス　138, 143, 222
制限用法　234
先行詞　180, 193, 196, 233ff., 245f., 248, 251, 255, 259
sentence adverb（文副詞）　33, 113, 115
接合詞　115
節修飾副詞　119ff.
視覚からの判断　88, 96
視覚的事実　92, 95
視覚的事実（の）婉曲断定　93, 98, 107
視覚的事実推量　95, 103
新ロンドン学派　6
質的調査　10, 159, 189, 224, 242, 246
相関関係　120ff.
相関接続詞（correlative）　109, 111, 113, 115f., 122f., 129ff.
推量　159, 168
ストレスパタンルール　4, 10, 62, 64, 70, 81, 84, 170, 253, 260
省略　8, 12, 27, 31fn., 55, 67, 83, 198, 237, 239, 248, 251, 254ff., 259
主観的義務　167f.
主観的意味　159
主観的強制　168
主観的な判断　88, 96
周辺的法助動詞　158, 160, 173
修辞的効果　138, 140, 142
主要法助動詞　158, 160, 173
多義（性）　2f., 30, 78f., 82, 258
体系的説明　1, 6, 10, 15, 260
多機能　3, 258
単独前置詞　30
転換メカニズム　25

特徴的な共起語句　216
total accountability（全体的説明）　7
等位接続詞　111f.
追加　110ff, 115f., 120ff., 131
通時的（観点／視点／側面）　6, 8, 51, 179, 198, 206, 239f., 251
様態の副詞節　88
融合　11, 14, 145, 210, 226, 232, 236, 245f., 254ff., 259
前方照応　137ff., 142ff., 149
前提部（分）　110, 115, 120ff., 126, 130

語句、パタン、定型表現

a＋法助動詞の名詞形　166, 170f.
a want　161f., 171
all those that　195, 199
although　114
as if/as though　88f., 95, 101
as it was（was-subjunctive）　3, 15, 211ff., 224ff., 229ff., 253, 255f., 259
as it were（were-subjunctive）　211ff., 226f., 229f., 232
(be) in and out　3f., 7fn., 29, 31f., 65ff., 83f., 155, 253, 255f.
be in and out of＋名詞（句）　67, 255
be in at　29, 32
be in for　29, 32f.
be in of　29
be in on　29, 32f.
(be) in to　3, 29, 31, 70ff.
be in with　29, 32f.
be into　73f.
be on about　29, 32
(be) on against　3, 29, 31f., 34, 56ff., 83, 155, 253ff.
be on at　29, 32
be on for　29, 33
behind close door　20, 23
both A and B　115, 116fn.

273

but also（独立したもの） 116, 116fn.
close circuit television 19, 23
close season 19, 21, 23
corn beef 18, 23
coulds 160ff., 168f., 171ff.
動物を指す those that 185f., 196ff., 206
do's and don'ts 167
either A or B 115f., 116fn.
（even）if 111
even though 111
for those that 193
from A until to B 46, 51, 253ff.
gap/difference etc. between haves and have nots 176
guys that 180, 184, 200, 203ff.
guys who 184, 203ff., 207
have to's 167f., 174
haves 174ff.
haves and have not's/nots 174ff.
人・物を表す those that 179, 200
人と事の両方を示す those that 192
how to do 238, 245f., 255, 259
if I was you 210, 226
if I were you 210, 226
if it was not/wasn't for 211
if it were not/weren't for 210
in and of 3, 29, 133, 148ff., 253, 255f.
in and of itself 3, 133ff., 140ff., 152, 253, 255f.
in itself 135ff., 152, 255
it appears 87, 97f., 103, 107
it appears like + 直説法 103f.
it feels 103f.
it looks as if / as though / like 32, 86f., 93, 94f., 101
it looks as if / as though / like + 直説法 95
it looks that 節 3, 85f., 89f., 93, 96ff., 103, 107, 179, 253, 255ff.
it looks to 人 that 節 92f., 103

it seems that 節 86f., 96ff., 107, 255
it sounds 87, 103ff., 113
関係代名詞 that 196, 200
mash potato 17f., 23
maybes 161f., 174f.
neither A nor B 115f.
（no）ifs, buts, or ands 177
not A though A´ but B 119, 121, 126, 129ff., 253, 255f.
not as easy/hard as it sounds to 104f.
not only A but also B 115f., 122, 130
not only A though A´ but B 119, 122f., 126, 129ff., 253, 255f.
of itself 133ff., 152
one of those that 194
oughts 155f, 160ff., 164, 167ff., 171ff.
people that 180f., 184, 192, 195, 200ff., 205, 207
people who 180, 182, 184, 190, 200ff., 206f.
pirate version 3, 14, 17f., 23ff., 27f.
pirated version 14, 17, 20, 22, 24ff.
print version 19, 23
roast beef 19, 23
roast chicken 19, 23
shalls 160ff., 166, 168f., 171ff.
should/oughts/musts and have-to's 167
shoulds 155f., 160ff., 171ff.
shoulds and must and ought to's 167f.
shoulds and（one's）musts 155, 165, 167ff.
shoulds and oughts 155, 167ff.
shoulds and should nots 166f., 169f.
skim milk 17, 19, 21, 23
smoke salmon 17f., 23, 27
steam fish 18, 23
steam pudding 18, 23
such as it was 230ff.
the + 法助動詞の名詞形 166, 170f.
the manner how 238, 248ff.

the way how　3, 15, 233ff., 245ff., 251, 253
the way how S + V　245f., 255f., 259
　　it's just the way how S + V　234, 242, 245f.
　　that's the way how S + V　238, 243, 245
　　this is (not) absolutely/exactly how S + V　245
　　〜 is the way how S + V　245
the way how to do　245f., 255f., 259
the way to do　238, 245f., 255, 259

those who　179ff., 189ff., 195ff., 199f., 206f.
though A but B　3, 116ff., 121ff., 128, 131ff., 253ff.
till to + 動詞　47
until to　3, 7fn., 15, 29, 31f., 34ff., 43ff., 83f., 253ff.
until to + 動詞　47ff.
up to　18, 36f., 39ff., 51, 56, 193
up until to　3, 7fn., 29, 31f., 34, 45ff., 49ff., 55f., 83f., 253, 255f.
want to's　174f.

〈著者紹介〉

井上　亜依（いのうえ・あい）

　防衛大学校総合教育学群外国語教室准教授。博士（言語コミュニケーション文化）。専門は英語フレイジオロジー。主な著書に *Present-Day Spoken English: A Phraseological Approach*（開拓社、2007）、*Phraseology, Corpus Linguistics and Lexicography: Papers from Phraseology 2009 in Japan*（共編、関西大学出版会、2011）、『21世紀英語研究の諸相——言語と文化からの視点』（共編、開拓社、2012）、『英語定型表現研究——歴史・方法・実践』（共著、開拓社、2013）などがある。

英語定型表現研究の体系化を目指して
——形態論・意味論・音響音声学の視点から——

2018年12月28日　初版発行

著　者　井　上　亜　依

発行者　吉　田　尚　志

印刷所　研究社印刷株式会社

KENKYUSHA

〈検印省略〉

発行所　株式会社　研究社
　　　　http://www.kenkyusha.co.jp

〒102-8152
東京都千代田区富士見2-11-3
電話（編集）03(3288)7711(代)
　　（営業）03(3288)7777(代)
振替　00150-9-26710

© Ai Inoue, 2018

装丁：宮崎萌美（Malpu Design）

ISBN 978-4-327-40170-2　C 3082　Printed in Japan